Andrea Bocelli

ANDREA BOCELLI

A música
do silêncio

generale

Presidente
Henrique José Branco Brazão Farinha

Publisher
Eduardo Viegas Meirelles Villela

Editora
Cláudia Elissa Rondelli Ramos

Projeto Gráfico de Miolo e Editoração
S4 Editorial

Projeto gráfico de capa
De Agostini

Fotografia de capa
Giovanni De Sandre

Texto de orelha e quarta-capa
Giovanni De Martino

Tradução e revisão técnica
Claudia Zavaglia
Maria Teresa Arrigoni

Preparação de texto
Bel Ribeiro

Revisão
Lara Alves

Impressão
Edições Loyola

Copyright © Istituto Geografico De Agostini, Novara 2010

Copyright © Almud Edizioni Musicali s.r.l. – e-mail: info@almudmusic.com

Copyright © 2013 *by* Editora Évora Ltda.

Todos os direitos reservados. Nenhuma parte deste livro pode ser traduzido ou transmitido em nenhuma forma ou meio eletrônico ou mecânico, incluindo fotocópia, gravação ou por qualquer sistema de armazenagem e recuperação sem permissão por escrito da editora.

Rua Sergipe, 401 — Cj. 1.310 — Consolação
São Paulo — SP — CEP 01243-906
Telefone: (11) 3562-7814/3562-7815
Site: http://www.editoraevora.com.br
E-mail: contato@editoraevora.com.br

DADOS INTERNACIONAIS DE CATALOGAÇÃO NA PUBLICAÇÃO (CIP)

B649m

    Bocelli, Andrea
    [La musica del silenzio. Português]
    A música do silêncio/Andréa Bocelli; tradução de Claudia Zavaglia. – São Paulo: Évora, 2013.
    320 p. ; 23 cm.

    Tradução de: *La musica del silenzio*

    ISBN 978-85-63993-50-2

  1. Bocelli, Andréa - Ficção. 2. Ficção italiana. 3. Músicos cegos - Ficção. 4. Tenores (Música) – Ficção. I. Zavaglia, Claudia. II. Título.

CDD- 853

A música
do silêncio

I

into certo, porém verdadeiro constrangimento quando ainda penso na ideia de me aventurar, depois de tanto tempo, em uma atividade como a de escrever, à qual dediquei muitas e agradáveis horas da minha juventude.

Sinto-me constrangido, principalmente, pela falta de justificativa, de um pretexto; antes, eu escrevia praticamente por obrigação escolar; às vezes, mandava cartas para amigos distantes, escrevia algumas pequenas poesias ou me entregava a outras fraquezas próprias da adolescência.

Minha intenção – se é que esta pode ser uma justificativa suficiente para um homem da minha idade que se lance a escritor – é somente empregar um pouco do meu tempo livre, escapar dos perigos do ócio, e contar algo sobre uma simples existência.

Minha maior preocupação, confesso, não é bem a de pensar no infeliz leitor que bocejará, daqui a pouco, diante destas simples páginas borradas; ele sempre poderá, a qualquer momento, guardar o livro e não mais pensar nele. Parece-me, na verdade, que sou observado por dois olhos que leem meus pensamentos enquanto escrevo. São os olhos de um velho com a feição de um bom homem, expressão complacente, que acabou de esboçar um sorriso de quem conhece tão bem a comédia da vida e que consegue por ela sentir enfado e indiferença.

As paixões, no rosto de um velho assim, não se leem mais, apagadas para sempre pela inexorável força do tempo e por obra persistente do pensamento. Apesar daquele semblante sereno, iluminado, talvez, pelo fogo das ideias, julga-me severamente, e diante daquele olhar sinto-me ridículo, intimidado, percebo que não sou capaz de nada; e pensar que até um minuto atrás eu era presunçoso e iludido como certos estudantes, que se acham os donos da verdade absoluta, somente porque têm alguma noção de filosofia assimilada nos tempos do colégio. Com o passar do tempo, parece que vejo nascer no rosto do bom velho até certa ironia. Pergunto-me então: por que comigo não é complacente como com todos os outros? Por que me leva assim tão a sério?

O leitor benevolente, que talvez já tenha adivinhado a identidade desse bom velho inquisidor, fique sabendo que seu olhar implacável está sempre sobre mim, a qualquer hora do dia, e está na base das minhas ações, de cada decisão que tomo.

II

Aqui estou em uma de minhas tantas alcovas: um cômodo de três metros por três com duas pequenas poltronas, uma pia, um espelho, uma mesinha e um armário embutido. O ambiente é iluminado apenas por uma pequena janela que dá para a rua. São duas horas da tarde, e terei de ficar aqui até tarde da noite. Daqui a pouco virão me chamar para um ensaio, depois para a maquiagem, e me trarão água, café, ou seja, as coisas de sempre. É, portanto, para passar o tempo que inicio este relato. O computador está ligado. Agora, falta-me o argumento.

Preciso me desprender, mas é difícil. Ando de um lado para outro pelo cômodo procurando lembranças, saudades, sentimentos por pessoas e coisas distantes, e, de repente, me vem à cabeça um garotinho de calções curtos, magro como uma vareta, com duas pernas nervosas, um pouco tortas, cheias de machucados e cascas, cabelos negros como ébano, rosto com traços bem regulares e expressão de sabichão, antipática ou simpática, dependendo do ponto de vista. Se tudo bem para vocês, falarei dele, porque o conheço bem, a ponto de poder fazer qualquer tipo de consideração e até mesmo juízo sobre o que caracterizou sua vida, suas ideias, suas decisões mais importantes, e posso fazê-lo tranquilamente, sem recriminações.

Acredito que posso defini-lo como um garotinho normal, mesmo que um pouco fora do comum, em razão de uma vida também fora do esquema, por conta de certos fatos hoje conhecidos por muitos. Refiro-me a normal no sentido de que havia nele, mais ou menos em igual medida, qualidades e defeitos, e a despeito de uma deficiência física bastante grave, sobre a qual algo, contra minha vontade, terei de prestar contas. Entretanto, farei isto somente depois de ter dado um nome ao protagonista desta história.

Como posso escolher qualquer nome, irei chamá-lo de Amós. Assim se chamava um homem pelo qual nutro profunda e eterna gratidão, ao qual devo muito do pouco que sei, tentando conformar meu modo de interpretar a vida, com pouco sucesso, a partir do dele. É, além disso, o nome de um dos profetas menores; talvez o ache simpático até por isso, e me parece adequado a um garotinho que, como tinha começado a contar, enxergou pouco até a idade de doze anos, quando perdeu completamente a visão por causa de um lastimável infortúnio. Naquela ocasião, ele precisou de bem uma hora para chorar todas as suas lágrimas de medo e de inquietação, e uma longa semana para se acostumar a sua nova situação. Em seguida, eu diria que Amós se esqueceu de tudo, e assim conseguiu fazer com que se esquecessem também os parentes e amigos. Isto é tudo o que era necessário dizer com respeito a esta parte.

Em relação ao temperamento de Amós, ao contrário, é necessário ser bastante preciso para que o leitor possa julgar livremente se e quanto influenciou no seu destino.

A mãe conta sempre, e com abundância de detalhes, as mil dificuldades encontradas para criar aquele seu primogênito, tão esperto e imprevisível.

– Você não podia se distrair um minuto, e ele já aprontava uma das suas! – ela diz. – Ele sempre gostou de se arriscar e do perigo. Um dia, procuro por ele e não o encontro; chamo, ele não responde; levanto os olhos e o vejo em pé, em cima do parapeito da janela do meu quarto. Morávamos no primeiro andar, e ele não tinha nem

A música do silêncio

cinco anos. Mas, para que vocês consigam entender o que passei, conto-lhes esta.

E recomeça então com seu sotaque toscano, seus amplos gestos e grande excitação:

– Uma manhã, em Turim, caminhando por uma avenida do centro, com a criança pela mão, procuro uma parada de bonde. Paro na primeira que encontro, e me distraio por um minuto, dando uma olhadinha em uma vitrina. Quando me virei, senti um frio na espinha. O menino não estava mais ali. Desesperada, olho por toda parte... Não está. Chamo por ele... Nada! Quem sabe o que me deu para levantar os olhos, não sabendo mais para onde olhar, e o vejo lá em cima. Tinha trepado até o final do poste da parada do bonde... Espere! Não termina aqui – ela continua, interrompendo as exclamações de admiração do interlocutor. – Inapetente desde que nasceu, tive de ir atrás dele com o prato na mão, por todos os lados, para lhe enfiar na boca uma colherada de sopa... em cima de tratores, das vespas[1] dos operários, em todo lugar!

Se o interlocutor demonstra interesse na sua história, então a senhora Edi, visivelmente satisfeita, incansável, enriquece o próprio monólogo com detalhes, nem sempre úteis para a economia da narração, embora verídicos, com alguma exceção, devido a um irrefreável amor por tudo aquilo que é evidente e um pouco paradoxal.

Lembro-me, especialmente, da admiração e da comoção sincera de uma velha senhora enquanto a mãe lhe contava a infância difícil do pequeno Amós:

– Tinha poucos meses – conta, enfaticamente –, quando nos demos conta de que sentia uma forte dor nos olhos. Tinha lindos olhos azuis... Em pouco tempo, um verdadeiro balde de água fria, pois os médicos diagnosticaram um glaucoma congênito bilateral, uma malformação que condena seu infeliz portador à completa cegueira. Corremos de um médico para outro, de especialistas a curandeiros, não me envergonho de jeito nenhum de ter feito isso. Nossa via-crúcis

---

1 Tipo de motoneta, conhecida na Itália e no mundo pelo nome de "Vespa", fabricada e patenteada pela Piaggio em 1946. (N. R. T.)

nos levou a Turim, às mãos de um iluminado, o professor Gallenga. Naquele hospital, passamos semanas inteiras. A criança era operada frequentemente, na tentativa de lhe salvar pelo menos um resíduo da visão. Chegávamos exaustos por causa da viagem, mas, sobretudo, prostrados pelo medo, pela incerteza, desolados diante da nossa impotência em relação àquele injusto destino implacável com aquela pobre criatura... Meu marido sempre viajava na manhã seguinte, e eu ficava com a criança. O doutor era compreensivo, concedia-nos um quarto com duas camas, assim eu pude me familiarizar rapidamente com a equipe médica e paramédica (coisa que se revelou muito útil, especialmente nos anos seguintes, quando a vivacidade desse filho começou a ser realmente irrefreável). Consegui até mesmo levar uma bicicletinha para a enfermaria, para que a criança pudesse se distrair um pouco.

De repente, a anciã ouvinte, visivelmente constrangida pela comoção, interrompe a narração, exclamando:

– A senhora não imagina quanto a entendo! Desculpe-me a curiosidade, mas essa criança sofreu durante muito tempo com essas fortes dores nos olhos?

– Minha cara senhora, se soubesse... Não conseguíamos acalmá-la! Uma manhã, depois de uma noite infernal, que passamos procurando uma solução, de repente a criança se tranquilizou. É difícil explicar o que se sente nessas horas, é uma espécie de profunda gratidão por todos, e por ninguém em particular; é a beatitude por uma paz inesperada, alcançada no meio de uma pavorosa tempestade... Esforço-me para entender a razão daquela calma repentina, ardentemente espero que exista uma razão, que eu possa perceber e guardá-la comigo a partir daquele momento. Observo, reflito, penso em tudo, mas não consigo tirar nenhuma conclusão. De repente, vi a criança virar-se para um lado e pressionar as mãozinhas contra a parede na qual está encostada a cama. Passou pouco de tempo, não me lembro quanto, até que percebi um silêncio que pouco tempo antes não havia naquele quartinho, e logo depois, logo depois... o menino começou a chorar novamente. O que aconteceu? O que o tinha feito parar? Talvez aquele repentino silêncio tenha inquietado meu filho? Caí novamente na angústia; mas, dali a pouco, o menino voltou a se acalmar.

Da mesma forma que antes, pressionou as mãozinhas contra a parede. No auge de uma tensão que não sei explicar, agucei os ouvidos e ouvi uma música que vinha do quarto vizinho. Cheguei mais perto, ouvi com mais atenção: era uma música que não conhecia, provavelmente tratava-se de música clássica, ou música... como dizemos... música de câmara... Não conseguia entendê-la, não entendo disso... Porém, sou levada a acreditar que justamente daquele som dependia a calma do meu pequeno. É uma leve esperança, que me dá uma grande alegria, uma alegria que me parece tão grande quanto meu sofrimento, uma alegria que talvez nunca mais senti, uma alegria que, provavelmente, se alcança somente quando se paga o preço de uma dor assim tão profunda. Acho que me joguei em direção àquele quarto ao lado e, sem demora, bati na porta. A voz que me convidou a entrar era de um homem com sotaque estrangeiro. Tomei coragem, fui na ponta dos pés e vi um paciente sentado na sua própria cama, apoiado, ou melhor, abandonado entre dois travesseiros arrumados para o conforto de suas costas robustas. Lembro-me de dois braços musculosos e duas mãos endurecidas pelo trabalho, de operário; lembro-me de ter visto um rosto sorridente, aberto, os olhos vendados. Era um operário russo, e um acidente de trabalho tinha acabado de privá-lo da visão. Uma pequena vitrola era suficiente para deixá-lo sereno. Lembro-me de ter sentido um nó na garganta, uma profunda comoção.

— Não sei mais com que esforço venci aquele momento, mas lembro-me de ter conversado durante muito tempo, de ter contado àquele bom homem toda a história de minutos antes, de lhe ter pedido permissão para levar meu filho ao seu quarto, às vezes. Sua bondosa acolhida, sua alegria em ser útil, aquele seu extraordinário espírito de solidariedade humana, simples e grande ao mesmo tempo, são coisas, cara senhora, de que não me esquecerei jamais! Não sei quanto aquele homem conseguiu compreender, com seu italiano feito de poucas palavras, mas entendia que podia ser útil, e me oferecia seu acolhimento.

Com este entusiasmo, a senhora Edi conta repetidas vezes como descobriu no filho a paixão pela música.

III

Por diversas vezes, tive um desejo enorme de tentar propor uma nova definição de música, de dizer algo de diferente daquilo que já foi dito sobre esta arte nobre, à qual devo uma infinidade de horas felizes, de um lado, e de outro, um bom número de horas de verdadeira e tormentosa ansiedade.

"Nas minhas noites de insônia, muito frequentemente sou levado, tentando dar forma a pensamentos desordenados, a fazer reflexões sinuosas, advindas de um dia de estudo ou de trabalho muito duro. Reflito, reflito durante muito tempo, e, às vezes, encontro somente o sono, como único resultado, e nunca alguma coisa de original, que tenha validade do ponto de vista filosófico ou artístico. A música permanece, mesmo sem a minha definição, rica por tudo aquilo que já foi dito e escrito. E então desabafo, confiando a esta pobre página de caderno a coisa mais banal e ridícula do mundo, uma coisa que já foi dita aos quatro ventos mais de mil vezes: 'A música, para mim, é uma necessidade, como o amor; e é também e, sobretudo, meu destino inevitável, como o passar do tempo'."

Encontrei essas palavras em um pequeno e velho diário de Amós, no qual estão conservados alguns de seus poeminhas escritos de vez em quando, desde os tempos da infância, alternados com estranhos e insignificantes pensamentos, como este que acabei de reproduzir, somente porque será útil para aquilo que estou para lhes contar sobre ele. Por outro lado, acontece frequentemente que as coisas feitas assim, por acaso, sem lhes dar nenhuma importância, sem pensar, quase de forma involuntária, são as que melhor descrevem uma personalidade, que melhor fotografam o verdadeiro interior de quem as escreveu.

O relato da sua mãe de como descobriu o amor de Amós pela música desencadeou entre os parentes uma verdadeira corrida para presenteá-lo com objetos que tinham a ver com o mundo dos sons. Ao pequeno, chegaram brinquedos que tinham a capacidade de reproduzir musiquinhas simples, caixinhas de música, e, finalmente, uma belíssima vitrola com o primeiro disco, um microssulco de canções, que agradou, deixou muito curioso, mas não entusiasmou o pequenino.

Um dia, Amós, ao final de uma apaixonante história contada por um seu velho tio sobre a vida e os feitos sonoros de um celebérrimo tenor que morrera fazia pouco tempo, manifestou entusiasmadamente a intenção de escutar um disco do seu mais novo herói, o legendário cantor Beniamino Gigli.[2] Ao ouvir aquela voz, a emoção de Amós foi tão grande, que o tio teve de continuar com a história e, ao final, inventar muitas coisas para saciar aquela infantil fantasia em ebulição. Foram necessários, mais tarde, vários discos do inigualável tenor para aplacar aquela curiosidade, aquele desejo repentino, e necessárias também outras histórias de novos heróis do canto.

Amós queria que o último dos seus prediletos fosse sempre tido como o melhor, e, como em geral fazem as crianças, morria de amores pelo seu herói mais recente.

---

2 Tenor italiano (1890–1957), conhecido internacionalmente. Era dotado de uma voz de grande e rara extensão, por vezes comparado a Caruso, um dos melhores e mais famosos tenores do mundo. (N. T.)

A música do silêncio

Assim, chegaram em casa os primeiros discos de Giuseppe Di Stefano,[3] Mario Del Monaco,[4] Aureliano Pertile[5] e Ferruccio Tagliavini.[6] Em seguida, o tio lhe falou com toda sua eloquência e paixão sobre Caruso,[7] afirmando-lhe que era, de fato, o melhor cantor, aquele com a voz mais potente, mais vibrante e extensa, o preferido dos amantes da ópera. Então, em pouco tempo chegou o primeiro disco de Enrico Caruso e, com ele, a primeira desilusão de Amós; o menino, que não entendia nada da evolução das técnicas de gravação, não gostou de jeito nenhum daquela voz que parecia vir do fundo de um grande vaso, daquele timbre que os instrumentos do tempo tinham modificado amplamente. Parecia-lhe que a voz de Caruso não suportaria um confronto com a majestosa, imperiosa de Del Monaco, com a doce, apaixonada, que o tinha impressionado tanto em Gigli.

Nas qualidades do grande Caruso, o pequeno Amós voltaria a acreditar, mas depois de longos e muitos anos e interessantíssimos acontecimentos que constituem o objeto da nossa história.

Numa manhã, Amós estava sozinho no quintal da sua casa matutando consigo mesmo não sei o quê. Ia para lá e para cá, do portão da garagem até a cancela de entrada para a rodovia, e, vez ou outra, cantarolava algum motivo de uma das árias que conhecia. De repente, parou, ouvindo o barulho inconfundível dos passos da sua tata[8] (assim Amós chamava Oriana, uma moça que o vira nascer, porque trabalhava como doméstica na sua casa, e à qual era muito afeiçoado).

Oriana voltava de uma loja, onde tinha ido comprar algumas coisas. Enquanto abria o portão, viu Amós, que vinha ao seu encontro

---

3 Tenor italiano (1921–2008), por diversas vezes parceiro de Maria Callas, cantora e atriz. (N. T.)

4 É considerado pela crítica um dos maiores tenores dramáticos do séc. XX (1915–1982). (N. T.).

5 Tenor italiano (1885–1952). (N. T.)

6 Ator e tenor italiano (1913–1995). (N. T.)

7 Conhecido como o "melhor tenor de todos os tempos", do final do século XIX (1876–1921). Sua maneira de utilizar a vibração torácica deixava a voz com um tom de masculinidade, força, apesar de ter conservado aveludada a sonoridade, de modo que era comparada ao som de um violoncelo. Enrico Caruso foi o primeiro tenor a gravar comercialmente. Por outro ponto de vista, muitos atribuem o sucesso do gramofone ao fato de Caruso ter gravado sua voz e oferecê-la ao público. Disponível em: <http://www.portalsaofrancisco.com.br/alfa/musicas/enrico-caruso.php#ixzz1yMx0G7Ht.> (N. T.)

8 Comumente, *tata* designa a babá ou a irmã mais velha de uma criança.(N. T.)

e, com um sorriso maternal, chamou-o para perto de si e lhe disse que tinha uma importante coisa para ler para ele, que acabara de ver no jornal que comprara para seu pai. Arrumou rapidamente as compras em casa e, em seguida, saiu com o jornal aberto.

– Ouça bem –, disse-lhe, antes de começar, pronunciando devagar as sílabas. – Causa admiração no Teatro Scala de Milão Franco Corelli.[9]

Amós estava então com oito anos completos, sabia o que era o Scala de Milão, mas ninguém, nem o tio, nunca lhe tinha falado daquele prodigioso cantor.

– Quem é Corelli, tata? – perguntou apressadamente, indo atrás dela. A boa tata começou a ler o artigo que descrevia a primeira de *Les Huguenots*,[10] com a qual esse célebre tenor se destacara de um modo surpreendente, ostentando uma voz poderosa, forte e sonora, riquíssima em harmônicos, com a capacidade, sobretudo, de descarregar agudos estelares sobre o público impressionado. De todo o teatro, relatava o jornalista, aos aplausos misturaram-se gritos quase histéricos, repetidos pedidos de bis...

Terminado o artigo, tata ficou por alguns segundos parada, com o jornal nas mãos, e ao garoto pareceu absorvida por algum pensamento oculto. Depois, viu que ela fechou o jornal e se inclinou, e a ouviu sussurrar:

– E ainda por cima, é lindíssimo! – continuando: – Você precisa pedir que lhe deem um disco dele, eu também estou curiosa para ouvir sua voz...

Assim, alguns dias depois entrou em casa o primeiro disco de Corelli. Oriana, por iniciativa própria, o procurara e o presenteara a Amós, manifestando uma insólita curiosidade de saber o que o garoto achava dele.

---

9 Tenor italiano (1921–2003) celebrado por sua voz poderosa, notas altas eletrificadas e timbre claro. Ficou conhecido como "Príncipe dos Tenores" e célebre universalmente por seus papéis de "tenor spinto" e "tenor dramático". (N. T.)

10 Em italiano *Gli Ugonotti*, em português, *Os Huguenotes*, ópera de 1836, do compositor e maestro alemão Giacomo Meyerbeer (nascido Jakob Liebmann Meyer Beer). O termo em francês, como grafado no texto, é usado com mais frequência em português. (N. T.)

A música do silêncio

Ele foi correndo até o velho toca-discos, ligou, preparou o prato, levantando o braço da agulha, que apoiou em seguida, delicadamente, em cima do novo disco de 45 rotações. E eis que a orquestra introduz o recitativo do *Improviso*, de *Andrea Chénier*,[11] de Umberto Giordano, e, finalmente, uma voz preencheu as pausas da orquestra, e sozinha alcançou o ouvinte. As palavras do "Feriste-me aqui" chegaram-lhe por meio de uma voz completamente diferente de todas as outras, ampla, extremamente vibrante, cheia de sentimentos, repleta de um indecifrável sofrimento que vai diretamente ao coração. O canto era absolutamente amplo, livre, espontâneo, doce em certos momentos, estrepitoso em outros, mas sempre respeitável, dominador. O *Improviso* é uma passagem maravilhosa que precisa de um intérprete que seja capaz de se identificar com um personagem como Chénier, poeta cujo drama se consuma em um período tão complexo como aquele da Revolução Francesa. A linha do canto deve ser elegante, mas convincente e decidida ao mesmo tempo.

Chénier, o poeta, trata o tema do amor entendido em sentido lato, e Corelli, naquele disco, parecia tratá-lo, ao contrário, própria arte, a do canto, aquela capaz de envolver, de comover, de modificar um espírito endurecido pelos embates da vida.

Oriana e Amós escutavam, quase atordoados, vencidos por um novo e incrível entusiasmo, e o menino viu sua tata cobrir os olhos enquanto o tenor, com uma delicadeza incomparável, iniciava a frase: "Ó, bela jovem, de um poeta não despreze os dizeres, escute, não conhece amor? Amor!". Esta última palavra era um grito de paixão, um grito altíssimo e nobilíssimo, no qual a força e a beleza da voz, fundindo-se, deixavam sem respiração.

Ainda hoje Amós adora contar esse momento tão importante para ele, e o faz com tal animação, que não deixa dúvidas sobre sua

---

11 A ópera de Umberto Giordano é baseada na vida do poeta francês André Chénier (1762–1794), que foi executado durante a Revolução Francesa. É composta de quatro atos e tem libreto de Luigi Illica. Sua primeira apresentação aconteceu no Teatro Scala, em Milão, em 1896. Na ópera, Andrea Chénier é um poeta popular que frequentava as altas rodas da elite francesa e é convidado a unir-se ao movimento revolucionário. O poeta, apaixonado por uma aristocrata, acaba se tornando um homem procurado pelas tropas de Robespierre. Disponível em: <http://www.agenciaminas.mg.gov.br/multimidia/galerias/bastidores-da-opera-andrea-chenier-envolvem-e-emocionam-profissionais/>. (N. T.)

própria sinceridade. Não se esquece, além disso, da comoção de Oriana, que, provavelmente, escutando aquela voz, recebia de presente um sonho, uma esperança; encontrava em si uma energia nova que lhe deixava tudo mais fácil, mais suportável na sua vida modesta, cheia de quimeras, sim, mas desprovida de voos pindáricos. Talvez, naquele momento, Oriana se sentisse feliz como nunca antes, porque até mesmo de milagres deste tipo uma voz é capaz, e sua alma, talvez, enriquecia-se de alguma coisa, adquiria uma nobreza nova ao ouvir que "a alma do mundo e da vida é o amor".

IV

Somente agora percebo que ainda não dei um sobrenome para Amós. De agora em diante, vou imaginar que pertence à família Bardi; na verdade, neste momento não me vem à cabeça nada melhor. Porém, prometo solenemente ao paciente leitor que consiga chegar até a última página desta história para explicar as razões que me levaram a dar um nome imaginário a um personagem que existe de verdade. Acho também que chegou a hora de falar um pouco dos familiares de Amós, da sua casa, da sua gente. Por outro lado, se for realmente verdade que cada um de nós não é nada mais do que a soma das próprias experiências, do próprio conhecimento, além, que fique bem claro, da própria natureza; se tudo isso for verdade, não posso com certeza deixar de lhes apresentar aqueles que viveram junto do nosso pequeno herói, que o amaram, ajudaram, que participaram das suas batalhas e dos seus sofrimentos.

Se eu fosse um verdadeiro escritor, provavelmente não resistiria à tentação de descrever também, minuciosamente, os lugares nos quais Amós passou toda sua juventude, mesmo que fosse somente pela objetiva beleza deles, uma beleza toda toscana, simples e genuína; assim

pelo menos parece ao meu coração. E, ao contrário, não, não cedo
à tentação de me aventurar em descrições que um simples mapa ge-
ográfico e uma bela excursão acabariam por torná-las inúteis. Direi
somente que, em setembro de 1958, Amós nasceu em La Sterza, uma
fraçãozinha do município de Lajatico, na província de Pisa, no meio
do caminho, mais ou menos, entre Volterra e Pontedera.

Ao me preparar para falar da sua casa, um misterioso e sinuoso
mecanismo da minha mente me traz à memória *La signorina Felicita*,
aquele maravilhoso pequeno poema de Guido Gozzano,[12] no qual o
poeta pinta de modo admirável uma grande casa imersa no verde de um
belo campo. Trata-se, justamente, da moradia da senhorita Felicita,
uma casa de outros tempos, com "grades bojudas, gastas e retorcidas",
salões bem vastos, cheios de objetos antigos, de mil coisas praticamente
inúteis, mas viva, viva graças à simplicidade e ao esforço de quem a
habitava: a empregada doméstica às voltas com a louça e seu típico
barulho; a moça com suas agulhas de tricô, a costura no colo e sua
sutil disputa, e o seu bom pai, que frequentemente, no início da noite,
reunia ao seu redor "todo o ilustre colégio político local...".

Não sei por que, mas a casa de Amós, situada exatamente na rodovia Sarzanese-Valdera, em campo aberto, grande como uma imensa
letra L maiúscula de 25 metros por 20, com um espaçoso quintal na
frente, sombreada por dois altíssimos pinheiros, um jardim na rua,
aberto no seio do L do edifício e uma torreta usada como um pom-
bal... Não sei, mas essa sólida construção em pedra, fabricada provavelmente por volta do final do século XIX, sempre evoca na minha
memória o célebre poema de Gozzano. Entrando pela porta principal,
ia-se para uma pequena antecâmara pela qual se tinha acesso, através
de duas portas laterais, à direita, à cozinha, e à esquerda, a uma copa;
em frente, uma porta de vidro dava para uma segunda e mais espaçosa
entrada, com outras portas laterais pelas quais se passava à direita para
uma sala de visitas – que a família, nas festividades, usava como sala
de jantar, e onde Amós escutava os seus discos, andando sem parar ao

---

12 Poeta crepuscular italiano (1883–1916) nascido em Turim, considerado inovador por seu estilo.
(N. R. T.)

redor da mesa, parando somente para mudar de faixa –, à esquerda, para a área dos quartos de despejo e de serviço. O primeiro deles era chamado por Amós de o cômodo escuro, e era, de fato, um lugar sem janelas com um cabide e um armário velho, um verdadeiro e apropriado *refugium peccatorum*. Já na frente havia uma escada que levava ao andar de cima, onde estavam os quartos de dormir, os banheiros e outros cômodos praticamente sem uso, dos quais dois eram usados como depósito. Depois, havia uma parte do edifício no andar térreo ao qual não se tinha acesso pelo interior da casa. Nesses cômodos imensos, a família Bardi guardava boa parte do seu maquinário agrícola: dois tratores com motor "cabeça quente" (um Landini e um Orsi) e uma enorme máquina para a debulha. Amós gostava muito de entrar naquele galpão, rodar as grandes roldanas da debulhadora e fantasiar sobre os mecanismos que elas colocavam em movimento. Havia também uma infinidade de pequenos utensílios de trabalho, pás, enxadas, ferramentas de todo tipo, e tudo se transformava em objeto de curiosidade e de brincadeira para Amós. Avó Leda, amada professora primária de pelo menos duas gerações dos habitantes de Lajatico que abandonara a escola pouco depois do nascimento do netinho, e a boa Oriana faziam um grande esforço para frear Amós e o irmãozinho, o pequeno Alberto, que, juntamente com outros garotos, seus vizinhos de casa e companheiros inseparáveis de brincadeiras, formavam um verdadeiro bando de bárbaros, nas palavras da avó Leda no auge do seu desespero. A pobre senhora não podia suportar ver suas flores serem destruídas por causa das boladas, nem aguentar os intensos protestos dos transeuntes aos quais acontecia de tudo vindo do pátio da casa Bardi: pedras arremessadas com estilingues ou espingardinhas de brinquedo, potentes jatos d'água de uma mangueira que o pai de Amós, o senhor Sandro, usava, geralmente, para regar os canteiros, e, no verão, limpar o quintal da frente da casa para poder jantar fora. Quando os adultos não estavam lá, a mangueira era usada em direção aos carros, ou, pior ainda, contra os meios de transporte de duas rodas... Todas as noites, depois das oito, porém, os pais de Amós, com o avô, o senhor Alcides, e a velha tia que tinha trabalhado ao lado do cunhado para permitir que sua irmã pudesse dar aula nas escolas do ensino fundamental, faziam o resumo das traquinices dos meninos comandados por Amós, que era o mais velho, o idealizador, o promotor das mais imprevisíveis travessuras. E então, todos prometiam punições exemplares se esse ou aquele fato se repetisse, mas a vivacidade de certos garotos, a gente sabe, ganha, muitas vezes, da severidade dos adultos; e que assim seja.

Doutor Comparini, chefe departamental da Polícia Federal e Alfandegária do Estado, já aposentado, além de coronel do exército italiano durante a Primeira Guerra Mundial, era talvez o tio preferido de Amós, que aguçara sua fantasia com histórias, por vezes um pouco romanceadas, sobre a vida e os feitos dos mais célebres cantores líricos deste século. Todos os anos, no verão, senhora Leda e Amós saíam de férias por alguns poucos dias em direção a Antignano, cidadezinha à beira-mar na província de Livorno, onde morava a família Comparini, tio Giovanni e tia Olga. Esses parentes, tios do pai de Amós, a senhora Olga e a avó de Amós, que eram irmãs, eram muito afeiçoados à família Bardi e, durante a Segunda Guerra Mundial, tinham hospedado o bom Sandro, na época aspirante ao diploma de agrimensor, durante todo o período escolar. Nas curtas viagens de trabalho dos Comparini, Amós podia aproveitar o mar pela manhã, juntamente com a avó, que não o perdia de vista por um só instante; mas os momentos de verdadeira alegria chegavam somente ao final da tarde, quando o tio o chamava do andar de cima do seu escritório, e ele podia, finalmente, entrar naquele cômodo cheio de curiosidades e de mistério. Na ordem militar daquele quarto havia mais de cinco mil volumes e vários objetos, estimados pelos moradores da casa e também por Amós. O menino ficava encantado, fantasiando diante de um velho projétil de morteiro, obviamente desativado, ou de um tapete de couro de javali, com sua bela e ameaçadora cabeça perfeitamente embalsamada. Era ali que o velho tio fazia o sobrinho escutar os discos, contava-lhe longas histórias e fazia longas leituras. Amós gostava muito de ouvi-lo, e ficava maravilhado, absorto, reservando todas as suas perguntas para o final. Às vezes, as mulheres também eram chamadas, e então aquelas reuniões familiares de outros tempos, com o tio lendo e explicando, e elas, vez ou outra, fazendo algum rápido comentário ou comovendo-se pelo conteúdo da leitura, aquelas reuniões, eu dizia, incutiam no coração do menino uma infinita

A música do silêncio

e extraordinária ternura, da qual ainda hoje conserva uma viva lembrança e uma vaga nostalgia. O tio, às vezes, contava a Amós intermináveis histórias sobre a guerra, que tinha visto de perto, que inflamavam tanto sua fantasia que começou a sonhar em entrar para o exército italiano.

O tio então "o alistou", como recruta, prometendo-lhe uma promoção, que dependeria da sua conduta e, no geral, dos seus pequenos progressos nos mais variados campos. Rapidamente Amós conseguiu o grau de cabo, e em seguida de terceiro-sargento. Por ocasião de uma visita à família Bardi, perto do Natal, o tio lhe concedeu o grau de sargento. Pouco depois, o aprendizado das primeiras letras do alfabeto, que a avó lhe ensinava usando uma grande caneta hidrográfica azul, rendeu-lhe o grau de primeiro-sargento, enquanto a primeira assinatura de próprio punho lhe permitiu obter o de suboficial. No entanto, chegava o momento de ir para o colégio, solução com a qual seus pais tinham se conformado, consentindo que o filho fosse para uma escola especializada que o colocasse em condições, graças ao sistema Braille, de enfrentar, em seguida, uma escola normal, em meio a colegas normais, ou seja, perfeitamente capacitados.

A partida iminente levou o tio à compaixão, e Amós foi promovido a suboficial chefe. No dia da separação, foi lida ao pequeno aluno uma carta do tio Giovanni, que trazia a notícia de uma nova promoção a ajudante de batalha. Assim, Amós partiu de casa levando consigo nada mais do que a esperança de voltar logo para casa com o grau de capitão; que conseguiria com os primeiros bons resultados escolares.

V

a manhã de 20 de março de 1965, no pátio da casa Bardi, o carro estava pronto para a viagem, já carregado com o necessário, e em breve sairia em direção a Reggio Emilia, onde o pequeno Amós permaneceria até junho. Depois de muitas hesitações, que já haviam custado um ano de escola ao menino, para sua educação finalmente tinha sido escolhido um colégio daquela cidade. A separação seria muito triste, mas ir àquela escola especializada era extremamente importante para Amós; ali, as crianças que não enxergavam aprendiam Braille, estudavam geografia com mapas em alto-relevo e dispunham de estruturas e equipamentos adequados para resolver cada uma de suas dificuldades de aprendizagem.

Por mais que os pais tentassem tranquilizar o pequeno, estimulando sua imaginação em relação às novas amizades, às brincadeiras, às coisas que aprenderia e ensinaria depois ao irmãozinho, o clima durante toda a viagem foi bastante pesado. Especialmente para o senhor Sandro, que não conseguia suportar a ideia de deixar o menino a 250 quilômetros longe de casa. Sua mulher encorajava-se, sabia que era para o bem do filho, e nada a teria impedido, nem mesmo seu imenso amor de mãe, de fazer tudo o que fosse necessário para permitir ao filho enfrentar a vida de igual para igual com os outros.

Quando chegaram diante do Instituto Giuseppe Garibaldi, na rua Mazzini, senhor Bardi parou para a mulher descer e estacionou o carro, em seguida, desceu, descarregou as malas do filho, pegou-o pela mão e adentrou o obsoleto edifício. O porteiro logo os acompanhou até o armário, onde foi colocada a mala, e depois ao dormitório no qual o mais novo e pequeno interno repousaria, com 10 camas, que aos senhores Bardi pareceram muitas. Então, o porteiro os encaminhou a outro dormitório, no qual senhor Bardi, completamente atônito, contou 64 camas de ferro e o mesmo número de criados-mudos do mesmo material e da mesma cor. Ali, conteve, a custo, preocupadas críticas sobre as condições higiênicas de um ambiente daquele tipo, pois tinha de pensar na educação do seu filho, o mais importante. As crianças, pensou, se adaptam a tudo. Mas, quando entrou nos banheiros, viu três bacias turcas, três pequenos, sujos e malcheirosos compartimentos, e ali perto uma fila dupla de pias com torneira só de água fria. Diante daquele cenário, arrepiou-se e sentiu um frio gelado no coração só de pensar em voltar para o conforto da sua casa sem o seu pequenino, que ficaria naquele horrível internato, longe de todos os seus entes queridos. Naqueles minutos, os argumentos do coração e os da razão se confrontaram, lutaram violentamente, mas senhor Sandro engoliu pensamentos e lágrimas para superar aquele momento de preocupação e de dor, encorajou-se e prosseguiu.

Em seguida, o porteiro apresentou aos senhores Bardi uma mulher da limpeza que encontraram no corredor, e, pedindo-lhe que os acompanhasse pelos outros lugares do instituto, despediu-se, dizendo desejar ver o pequeno toscano o mais rápido possível e perfeitamente inteirado naquela nova comunidade.

A boa mulher, que se chamava Etmea, levou o pequeno grupo a um amplo salão, que apresentou como "o salão da recreação". Os senhores Bardi percorreram com o olhar aquele grande salão simples, até que bem iluminado, com enormes janelas retangulares, decorado com um piano e uma televisão. E, bem na frente deles, viram um pequeno palco de madeira.

A música do silêncio

– Este serve para as encenações dos meninos e para as premiações de fim de ano – explicou a senhora Etmea, notando a curiosidade dos visitantes. Em seguida, convidou-os a seguirem-na por uma ampla escada. Depois de dois lances, foram parar em um comprido corredor com muitas portas de madeira, todas iguais, uma em frente à outra.

– São algumas das salas de aula do colégio – disse a senhora. – Há ainda outras, menores, para aquele lado – e indicou uma escadinha estreita e uma portinha no fundo, que dava acesso a um apertado corredorzinho. Depois, voltou-se e tornou a descer as escadas até o térreo, levando a família para visitar os três pátios do instituto. O primeiro, à direita da entrada principal, chamava-se "pátio pequeno", e era, realmente, um pequeno espaço com chão de cimento, praticamente construído no centro do edifício; apresentava-se como um quadrado perfeito, sobre o qual se abriam muitas janelas, que levavam luz e ar aos quartos dos andares superiores. Em frente ao "pátio pequeno", à esquerda da entrada principal, encontrava-se o "pátio médio", parecido com o primeiro, mas um pouco maior e dotado de um alpendre sustentado por colunas de cimento com base quadrada, muito útil, especialmente nos dias chuvosos do inverno emiliano.[13] No fundo do alpendre, um grande portão abria-se para um vasto largo de terra batida, dividido em duas partes quase iguais por uma fileira de grandes plátanos-do-oriente, cujas folhas secas caíam por todos os lados no outono e estalavam embaixo dos sapatos dos passantes. Em uma das extremidades desse enorme espaço, que os meninos chamavam "pátio grande", havia também uma pequena cancha de bocha. Aquela parte do internato levantou um pouco o ânimo do senhor Sandro, que de vez em quando perscrutava o relógio e dava olhadinhas furtivas para a mulher.

No final da tarde, a família Bardi deixou o colégio. Os pais, que de qualquer modo se demorariam até o dia seguinte, levaram o menino a fim de prepará-lo psicologicamente para a separação. Jantaram todos juntos em um pequeno restaurante do centro, e depois foram descansar no hotel La Storia. Amós dormiu na cama dos pais, como,

---

13 Relativo à cidade de Reggio-Emilia e sua província. (N. R. T.)

por vezes, também fazia em casa, sem ainda se dar conta exatamente do que o esperava, de como sua vida, dali a pouco, mudaria.

Na manhã seguinte, foi levado até o colégio; a mãe o deixou com uma professora, prometendo-lhe que estaria novamente ali esperando-o ao final da manhã. A professora o levou para uma classe onde já estavam sentadas em suas carteiras várias crianças da escola. Amós ficaria com elas até o final do ano escolar.

Ele se sentou, e a professora lhe apresentou seu vizinho de carteira; chamava-se Davide Pisciotta, era de Ravenna, o primogênito de onze irmãos. Depois de alguns instantes, levaram-lhe um pedaço de massinha de modelar de mais ou menos cinquenta gramas. Era a primeira vez que pegava nas mãos aquele material, e não entendeu de pronto o que a professora queria, pedindo-lhe para pegar um pedacinho e fazer um bastãozinho. A sala estava um pouco fria, e no começo a massinha estava dura para modelar. Depois de alguns minutos, Amós começou a se sentir cansado, mas, intimidado pela professora que o observava, não parou até achar ter terminado sua primeira tarefa. Entretanto, a educadora não estava satisfeita, o bastãozinho não estava bem liso e regular; o menino se ofendeu um pouco, mas continuou seu trabalho em silêncio.

O sinal tocava de hora em hora e, ao meio-dia, as crianças foram convidadas a se levantar e ir com uma nova assistente, que os conduziria para o almoço. Para Amós, aproximava-se o momento mais difícil, o da separação dos seus pais. Viu-os no corredor que separava a sala de aula do refeitório e parou, enquanto os outros prosseguiam, famintos. O pai e a mãe deram-lhe alguns conselhos, abraçaram-no e o beijaram, mas, assim que se afastaram, o menino começou a chorar. A mãe, então, disse ao marido que fosse para o automóvel, enquanto iria com o filho até o refeitório; levou-o até o seu lugar e se despediu mais uma vez. Amós agarrou seu braço e o apertou com toda sua força. Sentiu uma mão robusta que o pegava pelo cotovelo e o puxava para trás, enquanto uma voz lhe dizia algo e o braço da mãe lhe escapava pouco a pouco. Conseguiu então agarrar-lhe um dedo, mas suas mãos suadas não conseguiram segurá-lo. Perdeu aquele contato também, e, pela primeira vez na vida, sentiu-se sozinho em meio a tantas pessoas, abandonado ao próprio destino. Desesperou-se, chamou alto

A música do silêncio

sua mãe, como fazem os potros quando são separados das matrizes para o desmame, e então se acalmou, sentou-se e começou a tomar algumas colheres de sopa. Logo depois, uma garçonete lhe trouxe um pouco de carne cozida com salada, um prato de que ele não gostava de jeito nenhum. Levantou a mão como lhe haviam dito que fizesse diante de alguma necessidade. Alguém abaixou rapidamente seu braço, perguntando-lhe do que precisava. Amós disse timidamente:

– Eu não quero essa carne.

A mesma voz lhe respondeu imediatamente:

– Ao contrário, você quer e vai comê-la. Pode começar.

Com um nó na garganta, a mãe cumprimentou rapidamente os assistentes de turno que a acompanharam até o portão de entrada; em seguida, correu ao encontro do marido.

Ele a esperava sentado à direção com um jornal aberto. Quando ela abriu a porta, ele percebeu que soluçava desesperadamente. Abraçou-o, e juntos tentaram se consolar. Senhor Bardi, que quando menino tinha estado em um internato, sempre dizia que gostaria de evitar aquela experiência para os próprios filhos, mas não tinha conseguido. Por outro lado, somente assim seu pequenino conseguiria aprender a ler e a escrever como todos os outros, somente assim se tornaria um homem com condições de enfrentar a vida com coragem e discernimento.

No caminho de volta, o casal Bardi começou a reencontrar, lentamente, um pouco de serenidade, ou, pelo menos, um sentido de paz, uma nova calma. O vazio angustiante deixado pelo filho começava, devagar, a se encher de pequenas e tímidas esperanças, fugazes otimismos, uma vaga satisfação de terem feito, com grande determinação, o que tinha de ser pelo bem do filho, e em suas faces aflorou até mesmo um leve e terno sorriso.

VI

*N*o ano seguinte, em *1º de outubro, Amós sentava-se* na sua carteira, ao lado do pequeno Davide. Estava, então, no primeiro ano do ensino fundamental.

Antes de partir de casa, ao final das férias de verão, obtivera uma nova promoção do tio Comparini, como contava cheio de si aos seus colegas. Sua professora, senhorita Giamprini, era uma mulher de mais ou menos quarenta anos que não tinha se casado para dedicar a vida ao trabalho e à mãe idosa. Embora também fosse desprovida da visão, fora fervorosamente recomendada à família Bardi por sua grande capacidade e sua incrível dedicação ao ensino; tomava as rédeas da classe com extrema facilidade, e não havia realmente nenhum perigo de que alguém aprontasse algo sem que percebesse. Das oito da manhã, quando as crianças entravam na sala, até o som do último sinal, andava de carteira em carteira, conferindo se todos estavam prestando atenção nas suas explicações, e que ninguém apoiasse a cabeça na carteira e dormisse. Amós e seus colegas começaram a estudar Braille naquele ano. Foi-lhes dada uma pequena tábua de madeira de formato retangular, com furos nos quais eram colocados pequenos blocos também de madeira que serviam para simular, dependendo de como eram arrumados, as várias letras em Braille. Em seguida, as crianças tiveram de aprender a reconhecer as mesmas letras definidas por pequenos pontinhos obtidos mediante a perfuração do papel. A professora era incansável, transmitindo extraordinária energia e autêntico entusiasmo aos seus alunos. Com frequência, organizava verdadeiras competições que aumentavam o empenho de todos e, consequentemente, o rendimento da classe como um todo. Ao mesmo tempo, nunca se esquecia daqueles que ficavam para trás, dedicando-lhes atenção especial e presenteando-os, de vez em quando, com alguma pequena vantagem na disputa, já que, não fosse assim, jamais venceriam.

Senhorita Giamprini era muito religiosa, cujo dom de uma fé inabalável, verdadeira, levava alguns a pensar que fosse carola. Todas as manhãs, antes de começar a aula, e antes do almoço, convidava os meninos a rezar todos juntos uma oração. Desde o primeiro ano, começou a ler e a explicar a *Bíblia Sagrada*, e era tão grande a paixão com a qual narrava, que as crianças escutavam extasiadas e de vez em quando intervinham com perguntas e comentários.

Mesmo anos depois, Amós continuaria convencido de que o conhecimento do Antigo Testamento tem uma importância absoluta e fundamental na formação dos garotos, sem considerar o significado estreitamente religioso que tem em si, porque ajuda a entender a vida, o próximo, a história dos povos e seus costumes. Quem conhece bem a *Bíblia* não se espanta com nada, e leva consigo uma extraordinária força e segurança.

Naquele inverno fez muito frio, e muitas vezes nevou. Amós ia para o pátio com seus colegas e todos se divertiam atirando-se grandes bolas de neve. Talvez por conta disso ele terminou adoecendo muitas vezes, e ficou internado na repartição da enfermaria do colégio, onde senhora Eva, 24 horas por dia, ficava acordada e cuidava com afeto e paixão de todos os seus hóspedes. Amós gostava muito de adoecer e ficar naquele ninho quente, brincando e conversando com os vizinhos de cama, longe do rigor do colégio e das obrigações escolares. De manhã bem cedo, a enfermeira se levantava e ligava um rádio grande que difundia as notas doces e relaxantes do almanaque. As crianças acordavam, mas obviamente continuavam no quentinho das suas camas à espera dos remédios. A comida era melhor do que aquela servida no refeitório, e os pequenos não gostavam de sarar e ter de retomar a vida de simples alunos.

Na primavera, as coisas melhoravam muito; o ar ameno permitia que ficassem ao ar livre por mais tempo, e no pátio pequeno podiam organizar grandes jogos de *legnetto*, que apaixonava todos os internos do sexo masculino, que se identificavam com os heróis do futebol que acompanhavam todos os domingos com seus radinhos transistorizados. O *legnetto* era tratado exatamente como um jogo de futebol; tinha sua própria dignidade e podia ser feito com uma latinha ou um pedaço de madeira qualquer. De vez em quando, os maiores exibiam um "*legnetto* habilidosamente feito por mãos experientes", um verdadeiro luxo, feito de uma embalagem vazia de graxa de sapato, na qual era encaixado com precisão um pedaço de madeira redondo. Aquela simples diversão ocupava quase sempre todo o tempo do recreio.

De tempos em tempos, senhorita Giamprini organizava um passeio no campo para colocar as crianças em contato com a natureza e lhes explicar muitas coisas que em sala de aula não se podia ter contato direto, fazendo com que assim as aprendessem a fundo. Nessas ocasiões, quase sempre iam à casa de Orazio, um caro amigo da professora, um santo homem que, por causa de uma explosão e do incêndio que se seguiu, tinha o rosto completamente desfigurado e perdido as duas mãos, mas, apesar de tudo isso, representava para todos um exemplo singular de serenidade, de felicidade mesmo; era um homem simples e puro, amparado também por uma fé inabalável da qual sabia tirar força e coragem. No meio de todas aquelas crianças, sorria feliz e se exibia com prazer no exercício ginástico da vela, a cabeça apoiada no chão e os pés para o alto. Havia nele algo de atraente e de incômodo ao mesmo tempo, como uma vaga ironia em relação à vida, aos pequenos problemas de todos os dias, além de uma espécie de inexplicável e benévola compaixão em relação ao próximo, que, por sua condição, lhe parecia desafortunadamente afortunado. Orazio era, em suma, um homem daqueles que a gente não esquece.

Antes de voltar ao colégio, no final da tarde, a família de Orazio fazia questão que toda a classe entrasse em casa e se acomodasse de algum modo na pequena cozinha para se refazer um pouco com doce caseiro e sucos. Em seguida, chegava o momento dos cumprimentos e das promessas de voltar logo.

A manhã seguinte era sempre dedicada às observações sobre as experiências do dia anterior; na sala de aula, falava-se de flores, de folhas, de animais e de instrumentos de trabalho, de modo que tudo pudesse ser não somente memorizado, mas também, e, sobretudo, assimilado pelo filtro fundamental da inteligência.

No início da primavera, a professora anunciou que tinha chegado o momento de começarem a aprender seriamente a escrever. Certa manhã, no lugar do tabuleiro de madeira, sobre as carteiras encontraram um objeto metálico de forma retangular, uma haste do mesmo material e um furador com cabo de madeira. Senhorita Giamprini ensinou-lhes a fixar a folha de papel sobre a prancheta, colocar a haste no alto, e mostrou a todos a dupla fila de furinhos retangulares que a haste tinha, explicando que em cada uma delas era possível fazer até seis pontinhos. Depois, pediu a todos que começassem a praticar um ponto no primeiro furinho à direita, e um pontinho no alto, à direita.

– Esta, crianças – disse –, é a letra A...

E assim os meninos começaram a escrever, da direita para a esquerda, para então, da esquerda para a direita, reler, depois de ter tirado a folha da prancheta e tê-la virado.

Quando chegou a vez dos números, os alunos receberam um pequeno tabuleiro de plástico e uma caixinha de lata que guardava alguns cuboritmos, pequenos cubos em cujas faces liam-se em relevo as cifras, que em Braille são caracterizadas por um "marca-número" que as precede e por uma das primeiras dez letras do alfabeto, da letra a, que indica o 1, à j, que indica o 0. Nos cuboritmos havia, além disso, uma face lisa, que servia para indicar a vírgula, ou seja, o sinal que em aritmética precede as cifras decimais.

As quatro operações foram para Amós um verdadeiro obstáculo. As adições, em particular, fizeram com que penasse muito; não conseguia de jeito algum apreender o conceito de transferência. Para ele, era mais fácil fazer de cabeça a soma de dois números do que calculá-la como a professora procurava ensinar. Foi sua mãe quem pôs fim ao misterioso obstáculo mental que o impedia de se iniciar no mundo dos cálculos. Estava acamado, recuperando-se de uma forte febre,

A música do silêncio

e confessava à mãe sua preocupação em relação à volta às aulas, já que teria de novamente enfrentar o problema de aprender a calcular, como todos já sabiam fazer, menos ele. Senhora Edi, então, com aquele invisível e misterioso vínculo que une as mães aos filhos, percebendo o medo, a inquietação e a vergonha do filho, conseguiu realizar uma espécie de milagre; depois de pacientes e amorosas explicações, além de numerosas exemplificações, de repente, como que por encanto, Amós, finalmente, entendeu. Daquele momento em diante, a aritmética se tornaria uma das suas matérias preferidas.

VII

No terceiro ano do fundamental, Amós achou muito interessantes as primeiras noções de geografia, e em especial de história, e sua fantasia começou a galopar freneticamente. Durante o recreio, muitas vezes, isolava-se, em outras, andava de um lado para outro no salão ou em um dos três pátios, sonhando com a vida livre e aventureira do homem pré-histórico, e imaginava que também vivia em uma palafita como aquela que fizera com massinha de modelar, sob atentas e escrupulosas indicações de sua professora, ou, então, que guiava uma carruagem dos Aqueus, idêntica àquela que presenteara aos seus pais nas férias da Páscoa, fabricada por ele mesmo em cartolina e poliestireno recortado com serra tico-tico e coberta com fios de ráfia; tinha sido um trabalho longo e paciente, do qual muito se orgulhara.

Bons tempos eram aqueles! No início de maio, foram entregues aos meninos belas camisetas coloridas de manga curta e shorts, e, nos pátios do colégio, sob o calor daquele morno sol primaveril, já se respirava um ar de férias. A volta já próxima para a casa da família difundia no coração de todos uma alegria inebriante, tão forte que contaminava até os professores e os assistentes, que se tornavam, finalmente, um pouco mais permissivos.

Amós já tinha aprendido a fazer a contagem regressiva, e dali a pouco abraçaria os pais, os avós, o irmãozinho, reencontraria os amigos que o esperavam para lhe contar tudo o que não sabia e, por sua vez, ficariam encantados com suas histórias, daquela vida estranha vivida em lugares tão distantes e de maneira tão diferente da deles. Desfrutando antecipadamente daqueles momentos, o pequeno Amós sentia em seu coração um prazer extraordinário, uma alegria pura que somente são capazes de sentir os garotos que experimentaram precocemente a dor da separação dos entes queridos.

Maio é um mês especial, também e principalmente nos colégios, onde, graças às novenas e aos cantos dedicados a Nossa Senhora, os meninos podem ficar mais tempo juntos e ganhar uma meia horinha a mais de recreio.

A voz de Amós já tinha sido percebida pelos colegas e educadores. Por isso, cabiam-lhe sempre as partes solistas dos cantos, e ele nem se poupava nos coros, durante os quais gostava de ouvir a própria voz se sobressair sobre as outras. Então, pensaram em fazê-lo cantar na festa de fim de ano, depois da encenação da representação teatral pelos meninos do segundo ciclo. Amós cantaria pela primeira vez diante de um público verdadeiro, e cantaria sem o acompanhamento de um piano ou de algum outro instrumento, sozinho, no palco do salão do recreio, no qual, para as grandes ocasiões, eram colocadas em fila inúmeras cadeiras dobráveis e onde se reuniam, todos, internos, professores, assistentes e funcionários, mais de duzentos lugares ao todo.

A festa do final do ano era, com certeza, o dia mais esperado e excitante. Os eventos começavam logo cedo, com a premiação dos primeiros da classe e daqueles que, merecidamente, tinham se destacado. O almoço previa o oferecimento de um copo de vinho e uma porção de doce, quase sempre pudim de chocolate. À tarde começavam os preparativos para a festa da noite, que representaria o momento culminante, após ter custado tempo e muito esforço.

Os atores principais eram escolhidos cuidadosamente entre os mais capacitados, e subir naquele palco era certamente considerado uma honra à qual todos aspiravam com indisfarçável frenesi.

A música do silêncio

Amós não fazia parte daquele grupo de premiados, e sentia-se humilhado; exibir-se em um canto constituía um risco, mas podia se transformar em uma verdadeira desforra.

O teatro, naquele ano, não foi grande coisa. Os atores, aos quais tinha sido confiada a tarefa de contar a história de uma família um pouco azarada – um pai bêbado, a mãe que se empenhava em vão na tentativa de redimi-lo e quatro filhos que não se davam bem –, não entusiasmaram a plateia que acompanhou até o final com pouco interesse, algumas conversinhas e poucos aplausos.

Chegou então a hora de Amós, que já esperava sua vez há mais de quinze minutos, cheio de ansiedade e de emoção atrás dos bastidores. Um pouco antes ouviu apenas uma voz que pedia silêncio, e pareceu-lhe ouvir também algumas risadas inconvenientes na sala, em seguida escutou seu nome e uma mão robusta se apoiou sobre seus ombros, conduzindo-o através de uma pequena passagem ao palco.

Um murmúrio constante lhe deixou claro que sua apresentação, na realidade, interessava bem pouco, o que, se de um lado o afligiu um pouco, de outro lhe deu coragem e, assim, tomou fôlego e começou a cantar.

Ouviu a própria voz clara ecoar por toda a sala. *"Che bella cosa na jurnata 'e sole..."*,[14] cantou a primeira frase da mais célebre das canções, de um fôlego só, e quando respirou novamente, percebeu, não sem admiração, que agora todos estavam em silêncio; por um momento pareceu que tinha se esquecido da letra, respirou profundamente e continuou. Quando deu o primeiro agudo: *"Ma n'atu sole... cchiu' bello, oje né'..."*,[15] uma salva de palmas acolheu sua voz, e Amós se sentiu revigorado. Agora seu coração, que até poucos minutos pulsava de medo, palpitava de alegria... Era aquele seu primeiro verdadeiro aplauso. Investiu com ímpeto no final, a plenos pulmões,

---

14 "Que bela coisa uma jornada de sol..." Excerto de *'O Sole Mio* ("Meu Sol", em português), uma das canções folclóricas italianas mais famosas. Sua letra foi escrita por Giovanni Capurro e a melodia feita por Eduardo di Capua, no ano de 1898, sendo reconhecida oficialmente em 1901. Anos mais tarde, descobriu-se que Alfredo Mazzucchi também participara da sua composição. Já foi interpretada por diversos cantores e teve inúmeras interpretações e versões, tais como "It's Now or Never" de Elvis Presley, gravada em 1960. (N. R. T.)

15 "Mas um outro sol..." (N. R. T.)

e o sustentou com toda força e duração da respiração e, antes que sua voz se apagasse, foi literalmente submerso por um estrondo ensurde-cedor de aplausos, um verdadeiro triunfo, ou, talvez seja oportuno acrescentar, um sinal do destino.

VIII

O verão daquele ano foi muito quente. Amós e seus amigos jogavam bola na frente de casa pingando suor. De tempo em tempo refrescavam-se em uma torneira no canto da casa dos Bardi, e todos juntos se defendiam das reprimendas da avó e da tata Oriana, que temiam pela saúde dos meninos, e se desesperavam pela sorte das suas flores, que acabavam, invariavelmente, mutiladas por uma ou outra bolada arremessada para fora do espelho da porta, ou – seria melhor dizer – do portão, aquele que dava para a rua. Ao final do jogo, os meninos sentavam--se à sombra do velho caramanchão, do qual pendiam perfumados cachos de cataúba,[16] e cada um fazia seus comentários sobre a vitória ou a derrota.

Mas, numa tarde, pela primeira vez, Amós começou a narrar algo que capturou, imediatamente, a atenção e o interesse de todos. Poucos meses antes, havia conhecido no colégio uma menina lindíssima e muito meiga, de

---

16 Cataúba (ou *Vitis labrusca*) é uma espécie de videira de origem americana que produz excelentes frutos para consumo *in natura* e para a produção de sucos. (N. T.)

nome Eleonora, que tinha ido até lá para visitar o irmão Guido. Todos a acharam simpática e tinham gostado muito dela.

– Eu esperava que ela falasse primeiro com um e depois com outro – contou Amós –, mas percebia que ela chegava sempre perto de mim. De repente, comecei a cantarolar alguma coisa, e ela começou, quietinha, quietinha, a me escutar. Por fim, se apresentou e ficamos juntos o resto da tarde falando de nós, das nossas famílias, das nossas predileções. Era muito tímida, mas eu a encorajava...!

Amós estava tomado de tal modo por sua história que nem percebeu estar contando particulares que somente imaginara em sua férvida fantasia de menino diante do seu primeiro encantamento. Verdadeiro encantamento. Eleonora, a irmã de Guido, realmente tinha ido encontrar o irmão, e, de fato, muitos tinham gostado dela, Amós, principalmente; mas, seja pela sua timidez, ou porque suas atenções eram dirigidas a rapazes mais velhos, o fato é que ela notara Amós somente uma vez, quando, no meio de um grupo de amigos, ele decidiu entoar uma melodia. O restante era fruto da sua imaginação. Por muito tempo fantasiou, sonhando pegá-la pelas mãos, arrancá-la dos colegas e de chegar ao seu coração; como isso não tinha acontecido, queria então acreditar naquilo e fazer que acreditassem também seu irmãozinho e os colegas de jogo que agora o ouviam atentamente, com ávida curiosidade. Ninguém o interrompia, ninguém fazia perguntas, já que aquele era um assunto novo para todos, e um pouco misterioso. Todavia, em cada um deles se formava uma imagem: um rosto de menina de feições delicadas, olhos azuis, sorriso simpático e afável. À medida que a história de Amós prosseguia, rica de explicações e de detalhes, aquela imagem ia se delineando sempre mais clara, até se tornar um ideal. Agora, todos aqueles meninos queriam conhecer Eleonora, e acreditavam já gostar dela; todos seriam gentis com ela, corajosos, sinceros, e começariam a aprender a arte do galanteio, que consiste, basicamente, na capacidade de evidenciar o melhor de nós mesmos e de cuidadosamente ocultar o pior.

Em casa, enquanto isso, ultimavam-se os preparativos do jantar para o final da debulha. Por volta das oito horas da noite, chegariam todos os homens que, ao lado do senhor Bardi, tinham ceifado o trigo, juntado em gavelas e em seguida reunido em pilhas de trigo e

A música do silêncio

conduzido gavela após gavela à boca da enorme debulhadora que, finalmente, havia separado os grãos da espiga. Por outra boca, colocada lateralmente a pequena altura do chão, saíam robustos fardos que, depois, eram arrumados em apropriados celeiros ou levados diretamente ao moinho. Até Amós participara vez ou outra dos trabalhos, vestindo calções curtos e camiseta, uma vestimenta que parecia feita de propósito para desencorajá-lo o mais rápido possível devido aos terríveis ataques de coceira causados pelo suor, pelo pó e pelos insetos. Naquela noite, durante o jantar se fariam os cálculos de um ano de trabalho no campo, todos falariam alto, brincariam, ririam e certamente Amós teria de cantar algo; era este o preço que pagava por não ter sido mandado para a cama tão cedo. Jantariam fora, embaixo do caramanchão, como tanto gostava, e talvez até recebesse permissão de beber um pouco de vinho puro.

Nas pausas da sua história, enquanto se concentrava para encontrar novas recordações e dar vida a novas fantasias, ouvia a voz das mulheres, que em casa estavam atarefadas, arrumavam, discutiam a ordem dos lugares e a quantidade de comida... Doces lembranças de uma infância difícil, talvez, mas serena, pródiga naquilo que mais conta na vida de uma criança: o afeto...

Naquela noite também, o pequeno cantor foi o centro das atenções, e cada um tinha algo a lhe pedir, a lhe contar, para fazê-lo se lembrar e deixá-lo feliz, porque as pessoas do campo são simples e generosas, e, ligadas como são às próprias origens e à terra, instintivamente se enternecem com uma criança que é obrigada a viver boa parte do ano longe dos seus entes queridos. Lá para o final do jantar, deu-se até um momento de comoção geral, quando alguém sentiu necessidade de lembrar o senhor Alcides, avô de Amós, falecido em novembro do ano anterior. Aquela era, portanto, a primeira debulha que se fazia sem ele, que, muitas vezes, em meio aos agricultores, gostava de se definir como um poeta da terra. A avó Leda se emocionou muito, e até senhor Bardi ficou com os olhos brilhantes, mas apenas por um momento. Senhora Edi mudou delicadamente de assunto, e todos imediatamente a acompanharam, fechando, pelo menos por aquela noite, o livro do passado.

39

Quando Amós foi para a cama, feliz e plenamente satisfeito pela reunião, jamais poderia imaginar a grande surpresa que tinham lhe preparado para a manhã seguinte. Seu avô Alcides partira havia cerca de sete meses, falecera na manhã de 4 de novembro de 1966, justamente quando o Arno, transbordando, alagava de modo desastroso Florença e muitos outros centros habitados. Mas, poucos dias antes de fechar os olhos, depois de ter pedido e conseguido que o netinho voltasse do colégio para casa para poder revê-lo uma última vez, expressara o desejo de presentear Amós com um cavalo apropriado para levar uma criança a passear pelo campo. Senhor Sandro, que assistira àquele encontro emocionante, tinha jurado a si mesmo que realizaria o sonho do avô moribundo. Assim, poucos dias antes do retorno de Amós, foi a Miemo, pequena localidade nas montanhas, perto de Lajatico, em meio a bosques. Lá, na propriedade dos Baldacci, onde os guardas ainda faziam seu serviço a cavalo, escolhera uma bela e tranquila reprodutra da raça *avelignese*,[17] uma pequena charrete e uma sela de pequenas dimensões. Em seguida, um dos guardas ficou encarregado de conduzir o animal até o sítio dos Bardi, onde recebeu rapidamente sua dose de comida e carícias. Senhor Sandro, que não cabia em si de alegria, naturalmente recomendou a todos o mais absoluto silêncio, para não estragar a surpresa ao filho.

Depois do jantar com os debulhadores, senhor Sandro decidiu dedicar uma manhã inteira ao seu pequeno estudante, acompanhando-o para conhecer a potranca à qual dera o nome de Stella. Amós ainda dormia profundamente ao lado do irmãozinho quando ouviu a voz do pai que o chamava com alegre entusiasmo. Pego de surpresa por esse insólito despertar, o menino se vestiu, tomou café da manhã apressadamente e saiu com o pai em direção a Poggioncino. Lá, no sítio, ele tinha estado alguns dias antes, mas ficado na eira, juntamente com os operários que trabalhavam com a debulhadora.

Quando chegaram, na verdade, ficou admirado com a tranquilidade do campo, tão diferente da atividade caótica na qual se encontrara

---

17 Cavalo de montanha, o *Avelignese* é a versão italiana do Haflinger, muitas vezes de dimensão maior (até 1,45 m). (N. T.)

poucos dias antes. Lá não havia ninguém, exceto o avô materno, senhor Ilo; encontraram-no atrás da casa dos patrões, na qual os antepassados da família Bardi haviam habitado dois séculos antes, quando, após deixar a fazenda dos príncipes Corsini como meeiros, com alguma economia tinham conseguido comprar aquele imóvel. Amós pulou nos braços do avô e o beijou. Estava feliz em vê-lo, porque nutria por ele uma simpatia especial e uma profunda afeição, que o avô cultivava com inteligência por meio de histórias apaixonantes de guerra, caça, cavalos de corrida, cachorros, automóveis, ou seja, de tudo aquilo que instigava a imaginação do neto. Alguns anos mais tarde, falar-lhe-ia de política e de mulheres.

Entre o pai e o avô, Amós se dirigiu para o canto da casa, onde havia um pequeno estábulo usado, fazia tempo, como depósito de utensílios de trabalho. Senhor Sandro, alguns dias antes, o esvaziara para restabelecer sua destinação originária e acomodar ali a potranca. Tendo chegado diante da porta, o avô entrou no pequeno estábulo e, para imensa surpresa de Amós, a trouxe para fora pelo cabresto.

– Esta é Stella – disse ao menino, que observava, maravilhado. – É mansa, pode acariciá-la.

Em seguida, o avô começou a dar conselhos, como sempre fazem os entendidos de cavalos.

– Nunca passe por atrás dela, ela pode ficar com medo e coicear. Fique sempre à esquerda dos cavalos, assim, está vendo?

Stella, enquanto isso, tinha abaixado a cabeça para arrancar umas folhas de capim brotadas por entre as pedras. O avô, depois, abaixou a voz e, com o tom de quem sabe muito, comentou que aquela era a égua certa para uma criança. *Avelignese*, de fato, é uma raça que se obtém mediante o cruzamento de garanhões de origem oriental e matrizes *pony*, criadas na zona de Avelengo. Esse cruzamento produz braquicéfalos de pequenas dimensões, muito resistentes ao trabalho, às condições climáticas adversas, mas, e isto é o que conta, com um ótimo temperamento.

Tinha sido o próprio senhor Ilo que aconselhara o genro, e agora estava orgulhoso da escolha.

Pouco depois chegou também Beppe, um assalariado que morava na casa de Poggioncino, e então todos se ocuparam de Stella, que, em primeiro lugar, foi bem limpa e, em seguida, presa à pequena charrete. Os arreios estavam em perfeito estado; o avô os examinara com muito cuidado, deleitando-se com a compra, e então começou a adaptá-los às dimensões do pacífico animal, que deixava que se fizesse tudo nele, contentando-se em comer um pouco de capim de tanto em tanto. Quando, depois de quinze minutos, a égua estava arreada, senhor Ilo subiu na charrete, chamou o netinho para se sentar ao seu lado, e finalmente fez estalar o chicote. Stella moveu-se a trote lento. A charrete percorreu o caminho de acesso ao sítio de Poggioncino, virou à esquerda e se encaminhou pela estrada por entre o sítio que leva até a confluência entre o Era[18] e o Sterza.[19] Stella nascera justamente na nascente desse riozinho, e por isso já havia percorrido aquela estrada poucos dias antes, quando tinha mudado de dono.

Os operários e os lavradores, que dos campos observavam curiosos e alegres aquela novidade, avistavam dois rostos felizes; a serenidade daquele momento tinha apagado completamente do rosto do velho a recordação das vicissitudes passadas, das dores, das preocupações; no rosto do menino, ao contrário, estava estampada a imagem da inocente ilusão, da doce esperança, da confiança no futuro.

---

18 Afluente do Rio Arno, na região da Toscana. (N. T.)

19 Rio da Toscana, afluente do Era. (N. T.)

IX

omo todos os avôs do mundo, senhor Ilo também era louco pelos netos; tinha sete, e todos eles eram-lhe verdadeiramente afeiçoados, já que estava sempre disponível, no papel de motorista, de companheiro de brincadeiras, de oráculo, de conselheiro. Por Amós, então, tinha um verdadeiro xodó, porque, amando muito o bom canto, se comovia quando seu primeiro neto cantava. Toda vez que ia visitá-lo, instigava-o a subir no segundo degrau da lareira colocada perto da janela da cozinha e depois lhe pedia que lhe cantasse alguma coisa. Amós quase sempre aceitava, e, conhecendo os gostos do avô, frequentemente entoava a célebre ária *Mamma, quel vino è generoso,*[20] extraída da *Cavalleria rusticana.*[21]

---

20 Em português: "Mãe, aquele vinho é forte". (N. T.)

21 A ópera *Cavalleria rusticana*, que em português significa "Honradez camponesa", ou se ao pé da letra, "Cavalheirismo camponês", foi escrita em um único ato por Pietro Mascagni, executada pela primeira vez em 17 de maio de 1890, no Teatro Costanzi, em Roma. Divide-se em duas partes, separadas por um interlúdio, que se apresentam em cena contínua. Narra a história de amor, traição, vingança e machismo entre os casais Turiddu e Santuzza e Alfio e Lola. O libreto é de Giovanni Targioni--Tozzetti e Guido Menasci, baseado na novela homônima de Giovanni Verga escrita em 1884. *Cavalleria rusticana* é um antigo código de honra dos camponeses da Itália meridional. (N. T.)

Até Oriana apaixonava-se por aquelas apresentações inusitadas, e ajudava o avô na tentativa de convencer aquele cantor ainda iniciante a parar com suas brincadeiras para entrar no papel do artista de teatro.

À medida que as apresentações de Amós tornavam-se mais seguras e convincentes, os pedidos também eram mais constantes, e o público mais numeroso. Acontecia frequentemente que, ao final do jantar, antes de se decidir ir para a cama, a família reunida lhe pedisse, com certa insistência, que concedesse e brindasse a todos com seu canto. Era um modo agradável e relaxante de se terminar um cansativo dia de trabalho. O avô Ilo começou até a levar consigo algum amigo incrédulo, que sempre voltava para casa visivelmente impressionado.

Em Lajatico, todos sabiam ou tinham ouvido falar da voz do pequeno Bardi, aquela criança "a quem a natureza", diziam, "de um lado tinha roubado, e, de outro, presenteado". Alguns começaram até mesmo a lhe pedir, timidamente, que cantasse na igreja ao final da Santa Missa, ou até durante a celebração de um casamento. Foi assim que, não demorou muito, Amós debutou na sua paróquia, cantando, no momento da comunhão, a celebérrima *Ave Maria* de Schubert diante de um jovem casal de noivos e de uma pequena multidão de convidados e curiosos.

Ao término daquela infantil e nada amadorística interpretação, muitos estavam com os olhos cheios de lágrimas por causa do contraste violento entre voz e imagem, entre qualidades naturais e a natural deficiência física...

Mas, dia após dia, radicava-se, cada vez mais em Amós, a ideia de ter de cantar para provocar a simpatia das pessoas; o canto começava a se constituir para ele um tipo de necessidade da qual lhe era impossível se esquivar, uma realidade incontestável, como o próprio aspecto contemplado no espelho, ou a própria sombra observada nos dias de sol.

Seja como for, as crianças gostam de aparecer. Amós era uma criança como as outras, e, afinal de contas, não era assim tão enfadonho ceder aos pedidos e às bajulações de parentes e amigos. Exibir-se e causar admiração era, no fundo, uma brincadeira como qualquer outra. Além disso, tinha escutado os pais falando entre si da possibilidade de matriculá-lo imediatamente no curso de música, e gostava

A música do silêncio

dessa ideia, visto que, até aquele momento, lhe fora impedido, no colégio, o contato com aqueles belíssimos pianos que ouvia tocar todas as tardes por alguns de seus colegas maiores, e que somente uma vez conseguira, escondido, se aproximar, tocar e experimentar por alguns minutos.

Assim, depois do verão, na sua volta ao colégio, Amós teve a agradável surpresa de ser chamado, junto com outros colegas, pelo maestro Carlini, o professor de piano do qual tinha já ouvido falar por alguns alunos. Então, depois de uma breve apresentação, começou imediatamente sua primeira aula de música.

Amós e seus colegas aprenderam, bem rápido, a escrever e a ler as notas da escala e a solfejá-las, respeitando seu valor. Para dizer a verdade, ele se entediava um pouco, mas se consolava pensando no momento em que se sentaria ao piano e começaria a tocar. E isto aconteceu depois de alguns dias. Sozinho na sala de aula com o maestro, finalmente foi convidado a colocar as mãos no piano e a deslocar seus pequenos dedos sobre as primeiras cinco notas da escala, com as duas mãos em sequência e ao contrário: dó ré mi fá sol fá mi ré dó...

Depois de alguns minutos, começou a sentir um pouco de dor nos pulsos e no dorso das mãos, mas aguentou firme, temendo preocupar o maestro que, enquanto isso, escrevia algo por conta própria, ignorando-o completamente; como Deus quis, fê-lo parar, concedeu-lhe uma pausa de poucos segundos, e depois passou-lhe um novo exercício. Amós queria tocar do seu jeito, como fazia no órgão da sua cidade, ao final da missa de domingo, mas obviamente não podia fazê-lo, por isso seguia docilmente as indicações que lhe eram dadas pelo maestro.

Embora a vontade de estudar não fosse muita, Amós sentiu, todavia, certa emoção quando, pela primeira vez, conseguiu executar um exerciciozinho extraído do método Beyer. Tocou-o por dezenas de vezes, imaginando o momento em que o repetiria para seus pais, ou, quem sabe, talvez até para seus amigos de La Sterza, que provavelmente nunca tinham visto um piano de perto.

Certa manhã, senhorita Giamprini anunciou aos seus alunos uma surpresa. Depois do recreio das dez, tirou de uma caixa alguns estojos nos quais estavam guardadas flautas doces e entregou uma para cada um. Em seguida, ensinou-lhes a montá-las e mostrou a posição correta das mãos. Aos alunos de piano, aconselhou que pedissem ao maestro Carlini, e depois pediu que cada um tentasse executar alguma coisa pelo prazer que dá o som de um instrumento, bem como, digamos, para combater o ócio.

Após alguns dias, Amós já sabia tocar em sua flauta simples e diferentes melodias, confirmando-se, no âmbito daquele colégio, como sendo um dos que mais levavam jeito para a música.

Guardava a flauta na gaveta do criado-mudo e, à noite, depois de se deitar, pegava-a e a examinava, como que temendo que não a tivesse explorado por inteiro. Aquele instrumento exercia sobre ele um fascínio inexplicável, como se possuísse sabe-se lá quais propriedades mágicas.

No silêncio do dormitório obviamente não podia tocá-lo, mas simulava alguma execução, abrindo e fechando os furos da sua flauta doce, até que era obrigado a guardá-la para abandonar-se aos braços de Morfeu, como a avó e a tia sempre lhe diziam.

Amós costumava segurar ou acariciar algum objeto que lhe fosse especialmente querido antes de adormecer; parecia que isso o ajudava a exorcizar, de certo modo, a saudade da família distante.

Naquele período, para Amós tornou-se cada vez mais difícil pegar no sono; no silêncio do dormitório, ouvia o sussurro indecifrável de tantas e abafadas vozes que, provavelmente, confidenciavam segredos, contavam histórias, experiências, pensamentos inconfessáveis, e ouvia risadas sufocadas. Às vezes, a assistente de turno, desconfiada, chegava de repente para repreender alguém, e por alguns minutos o quarto caía no silêncio mais absoluto.

Foi justamente durante uma daquelas discussões noturnas que Amós ficou sabendo, pelo seu vizinho de cama, um garoto chamado Ettore, um pouco mais velho, que as crianças não vêm com a cegonha, nem nascem sob pés de couve, nem, como alguém já tinha ouvido falar, espontaneamente do ventre materno.

Quando senhorita Giamprini, com seu faro admirável, começou a temer que algum ensinamento malicioso pudesse perigosamente perturbar a inocência das suas crianças, decidiu dar verdadeiras aulas de educação sexual na sua classe. Tendo chegado à explicação do sexto mandamento, a professora alastrou o discurso a aspectos puramente

A música do silêncio

científicos. Depois de ter esboçado delicada e poeticamente a relação, no sentido próprio, explicou, então, o encontro do mais sortudo dos espermatozoides com o óvulo, a formação do zigoto, falou dos cromossomos, das infinitas combinações possíveis entre eles, descreveu o desenvolvimento do feto até o nascimento, provocando um incrível entusiasmo e interesse entre os alunos. Vários dias se passaram antes que a senhorita se convencesse de que havia feito seu dever de professora cristã, livrando o assunto do campo da malícia pecaminosa e trivial, e, portanto, se decidisse a encerrar o assunto.

Para Amós, foi uma verdadeira conquista poder pegar os pais de surpresa e lhes mostrar quanto tinha aprendido sobre aquele assunto, em torno do qual o pai e a mãe tinham sido sempre evasivos e imprecisos, quando não até mesmo ilusórios. Agora, ele sabia tudo, sabia tão bem quanto eles, e, portanto, era justo que se começasse a considerá-lo um homem e a falar com ele como se fala com uma pessoa adulta. Por outro lado, sempre desejara parecer mais maduro do que era, fazer aquilo que fazem os adultos, escutar suas conversas. O fato de ser tratado como uma criança causava-lhe até um complexo de inferioridade, porque criança não se sentia de jeito nenhum.

X

Chegou, finalmente, também naquele ano, o dia do adeus ao colégio, à professora, aos assistentes, à disciplina; o dia da volta às famílias das quais alguns meninos tinham sido separados desde outubro do ano anterior, por causa da grande distância de casa e das escassas possibilidades econômicas.

Amós esperava impacientemente ao lado da sua cama, com a mala pronta, um toque de sino e uma voz, a do porteiro de plantão, que a plenos pulmões avisasse: "Amós Bardi, favor comparecer à portaria". O coração batia-lhe cada vez mais forte toda vez que o sino tocava; mas teve de esperar mais do que o previsto, porque seus pais tinham encontrado muito trânsito na rodovia entre Florença e Bolonha. Chegaram na hora do almoço. Àquela altura, porém, a impaciência do menino ganhara da fome, e, assim, pegaram a estrada imediatamente para a volta. Amós queria chegar a tempo de encontrar seus companheiros, dar, talvez, uma voltinha de bicicleta, visitar Stella e levá-la para fora do estábulo para comer um pouco de capim fresco. Resumindo, seria necessário um dia de 48 horas para realizar a metade dos seus projetos.

Em casa encontrou, ao contrário, somente os avós e o irmãozinho que o esperavam ansiosos, enquanto os outros companheiros de brincadeiras estavam no campo ajudando os pais. Paciência, ele os veria no dia seguinte. No entanto, seu estado de ânimo estava nas estrelas. Não é possível descrever o coração de uma criança quando volta do colégio depois de meses de ausência, é uma doce sensação, um mel que as abelhas não sabem produzir, uma paz indizível, uma infinita, indefinível alegria infantil, que sozinha é capaz de fazer precipitar no esquecimento a dor causada pela separação, as horas de profunda melancolia, os rigores do internato, a inveja dos colegas, a incompreensão dos instrutores... A alegria de uma volta vale, com certeza, o alto preço que se paga em dor no momento da partida.

O verão daquele ano foi muito quente, e Amós não via a hora de ir com a família para a praia. Eles seriam hóspedes de uma tia de seu pai, a senhora Eugenia, que tinha um modesto apartamento em Lido di Camaiore. Mas, por aquele paraíso era preciso esperar até agosto, e estavam somente em junho. Era preciso, enquanto isso, se organizar no campo.

Certa manhã, Sérgio, seu amigo do coração, que morava perto, foi chamá-lo para lhe mostrar sua última invenção: um estilingue novo, com certeza mais potente e preciso do que todos os outros. Tendo encontrado um galho em forma de forquilha particularmente regular, Sérgio a polira e serrara na medida certa, e depois procurara uma velha câmara de ar. Com a tesoura, cortara duas tiras de quarenta centímetros mais ou menos e as prendera; de um lado às duas extremidades da forquilha, e do outro, a um pedacinho de couro oval, enfiando-as em dois pequenos cortes laterais e unindo-as, por fim, com um fio fino e resistente. Com o trabalho terminado, tinha corrido para a casa do seu amigo, que voltara do colégio fazia pouco tempo, para presenteá-lo com aquele objeto precioso, em sinal da renovada estima e amizade. Então, começaram as competições. Os garotos posicionavam-se em pé no meio de um círculo traçado nas pedras do quintal dos Bardi, depois, cada um com o próprio estilingue mirava e lançava uma pedra em direção ao tronco de um dos dois pinheiros do pátio que, absolutamente tranquilo, sofria os golpes

A música do silêncio

e continuava a sombrear o campo de competição, quase cúmplice daquela ingênua diversão masculina.

No dia 1º de agosto, a família Bardi partiu, finalmente, para a praia. O apartamento da tia Eugenia era espaçoso, mas tinha de hospedar duas famílias, e, portanto, estava lotado. Amós foi acomodado no quarto junto com sua tia Vanda, prima do seu pai, que ele chamava com carinho e respeitosamente de tia, segundo os usos da família. O menino tinha, por aquela parente, uma admiração especial, talvez pelo fato de à noite, antes de dormir, satisfazer-lhe as mais bizarras curiosidades. Às vezes, falava-lhe de animais e descrevia, por exemplo, a voracidade terrível das piranhas, a ferocidade das moreias, incendiando assim sua fantasia. Outras vezes, ao contrário, senhora Vanda, que na vida ensinava literatura para o segundo grau, narrava para Amós um conto de Verga ou recitava-lhe alguma poesia, explicando-lhe até o significado de algumas palavras que ainda não faziam parte do seu vocabulário. Amós, de fato, frequentaria, dali a pouco, o quinto ano do fundamental, e por esta razão sempre lhe fazia perguntas, as mais diversas: sobre a dificuldade das provas, o conteúdo das tarefas, a porcentagem de aprovação, e assim por diante. A boa professora respondia pacientemente a todas as curiosidades do sobrinho, e aproveitava aquelas ocasiões para melhorar sua gramática, os conhecimentos de análise lógica, antecipando-lhe alguma noção elementar de análise sintática. Amós, que não gostava de estudar, preferindo a vida ao ar livre no meio dos amigos, naquelas circunstâncias, todavia, escutava fascinado sua tia Vanda, que lhe falava às vezes até tarde da noite, até que o sono os vencesse e suas vozes dessem lugar ao resmungo melancólico das ondas do mar.

Quando acordava, pela manhã, estava sozinho, a tia já tinha saído. Ele então chamava a mãe, pedia-lhe o café com leite na cama, e ela, sistematicamente, negava-se a fazê-lo, obrigando-o a se levantar. Em seguida, tomado o café da manhã, saía e ia para a praia, junto ao balneário Buoni Amici, de que gostava muito, porque era equipado com alguns aparelhos para ginástica; havia ali os anéis e o trapézio, além do balanço, que já era possível encontrar em qualquer estabelecimento balneário daquele cuidadíssimo litoral. Ele gostava muito mesmo de se dependurar naqueles anéis presos por dois cabos e se colocar na vertical, com os pés para o alto e a cabeça para baixo. Nossa, como se sentia feliz naqueles momentos! A velha tia Eugenia e os outros parentes, é óbvio, temiam que se machucasse; mas isto só fazia com que seu ego se excitasse, porque ele também, é bom admitir, era um pouco exibicionista, como muitas crianças da sua idade.

Frequentemente, corria para procurar Raffaello, o salva-vidas, que lhe dava umas conchas grandes, colocava-as em sua orelha e lhe dizia: "Escuta o barulho do mar!". Raffaello tinha dois braços robustos com músculos de levantador de pesos. O menino ficava encantado com aquela força viril, e sempre queria apertar com suas mãozinhas aqueles membros musculosos, porque gostava de imaginar as qualidades físicas dos atletas, sonhando em se tornar ele próprio um boxeador, lutador ou campeão de caratê. Naqueles dias, então, Raffaello era o seu queridinho, o símbolo vivo do vigor, da coragem, da virilidade. Além disso, justamente naquele ano, o ensinou a nadar. De acordo com senhor Bardi, esperou-o por volta das sete horas da manhã na linha de rebentação das ondas, colocou na água o pequeno catamará e, com remadas fortes, afastou-se da margem. Nas proximidades das boias, parou, apoiou os remos e prendeu um cabo ao tolete. Agarrou a outra extremidade da corda e, com destreza, envolveu Amós na altura dos quadris; depois, convidou-o a mergulhar na água, mas ele, tomado pelo terror, se recusou. Então, depois de alguma insistência infrutífera, Raffaello decidiu. Agarrou-o pelas axilas, sem pensar muito, e o jogou no mar. Um instante depois, Amós o encontrou ao seu lado e, sem ter tempo para traduzir seu medo em lágrimas, começou a colocar um pouco de ordem nos próprios movimentos. Raffaello dava conselhos precisos com voz tranquila, e Amós sentia o prazer tomar, pouco a pouco, o lugar do medo. Nesse ínterim, o pai, orgulhoso, guiava o catamará e gritava, de vez em quando, algum incentivo. Dali a pouco, Amós movia pernas e braços, como lhe tinha sido ensinado; em suma, nadava. A missão estava cumprida. Em pouco tempo, nadou em estilo livre, peito, e mais tarde até de costas.

Naquele ano, organizavam-se no balneário competições de natação, e, portanto, era preciso melhorar. Então, Raffaello estava sempre ali, pronto para dar verdadeiras aulas, pequenos conselhos ou ensinar os truques do ofício. Amós não gostava, de fato, de ser derrotado

A música do silêncio

nas competições de que participava; para ele, cada derrota era uma humilhação que o fazia chorar e não o deixava dormir.

A volta da praia estava prevista para o dia 18 de agosto, e, no final, não lhe desagradava a ideia de voltar para casa, onde encontraria novidades, pois no lugar do antigo depósito de lenha e do chamado cômodo escuro tinha sido construído um corredor novo que levava a uma saleta de estudos. Os pedreiros estavam adiantados. O corredor estava pronto e a saleta rebocada e assoalhada.

Em 1º de setembro, os novos cômodos já estavam mobiliados. Amós descobriu um novo prazer, o gosto de ficar sentado ali, diante da escrivaninha, entre os livros, canetas e cadernos, e sentia quase um desejo de estudar que nunca experimentara antes.

A partida para o colégio, pontualmente no dia 1º de outubro, em se tratando da última separação, do último ano naquele longínquo colégio, foi menos triste do que o normal. No ano seguinte, as coisas mudariam, e com certeza abandonaria aquele instituto e estaria mais perto de casa, e se beneficiaria de maior liberdade de movimento e de mais tempo disponível. Deixou então seus entes queridos com essas esperanças no coração e se preparou para enfrentar o quinto ano e os exames.

XI

"*Meu Deus, eu me arrependo e lamento meus pecados,* porque, pecando, mereci os vossos castigos..."

Com esse ato de contrição o ano escolar iniciou-se para Amós e os colegas; declamaram-no juntos, em pé, com as mãos juntas, cada um no seu lugar, enquanto senhorita Giamprini rezava com eles, andando entre as carteiras. Logo depois, vieram os cumprimentos, os abraços, uma estranha alegria, velada pelas lembranças do verão e pelas preocupações por todo o ano escolar a ser enfrentado.

Assim que se sentaram, a boa professora deu início mais uma vez à explicação da *Bíblia Sagrada.* Começou com o *Gênesis,* e foi em frente com sua narração cheia de amor até a descrição da criação de Adão e Eva. Às crianças, é preciso admitir, agradava muito aquela narração apaixonada de histórias tão aventureiras, ficavam atentas e mudas, fazendo, somente de vez em quando, alguma pergunta tímida. Sucessivamente, a senhorita deteve-se muito sobre a vida de Abraão, de Isac, seu filho e, somente de passagem, de Ismael, filho primogênito, nascido de Agar, a escrava da sua mulher Sara, que não conseguia ter filhos.

As crianças imaginaram por um bom tempo as vicissitudes de Jacó e amaram José, sua vida cheia de aflição e de momentos maravilhosos, aprenderam de cor os nomes das doze tribos de Israel e, durante o recreio, desafiavam-se até para se lembrarem de detalhes ou nomes ensinados pela professora nas suas longas aulas sobre o Antigo Testamento.

Era, aquele, o último ano em que senhorita Giamprini passaria com suas crianças, por isso, dava o melhor de si todas as manhãs, trabalhando cheia de zelo, para que, no ciclo seguinte, ninguém tivesse problemas particulares. Antes do final do ano, queria conseguir dar à classe algumas noções de álgebra e alguns elementos de análise lógica; além disso, amante como era da natureza, desejava ver novamente com seus alunos o processo da fotossíntese, para fazê-los amar as plantas e os animais, e que mantivessem por toda a vida um profundo respeito e admiração autêntica por tudo aquilo que o bom Deus criara.

Com os dedos sobre os mapas em relevo dos vários continentes, os meninos acompanhavam as explicações da professora, que, falando, ia de uma carteira a outra para verificar se todos estavam seguindo corretamente suas indicações e aos poucos pudessem ter uma ideia precisa da morfologia do globo.

Não deixava, de qualquer modo, de organizar passeios no campo e de manter contato com algumas famílias alemãs com as quais trocava simpáticas gravações em fitas cassete. Seus alunos gravavam poesias, canções, falavam disso e daquilo, e recebiam, daquelas famílias distantes, histórias em um italiano impreciso, da sua vida cotidiana; os filhos falavam da vida escolar, das suas brincadeiras. Mais de uma vez Amós também se aventurou em cantos da melhor qualidade, e todos os seus colegas contaram, em seguida, que, uma vez, enquanto ele cantava uma canção napolitana, por causa de um agudo muito forte, de repente o microfone quebrou e foi necessário mandar a fita incompleta.

No quinto ano, às crianças era permitido ficar um pouco mais no último recreio, o da noite, por uns dez minutos. Assim, Amós e os colegas começaram a ter cada vez mais contato com os garotos do segundo ciclo. Foi desta maneira que nosso pequeno herói ouviu

A música do silêncio

falar pela primeira vez de uma bebida extraordinária, que por algumas horas dava uma força indescritível aos músculos e uma terrível agressividade; era feita dissolvendo uma aspirina em um copo de coca-cola. Adquirida a informação, para Amós o único problema era arranjar uma aspirina sem apresentar febre ou qualquer mal-estar. Tomou coragem e foi para a enfermaria, onde, fazia poucos dias, uma jovem enfermeira substituía a senhora Eva, que estava doente. Pediu um termômetro, dizendo que estava com forte dor de cabeça. Quando estava com ele embaixo do braço, esperou que a moça fosse tratar de outros pacientes e começou a esfregar sua ponta com as duas mãos, tomando cuidado para não exagerar; se a temperatura não tivesse subido muito, tentaria no dia seguinte, era melhor não arriscar. Quando a enfermeira voltou, seu coração batia forte. Após ter examinado a coluna de mercúrio, ela concordou:

– Sim, está um pouco alterada, mas nada de grave; vá para a cama, cubra-se bem e amanhã você não terá mais nada.

– Mas a minha cabeça dói – protestou Amós. – Dê-me pelo menos uma aspirina.

A moça consentiu, mas não sem hesitação, e procurou o remédio e, com um copo de água, deu para ele, que fingiu estar hesitante e contrariado com a ideia de ter de ingerir aquela porcaria.

– Então, decida-se, sim ou não – disse a jovem.

Depois, ouviu-se uma voz baixa que a chamava do outro quarto. Distanciou-se somente por poucos instantes, suficientes para Amós enfiar rapidamente o remédio no bolso e tranquilizar a enfermeira quando voltou, mostrando-lhe mãos e copo vazios. Então, afastou-se, ligeiro, da enfermaria e alcançou a máquina distribuidora de bebidas, na qual, com uma moeda de cem liras, pegou uma garrafinha de coca-cola.

Após ter terminado de beber, Amós teve a impressão de que sua cabeça estava um pouco tonta, mas provavelmente era somente o efeito de uma forte autossugestão.

Então, correu para contar aos colegas sua aventura, e pareceu-lhe sentir neles um maior respeito e admiração, além de, aqui entre nós, uma boa dose de curiosidade.

Em seguida, procurou Antonio, um dos mais velhos do colégio, aquele que lhe tinha revelado o segredo daquela bebida e, quando o encontrou, contou-lhe rapidamente sua façanha.

Antonio o ouviu, depois deu-lhe um tapinha nas costas e disse:

– Bem, tenho de admitir que você foi hábil e corajoso, mas não faça isso muitas vezes, porque o ácido acetilsalicílico, a aspirina, dissolvido na coca-cola, se torna de fato uma droga, que não faz bem ao organismo.

Antonio tinha assumido um comportamento paterno em relação ao seu pequeno colega, que agora se sentia um pouco desvalorizado e desiludido por uma bravata que no fundo não lhe tinha trazido nenhuma vantagem especial, e talvez ainda lhe tivesse provocado algum mal à saúde. Despediu-se de Antonio e foi para a cama, na qual, dali a pouco, ficou banhado em suor, enquanto uma leve taquicardia passava-lhe uma ansiedade terrível e o impedia de pegar no sono. Na manhã seguinte, quando acordou, estava superbem, levantou-se depressa, preparou-se com grande rapidez e determinação, e procurou não pensar mais naquilo que tinha feito na noite anterior.

Amós, de qualquer forma, preocupava-se muito com o próprio físico, tinha o culto da força viril e amava muito o movimento. No colégio, sentia-se preso como em uma prisão. Talvez até por esta razão tenha acolhido com grande entusiasmo a notícia do iminente início de uma olimpíada reservada aos internos do instituto. Haveria competições de atletismo, ginástica, jogos de futebol e tudo mais. Todos estavam felizes, e não viam a hora de chegar o grande momento.

A abertura dos jogos coincidiu com um esplendoroso dia de maio, que presenteou toda a planície *padana*[22] com uma luz quase toscana. Naquele domingo pela manhã, todos os garotos com seus assistentes estavam no "pátio grande" para assistir à cerimônia de inauguração, que se iniciou com um discurso do diretor, doutor Marcuccio, que se declarou contente pela nova iniciativa, considerando fundamentais os valores e conteúdos do esporte de modo geral; aconselhou a todos ser le-

---

22 Planície que ocupa grande parte do norte da Itália, e acompanha o curso do rio Po, daí seu nome. (N. R. T.)

A música do silêncio

ais e esportivos até o final, e, finalmente, despediu-se desejando a todos bom divertimento. Agora, as competições podiam realmente começar.

Amós participou de quase todas as provas, e inclusive ganhou algumas medalhas, mas não passou das eliminatórias do salto em altura, e retirou-se da maratona que acontecia ao longo do perímetro do pátio.

No domingo seguinte, houve o jogo de futebol. Amós deveria ter jogado como meio de campo, mas ocupou o lugar do goleiro, que ficara doente justamente naquele dia.

Os dois times estavam empatados em um a um quando, de repente, houve uma saída perigosa sobre o centroavante adversário. Este, justamente naquele momento, chutou com toda sua força a bola, que atingiu Amós no olho direito, quer dizer, aquele que lhe permitia ver a luz e as cores. Quando se levantou do chão, o azarado goleiro percebeu que a vista estava turva, e sentiu uma dor que aumentava e que o obrigou a abandonar o jogo e ir para a enfermaria, onde lhe colocaram rapidamente um pouco de colírio. Depois de algumas horas, a dor e a vermelhidão começaram a preocupar a jovem enfermeira, que, após ter consultado os assistentes de plantão, decidiu telefonar para a casa do menino.

No dia seguinte, senhora Edi chegou no primeiro trem e, correndo, levou o filho ao doutor Bruno, no hospital de Reggio. O médico tinha sido indicado pelo professor Gallenga, com o qual conseguira falar antes de viajar.

Depois de uma rápida consulta oftalmológica, Amós foi colocado deitado em uma maca. O médico explicou à mãe que era absolutamente necessário estancar a hemorragia provocada pelo impacto da bola; depois, aproximou-se do menino, tranquilizou-o carinhosamente, passou as mãos sobre seus cabelos e chamou uma enfermeira, que se colocou do lado oposto, de frente para o médico. Juntos, colocaram entre o olho e a têmpora do pequeno paciente minúsculas sanguessugas que, chupando o sangue naquele lugar, ajudariam a normalizar a pressão sanguínea no interior do olho.

Dali a pouco, com efeito, os animaizinhos se incharam muito, tanto, que foi preciso substituí-los. Amós percebia somente um pouco de coceira, mas não sentia dor, enquanto sua mãe se esforçava para não ficar horrorizada com aquela visão. Ao se despedir, o doutor disse que tinha alguma esperança de salvar um resquício visual, mas não escondeu, de forma alguma, sua preocupação e seu desgosto.

Amós voltou para o instituto com uma atadura no olho que o impedia de enxergar. Essa sua nova condição fez com que refletisse. Podia, sim, perder a visão, e tinha de se acostumar com a ideia dessa eventualidade. Neste caso, no internato, passaria da categoria dos que enxergam àquela dos que não enxergam. Aquilo lhe provocava certo incômodo, um mal-estar que nunca tinha experimentado antes.

Tentou falar sobre ao assunto com algum colega, e percebeu que aquilo lhe dava coragem. Daquele momento em diante, procurou se acostumar com aquela possibilidade, assim como a gente se acostuma com a presença de um novo colega antipático.

Quando lhe tiraram a atadura, o pobre menino percebeu que sua visão tinha quase desaparecido. Conseguia distinguir somente a luz de uma lâmpada, e experimentou um sentimento de perda; esperou que tudo, lentamente, voltasse a ser como antes, mas foi em vão sua esperança. Nesse meio-tempo, o ano escolar terminou e todos voltaram para casa, para as férias. Amós, apesar de tudo, estava feliz, desconhecendo o que o aguardava. Uma manhã, levantando os olhos para o céu em direção ao sol que lhe queimava a cabeça, deu-se conta de que não o via mais. Um misto de medo e de desespero tomou conta dele, os olhos se encheram de lágrimas e, soluçando, chamou sua mãe. A pobre senhora acudiu; já esperava ter de enfrentar aquele penoso momento. Abraçou forte seu filho na tentativa desesperada de arrancá-lo da angústia daquele momento terrível, mas foi vencida também, e desatou a chorar.

Amós nunca a tinha visto chorar, e aquelas lágrimas o comoveram profundamente, queria fazer alguma coisa por ela, consolá-la, mas sentia-se impotente e desanimado. Ali, naquele desesperado abraço, sentia agora um sentimento horrível de consternação e solidão. Tinha quase doze anos, e o primeiro ciclo fundamental tinha acabado de terminar. Aquele era somente o começo das suas férias de verão. Como faria na praia? Como faria e se comportaria com seus colegas de lazer? Como o tratariam nesta sua nova condição?

A música do silêncio

Em casa, encontrou um ambiente sufocante. Todos sentados à mesa para o almoço, esforçando-se para falar de outras coisas. Às vezes, o silêncio caía, e podia-se até ouvir o voo das moscas, que com o calor se refugiavam na casa Bardi, bem fresca graças as suas paredes maciças. Depois do almoço, Amós deitou-se um pouco na cama e sua mãe, que não queria deixá-lo sozinho, foi atrás e se deitou ao seu lado, na cama do irmãozinho. Senhora Edi tinha uma pergunta para fazer a seu filho, uma pergunta que não tinha a coragem de formular; queria saber a todo custo o que seus olhos viam agora, entender se a luz tinha dado lugar à escuridão, à escuridão que assusta, que atormenta, a escuridão contra a qual lutara tanto. Não suportava a ideia de que depois de tantos sacrifícios, tantas esperanças, inúmeras viagens a Turim, justamente agora seu filho fosse condenado a viver na escuridão. Afundou o rosto no travesseiro e começou a chorar.

— Por que está chorando, mamãe? — gritou Amós, tomado por uma angústia insuportável.

A mãe não respondeu logo, quase sufocando em seu choro. Depois, reunindo forças, perguntou-lhe rapidamente:

— Você enxerga tudo escuro agora?

— Não, mamãe — respondeu timidamente Amós.

— E então, o que vê?

— Tudo e nada — respondeu ele. Fez uma pausa, e depois continuou: — Vejo aquilo que quero ver. Vejo meu quarto e o armário, as camas, mas os vejo porque sei que estão aqui.

A mãe não entendia bem o significado daquela descrição. Depois, repensando seu primeiro encontro com o diretor do colégio, doutor Marcuccio, também ele deficiente visual por causa de um acidente, lembrou-se que lhe havia explicado que a escuridão é uma sensação visual, prerrogativa daqueles que têm o dom da visão.

— Os cegos — ele dissera com certo ânimo — não podem enxergar o escuro, assim como os surdos não podem ouvir o silêncio, que é, justamente, uma sensação auditiva, que se contrapõe ao barulho. É isso.

Naquele momento, senhora Edi não tinha refletido o bastante sobre aqueles conceitos expostos tão laconicamente, porque Amós ainda enxergava, e ela tinha esperança em seu coração de que poderia enxergar para sempre. Agora, entretanto, aquelas palavras voltaram a sua mente de forma clara, e de certo modo a consolaram um pouco. No mais, sabia que a única coisa a fazer era olhar para a frente e ajudar seu filho como sempre fizera. Agora, mais do que antes, o ajudaria com todas as suas forças físicas e morais, o encorajaria sempre; talvez nem tudo estivesse perdido.

Amós, por outro lado, não conseguia suportar o abatimento de sua mãe, nunca a tinha visto tão atordoada assim; de certo modo, nem parecia mais a mesma. De repente, levantou-se da cama e correu para o quarto de seus pais, onde encontrou o pai, na cama, mas sem o seu jornal. Deitou-se ao seu lado, abraçou-o, e depois de um breve lapso de tempo, dormiu profundamente.

XII

Amós ficou em casa o dia todo, à noite jantou contra vontade e logo em seguida foi para a cama. Não tinha feito nada de especial o dia todo, e mesmo assim sentia--se cansado; cansado de pensar, da sua profunda tristeza, de todos aqueles problemas sem solução em que pensara durante a tarde, cansado daquela fingida naturalidade com a qual parecia que agora todos o tratavam, daquelas insólitas atenções, gentilezas, carinhos; cansado de tudo. Queria continuar a ser aquele de sempre aos olhos dos outros, e já começava a entender que, para conseguir aquilo, tinha de começar a convencer a si mesmo de que nada tinha mudado, e nada mudaria dali para a frente.

Aquele foi o verão das decisões e dos acontecimentos para recordar.

A partir do dia seguinte, seus pais começaram a lhe falar sobre a possibilidade de mudar de colégio, de transferi-lo para o Instituto Cavazza de Bolonha,[23] onde poderia cursar o segundo ciclo, no meio de garotos que

---

23 Nome original: *Istituto dei Iechi Francesco Cavazza di Bologna* (Instituto dos Cegos Francesco Cavazza de Bolonha). (N. T.)

enxergavam normalmente, e usufruir do suporte didático do instituto, com sua estrutura e seus professores especializados, com condições de ir ao encontro de todas as reais dificuldades dos internos. Além disso, poderia frequentar o conservatório musical, que tinha uma filial dentro do colégio, especializada para os deficientes visuais.

Todavia, essa também era uma decisão muito difícil de tomar, por causa das contestações estudantis que desde o ano anterior tinham criado problemas no interior do Instituto Cavazza. Tinha havido ocupações, agitações violentas, e em uma manhã, foi encontrado morto, enforcado, no seu apartamento, o diretor do instituto, que não suportara, assim se dizia, a tensão psicológica provocada por todos aqueles acontecimentos graves e imprevistos. O segundo ciclo, no antigo colégio, era de baixíssima qualidade, adequado a uma preparação profissional, mas, como se podia deixar sem preocupações uma criança em meio à confusão como aquela do Cavazza?

Aquela era a primeira ocasião que se apresentava a Amós, depois de ter perdido completamente a visão, de demonstrar a si mesmo e aos outros que era forte, corajoso e responsável. Não a desperdiçou, e um dia, no almoço, disse decididamente querer mudar-se para Bolonha, onde seria mais livre, aprenderia a andar na cidade sem a ajuda de ninguém, e onde, enfim, iniciaria uma nova vida. Aquela espécie de aventura, aquele mundo desconhecido, talvez perigoso, era assim que o descreviam seus pais, tudo aquilo aguçava sua imaginação, e ideias misteriosas começavam lentamente a tomar o lugar dos medos, das incertezas, dos pudores, alguma coisa nele começava a reviver, ou pelo menos reacender.

Assim que terminou a debulha, senhor Bardi aceitou o convite do cunhado e foi com a família para Lido di Camaiore, onde os tios de Amós tinham um belo apartamento a poucos metros do mar. O menino preocupava- se com o comportamento que os primos teriam em relação a ele, mas admirou-se e se sentiu aliviado quando percebeu que se comportavam como se nada tivesse mudado. Seus três primos eram, sobretudo o primogênito, três garotos simpáticos e independentes, ativos e bondosos, e Amós gostava muito de passar o tempo com eles, especialmente à noite, no quarto de dormir, quando finalmente

A música do silêncio

podia começar abafadas conversas que terminavam somente quando o sono tomava conta.

Certa manhã, tio Franco voltou da praia, discutindo em voz alta com a mulher sobre a possibilidade de fazer o sobrinho participar de um concurso de canto no Café Margherita, em Viareggio. A vitória lhe daria acesso ao festival de Castrocaro Terme.[24]

Amós ouviu o tio, quase exaltado, dizer à mulher:

– Eu o levarei até o palco e irei buscá-lo ao final. Imagine as pessoas, quando o ouvirem!

O tio esperou ansioso que seu cunhado e sua irmã voltassem para o almoço e, assim que entraram em casa, correu ao encontro deles e começou a explicar tudo o que tinha sabido, primeiro pelo jornal, depois pelo dono do Café Margherita, já que tinha ido informar-se pessoalmente acerca das modalidades de inscrição e do regulamento. Contava tudo isso à família reunida com um incrível entusiasmo. Amós escutava e se preocupava cada vez mais, à medida que o tio prosseguia, falando da quantidade de espectadores e da orquestra. O diretor seria, ele disse exaltando-se, o maestro Maraviglia, o maestro pessoal de Luciano Tajoli.[25]

Foi assim que, às cinco horas em ponto de uma tarde superquente de agosto, o pequeno cantor encontrou-se diante do maestro para os ensaios. Se fosse convincente, participaria da primeira noite, que para o vencedor significava o acesso à final.

– O que você quer cantar? – perguntou-lhe o maestro, um pouco surpreso de ver um aspirante tão precoce.

Amós respondeu que sabia inteiro somente *O sole mio* e *O campagnola bella*,[26] este último, um trecho de que seu avô gostava muito e lhe pedia sempre para cantar.

O pequeno Amós não estava acostumado a se exibir com acompanhamento, e nas primeiras vezes teve um pouco de dificuldade para

---

24 Esse festival, voltado para a descoberta de novos talentos, serviu de porta de entrada para muitos cantores. (N. R. T.)

25 Cantor e ator italiano (1920–1996). (N. R. T.)

26 "Ó camponesa bela". (N. T.)

entender como e quando devia iniciar. Mostrou, também, alguma dificuldade em se adaptar ao tempo decidido pelo maestro. Todavia, depois de meia hora, foi dispensado e convidado a voltar na noite seguinte para o concurso.

Enquanto se aproximava a pé do Café Margherita, com a mão de seu pai apoiada sobre seu ombro, Amós sentiu-se, repentinamente, sobrecarregado por uma responsabilidade que fazia com que se sentisse mal, e percebeu que estava com as mãos geladas e um leve suor frio. Atrás dele, vinham todos os seus parentes, que lhe pareciam muito animados, como quando se assiste a um encontro de futebol na televisão. Sentiu-se, de repente, protagonista sem que ninguém o tivesse preparado em tempo para o acontecimento. Cerrou os punhos, pensando que agora não tinha mais jeito, precisava cantar e vencer para não sofrer a afronta de uma derrota, frustrando si mesmo e os outros.

Sentou-se em uma mesa e esperou sua vez.

O êxito do concurso era decidido pelos clientes do café, os quais, para cada consumação, recebiam uma ficha impressa com os nomes dos participantes e o número que os identificava.

Amós estava absorto em seus pensamentos quando ouviu que alguém falava dele ao microfone. Voltou a si, levantou-se e, acompanhado pelo tio, que desde o primeiro dia esperara com ansiedade indisfarçável aquele momento, subiu no palco, roçando de leve em instrumentos musicais, hastes de microfone, suportes de partituras e pisando em alguns cabos elétricos. Finalmente chegou ao ponto exato, onde um técnico correu para ajustar a medida da haste que segurava o microfone, muito alta para um menino daquela idade. Em seguida, depois de poucos instantes, ouviu a orquestra tocar a introdução de *O campagnola bella*.

Sua voz, surpreendentemente de tenor, robusta e vibrante, maravilhou imediatamente o público, que o ovacionou ao final da primeira frase. Amós sorriu satisfeito e revigorado, e voltou a cantar com vigor ainda maior, até alcançar o final, que entoou a plena voz e sustentou com toda força e duração do seu fôlego. Aquelas perninhas magras, o corpinho frágil, o pescoço fino pareciam de fato totalmente estranhos àquela voz, e o contraste violento provocou uma reação quase histérica do público, que continuou a gritar até quando Amós passou por

A música do silêncio

entre as mesas para chegar ao seu lugar. Estava um pouco atordoado, mas visivelmente contente.

Aquele consenso o fortificava, aquele afeto, do qual agora se sentia o objeto, deixava-o orgulhoso de si e cheio de confiança no futuro.

Ao final da noite, apuradas todas as fichas, Amós foi proclamado vencedor e lhe foi entregue uma margarida de prata, prêmio que lhe dava o direito de ir para a final, prevista para o último sábado de agosto.

Nos dias seguintes, na praia e em casa, entre sua família não se falava de outra coisa, cada um contando sua versão, suas impressões, juízos ouvidos nas mesas vizinhas, e, sobretudo, todos pensavam na final. Para o pequeno cantor foram compradas roupas novas e um belo par de sapatos; os cabelos foram cortados e, como Deus quis, chegou o sábado tanto esperado. A mãe o acompanhou aos ensaios da tarde, e assim que terminaram, quis que o filho se deitasse um pouco para descansar. Então, chegou a hora do jantar, rápido e agitado, e depois todos correram para se preparar, deixando em desordem quartos e banheiros.

Por volta das dez horas da noite, Amós e seu pai já estavam lá, próximo ao Café Margherita, na frente do qual já se apinhava uma grande multidão de curiosos e de retardatários que não tinham encontrado lugar para se sentar.

O proprietário, quando viu Amós, foi ao seu encontro e o levou ao lugar que lhe tinha reservado.

Depois de quinze minutos, mais ou menos, o primeiro concorrente subiu ao palco. Era um moço loiro, com cerca de dezoito anos, bastante desenvolto, que agradou rapidamente ao público feminino. Em seguida, foi a vez de uma garotinha de treze ou quatorze anos, muito viva e afinada, segura de si, que também conseguiu ser muito simpática ao público, que a aplaudiu calorosamente.

Amós esperava nervosamente sua vez, repassando consigo mesmo a letra da música. Naquela noite cantaria *O sole mio*, seu forte, mas sentia realmente que as forças lhe faltavam por causa da emoção. Além disso, um chatíssimo torcicolo impedia-lhe qualquer movimento brusco.

Percebeu que estava com as mãos frias, e seu coração batia forte. Dali a pouco seria a sua vez, e realmente não estava a fim de subir naquele palco, enfrentar aquela competição que todos agora esperavam que ganhasse. Como suportaria sua própria desilusão e a de todos os seus torcedores se não vencesse? Tinha de ganhar a todo custo, e, no momento, não tinha nada a fazer a não ser ter esperança.

Estava absorto nesses pensamentos quando ouviu o próprio nome e a mão do tio que o segurava por um braço, e, com palavras de encorajamento, o acompanhava em direção à escada do palco, passando por entre as mesas todas ocupadas por pessoas que aplaudiam.

Quando a orquestra começou a tocar a, talvez, mais célebre das canções, Amós inspirou profundamente, cerrou os punhos e, lutando contra o próprio coração que batia a ponto de fazê-lo perder o fôlego, começou a cantar, soltando a voz.

Todos, de repente, fizeram silêncio e pararam, quem bebia largou o copo na mesa, quem tomava um sorvete largou a taça, até os garçons, por um instante, pararam e se viraram para entender se realmente aquela voz pertencia a um menino, se realmente saía daquele pescoço tão magro, daquele peito tão frágil... Enquanto isso, ele, tendo terminado a primeira estrofe, tomou fôlego e, com toda voz que tinha, entoou o agudo: "*Ma 'n'atu sole*". Em seguida, por alguns instantes, foi submerso por uma tempestade de gritos e aplausos. Àquela altura, o pequeno cantor tomou coragem, teve a impressão de voltar a dominar a própria vontade, reconquistar o domínio dos próprios nervos e conseguiu ficar mais descontraído. Agora, já tinha conquistado o público, que quase não o deixava mais cantar, aplaudindo-o histericamente sem parar. Quando chegou ao final, cerrou ainda mais os punhos e, com as veias no pescoço prestes a estourar de uma hora para a outra, lançou sobre os espectadores em festa um último, autêntico grito, um grito de paixão, de esperança, de orgulho, de libertação, e talvez até de raiva. As pessoas, em êxtase, pegas de surpresa e com arrepios na pele, explodiram em um estrondo ensurdecedor, parecido com aquele que, nos estádios de futebol, ecoa para comemorar o gol da vitória.

Amós agradeceu de forma simples, e, descendo do palco, encontrou uma multidão de pessoas que lhe estendiam a mão dando-lhe os parabéns. Algumas senhoras o beijaram, mas para o pequeno cantor não foi uma sensação agradável sentir as próprias bochechas úmidas, talvez de suor, talvez de lágrimas, ou sabe-se lá Deus do quê. Queria

A música do silêncio

se limpar com a mão, mas sentia vergonha. Procurou alcançar sua mesa, e finalmente conseguiu. Abraçou seus pais, sentou-se e pensou que, no fim das contas, causara uma boa impressão, e, se não vencesse, pelo menos sua honra estaria a salvo.

O concurso prosseguiu por mais duas horas. Ao final, houve a premiação. O apresentador, com uma folha na mão, aproximou-se do microfone e começou a anunciar os resultados. Leu com calma as notas obtidas pelo quinto classificado e depois as do quarto. O terceiro era uma jovem de Siena, que Amós achara especialmente competente. Após ter comunicado o segundo lugar, o apresentador fez uma breve pausa para aumentar a espera, a curiosidade e a tensão entre os presentes, disse algo que não tinha nada a ver com o concurso, e então se decidiu. Convidou o pequeno Amós Bardi para ir até o palco receber sua mais que merecida margarida de ouro. A assistente do apresentador foi ao encontro de Amós, apertou-lhe a mão e prendeu em seu paletó uma pequena joia. Em seguida sorriu, desejou-lhe grande sucesso e se despediu.

E foi assim que Amós venceu seu primeiro concurso musical, do qual tinha todo o direito de se sentir orgulhoso. A partir daquele momento, porém, sem que se desse conta, algumas pequenas ilusões, alguns sonhos aparentemente inocentes começaram a se instalar na sua mente de garoto, e, como invisíveis carunchos, começaram a trabalhar, condicionando, ou pelo menos influenciando, seu futuro. A outros fatores, como a sorte, sobrava a árdua tarefa de antepor um sinal algébrico ao destino daquela criança, acostumada, desde seus doze anos, a cantar sozinho, "fora do coral".

XIII

No dia 1º de outubro daquele ano, Amós, com sua margarida de ouro e seu mundo de lembranças, de esperanças, de sonhos, atravessou, pela primeira vez, a entrada do Instituto Cavazza de Bolonha, onde encontrou uma situação bem diferente daquela que tinha imaginado.

Seus pais o ajudaram a arrumar suas coisas no pequeno armário ao lado da cama. Em seguida, juntos desceram novamente as escadas que levavam ao dormitório e se despediram no térreo. Era a hora do almoço, e ele se dirigiu imediatamente ao refeitório, onde, para sua grande surpresa, encontrou ao lado do copo uma garrafinha de vinho; bebeu, ou melhor, entornou tudo antes mesmo de terminar seu prato de sopa.

Era o mais jovem naquele internato, ou talvez fosse mais correto dizer, o menor. Para admiti-lo, tinham até aberto uma exceção, visto que o limite mínimo de idade para ingresso era quatorze anos.

Rapidamente, explicaram-lhe as regras do colégio e lhe deram sugestões e informações. Na manhã seguinte, saiu por volta das sete e meia, junto com dois colegas com os quais tinha estudado nos últimos cinco anos, e agora se encontravam na mesma classe. Assim, os três garotos, sem

Andrea Bocelli

que ninguém os acompanhasse, caminharam pela rua Castiglione, sob os pórticos, em direção à Escola San Domenico, na Praça Calderini, que havia sido muito bem recomendada às suas famílias.

Agitados e um pouco emocionados com a ideia daquela pequena grande empreitada, após consultar o mapa em relevo da cidade, atravessaram com prudência algumas ruelas, bateram e derrubaram um ou outro *scooter* estacionado, negligentemente, sob os pórticos pelos estudantes do instituto técnico industrial, e finalmente chegaram à rua Farini, viraram à esquerda, andaram por cerca de duzentos metros, depois viraram à esquerda e finalmente estavam diante do portão da escola. Ali já se encontravam alguns rapazes, e muitos outros estavam chegando aos poucos.

Um inspetor foi ao encontro de Amós e de seus colegas e os conduziu com boa vontade até a sala de aula. Era a primeira vez que ocupavam as carteiras de uma escola normal, junto com outros que não tinham problema de visão. O Instituto Cavazza decidira fechar a escola interna e deixar que seus alunos cursassem as escolas normais da cidade, como resultado das fortes pressões exercidas pelos estudantes em relação ao conselho de administração e ao órgão provincial escolar no período da chamada contestação estudantil.

Tinha havido resistência àquela reviravolta, fomentada principalmente pelo pessoal docente e não docente, que, com o fechamento da escola interna para deficientes visuais, estava arriscado a perder o trabalho; mas a vontade dos internos, manifestada nas assembleias e nos grupos de estudo naqueles anos, tinha sido favorecer, a partir do segundo ciclo, não só a integração total dos deficientes visuais à sociedade, mas também o acesso a novas formas de trabalho nos mais diversos setores, até então consideradas impraticáveis.

Por fim, os estudantes tinham vencido, e, pensando bem, o fechamento daquela escola interna, bem como a filial do conservatório musical para cegos, constituía para a administração pública uma ótima economia, além de uma notável simplificação de vários problemas de organização.

Em 1971, quando Amós chegou a Bolonha, a batalha, portanto, já tinha sido vencida. Fazia uns dois anos que todos os estudantes do colégio estavam regularmente matriculados nas escolas estaduais

A música do silêncio

normais, e os bolonheses já tinham se acostumado a ver andar pelas ruas da cidade os rapazes do Instituto Cavazza, aos quais, às vezes, ajudavam atravessar a rua ou deixavam livre a passagem, parando os carros gentilmente.

Assim, Amós e seus colegas andavam pela cidade, indo cada vez mais longe, à medida que aprendiam a conhecê-la. Saíam no sábado à tarde e voltavam somente para o jantar. No domingo, às vezes, passavam o dia todo fora, levando apenas um lanche no bolso, ou então almoçavam na casa de algum colega da escola.

Era um jeito bem diferente de viver daquele experimentado no tranquilo colégio de Reggio Emilia, onde tudo era calculado e previsto, e onde nunca acontecia nada fora do comum. Em Bolonha, não era possível programar nem um só dia. Os jovens do Instituto Cavazza estavam perfeitamente inseridos no âmbito do movimento estudantil, que, naquele período, lutava para revolucionar, em especial, o mundo da escola.

Desse modo, Amós acabava participando, depois do jantar, de longas reuniões, grupos de estudo ou assembleias gerais, quando escutava, fascinado, os discursos sobre política e tomava conhecimento de nomes e acontecimentos até então por ele totalmente desconhecidos. Às vezes, quando pensava na sua família e nos seus amigos de brincadeiras, parecia-lhe estar sonhando ou vivendo em outro mundo. Depois, voltava a si e, com todas as forças, procurava se misturar, integrar-se e se apaixonar por esse novo modo de interpretar a vida, coisa que, no final das contas, não era difícil, graças à capacidade de adaptação e à curiosidade que, geralmente, animam todos os garotos daquela idade.

Em meados de dezembro, aconteceram fatos extraordinários que marcaram para sempre a memória de Amós, a ponto de abalá-lo, perturbá-lo e fazer desmoronar muitas das suas certezas iniciais. Por causa de um desagradável atrito com o conselho de administração do Cavazza, que, como sempre, não tinha qualquer intenção de ceder às reivindicações dos estudantes em relação a algumas modificações fundamentais no regulamento interno, intensificaram-se as assembleias, que agora aconteciam pela manhã e nos horários das aulas. Depois de três ou quatro dias, ao final de uma interminável assembleia geral da qual participaram todos os alunos e outros estudantes universitários, por volta da meia-noite tomou-se a decisão de ocupar o colégio por tempo indeterminado. Os funcionários que lá estavam trabalhando foram convidados a sair do edifício, e formaram-se piquetes que se distribuíram em grupos no bloqueio de cada porta de entrada. Assim, Amós passou sua primeira noite em branco, cheio de agitação e de admiração pelos chefes do movimento. Ele tinha sido designado para o piquete que vigiava o portão dos fundos, que, para quem vinha de fora, dava acesso ao pátio. Fazia um frio terrível, e todos se agasalhavam o máximo que podiam. O turno durava uma hora e meia, o que para Amós pareceu uma eternidade. Quando entrou novamente, encontrou um estudante que lhe ofereceu um gole de conhaque. Na verdade, ele não gostava, mas, um pouco pelo frio, e um pouco por se sentir grande, bebeu de um gole só, depois alcançou os companheiros no seu alojamento e com eles começou a imaginar o possível desenrolar daquela incrível situação.

Por volta das quatro horas da madrugada, seu vizinho de cama pegou do armário um pequeno toca-fitas e todos juntos começaram a ouvir as canções de Fabrizio De André,[27] cantor e compositor de quem Amós gostava muito por causa da sua voz quente e sua linguagem expressiva e sem preconceitos, pungente e transgressiva para a mentalidade da época.

A ocupação continuou por três dias de completa anarquia; quem queria dormir, dormia; quem queria sair, saía, a qualquer hora do dia ou da noite...

Amós saiu para comprar cigarros, charutos toscanos e fumo para cachimbo. Ele não gostava de fumar, mas não queria se sentir diferente dos outros; não tragava aquela fumaça, que o fazia tossir, mas sentia-se mais seguro de si com seu charuto ou o cigarro entre os dedos.

Às vezes, comprava também algumas garrafas de vinho; disso ele realmente gostava, e nos dias de ocupação bebeu mais do que devia.

Ao término da ocupação, a vida voltou ao normal. Os estudantes não tinham conseguido tudo o que queriam, mas o compromisso alcançado os convencera a suspender a agitação.

---

27 Nasceu em Gênova, em 1940, e faleceu em Milão, em 1999. (N. R. T.)

A música do silêncio

No domingo seguinte, senhora Bardi foi visitar o filho e o encontrou um pouco mudado; mais indiferente do que o normal, menos feliz em vê-la. Olhou atentamente para ele e notou que havia alguma coisa escrita no dorso e nas palmas das mãos. Pegou uma de suas mãos e leu alguns nomes: Carl Marx, Mao Tsé-tung, Ho Chi Minh... Um pouco assustada, sentiu-se no direito de pedir ao filho alguma explicação.

Com o ar sério dos adolescentes que fingem ser indiferentes e têm, na verdade, vontade de externar seu pensamento para fazer triunfar a própria personalidade sobre a dos outros, Amós começou a explicar que naqueles primeiros meses de estadia em Bolonha tinha aprendido e entendido coisas que até então lhe tinham sido cuidadosamente escondidas.

– Vocês, você e o papai, ou talvez fosse melhor dizer nós, somos burgueses, pessoas ricas, ou ricas o bastante, que vivem à custa do proletariado, explorando seu trabalho, e usam casacos de peles e joias, podem ter um carro veloz e todos os luxos do mundo. Não acho que isso seja certo.

A mãe sentiu-se atingida, e reagiu energicamente:

– Saiba que me levanto de manhã antes dos empregados do seu pai, trabalho mais do que eles, tenho mais responsabilidades, mais preocupações, e não somos ricos como você pensa. E, sobretudo, trabalhamos sempre honestamente, eu e seu pai, sem roubar um centavo de ninguém... Lembre-se disso!

Amós pensou por alguns minutos, sua mãe tinha lá suas razões. Ele mesmo ouvia quando ela se levantava supercedo pela manhã, voltava tarde da noite para casa, trabalhava sem parar, preocupava-se com tudo e com todos, sempre ao lado do marido. Mas, então, onde estava a verdade, e em quem devia acreditar? E pela primeira vez na vida sentiu o desconforto de quem acha que tem certezas para jogar na cara do próximo e não as encontra, de quem procura verdades que não existem, das crenças que rapidamente se revelam falsas... Um emaranhado de pensamentos, lembranças, sentimentos, paixões, conceitos desordenados invadiram-lhe a mente, deixando-o tonto. Não encontrou nenhuma resposta convincente, e, no final, resignou-se a abandonar a conversa para não correr o risco de ser atropelado pelas argumentações da mãe.

Saíram e foram almoçar em um pequeno restaurante, depois deram uma volta no centro, mas havia algo entre eles que, de certo modo, os distanciava, corrompia aquela comunhão, aquela cumplicidade que desde sempre unia mãe e filho; alguma coisa não ia bem. Amós sentia no coração uma espécie de estranha desconfiança em relação a sua família, e fazia algumas horas também um ódio surdo no que dizia respeito a todos os seus colegas de colégio aos quais tinha entreaberto a alma, inebriado pela força das suas ideias e experiências. Portanto, sentia-se sozinho, sozinho e inseguro, como nunca lhe acontecera até então.

Ó amarga adolescência, ó verdes anos nos quais a felicidade e a serenidade inconscientes podem, inexplicavelmente, causar desconforto, solidão, tristeza...

Nos dias seguintes, junto a seus amigos, Amós começou a se sentir diferente, ou os outros é que lhe pareciam diferentes. Em relação a eles não sentia mais aquela sensação de prazerosa e tranquilizante cumplicidade, da qual tirava tanta força e tanto atrevimento. Parecia-lhe agora que seus companheiros se afastavam dele, às vezes parecia que confabulavam às suas costas, guardavam segredos dos quais quisessem mantê-lo afastado. E, assim, uma densa, viscosa melancolia o tomava por completo até a noite.

Alguns começaram a lhe jogar na cara que era um burguês, filhinho de papai, reacionário fantasiado de proletário por puro oportunismo...

Uma noite, na pequena sala onde ele e seus dois colegas de classe faziam as tarefas, teve início uma briga mais violenta do que o normal, que acabou em pancadaria. Quando Amós sentiu a dor de um soco na boca do estômago, primeiro se dobrou, procurando respirar, depois, com a cabeça baixa, atirou-se com toda sua força contra o colega que estava mais perto, golpeando-o no rosto. Ele caiu, Amós se jogou em cima dele, enquanto um terceiro lhe dava socos nas costas. Com os dentes, Amós agarrou a orelha da sua vítima e a mordeu, até sentir o sabor repugnante de sangue, e então largou sua presa. O confronto durou alguns minutos, até que alguém entrou no cômodo e começou

A música do silêncio

a separar os três briguentos. O episódio abriu um abismo definitivo entre Amós e os seus colegas, aumentando sua solidão, as dúvidas, a saudade daquele mundo que nunca o tinha traído, nem mesmo quando ele próprio tinha se afastado, aquele mundo distante que ainda, afetuoso e fiel, o esperava, cheio de tantas e doces promessas na sua bela Toscana.

Então, sentiu necessidade de se abrir com alguém, mas não tinha coragem de fazê-lo, e à noite, antes de deitar, caminhava pelos corredores do instituto, fumando um cigarro atrás do outro, contando os dias e as horas que o separavam do final do ano escolar. O boletim escolar, além do mais, não prometia nada de positivo; matemática, sobretudo, o preocupava. Tinha ficado para trás, e não encontrava os estímulos certos para se recuperar.

Mas, qualquer que fosse o resultado, Amós tinha decidido deixar o colégio. No ano seguinte se matricularia em uma escola da sua região, para poder ficar perto da família, como a maior parte dos garotos da sua idade. Por telefone comunicara aos pais sua intenção, e eles tinham sido favoráveis, até mesmo por causa das mil preocupações que a situação daquele colégio gerava a cada dia que passava.

No entanto, também para esta escolha não faltaram incógnitas. Amós estaria pronto para enfrentar os problemas apresentados por uma escola normal, desprovida de uma estrutura de apoio, ou seja, sem professores, leitores, equipamentos capazes para tornar compreensível a um deficiente visual tudo o que se adquire mediante o uso das imagens? A família Bardi indagava-se sobre isto também, e temia cometer erros irreparáveis ao não dar a devida importância a problemas que poderiam atrapalhar o caminho de Amós. Mas ele parecia inabalável e seguro de si, teimoso. Perseverante como sempre, não teria cedido por nada desse mundo. A tudo isso acrescente-se que, em Bolonha, justamente naqueles dias, crescia, junto ao Instituto Cavazza, uma nova onda de contestações estudantis, que dali a pouco acabariam em uma longa e duríssima ocupação do colégio.

Amós estava presente quando da deliberação da assembleia geral, por unanimidade, pela reocupação do instituto, e, apesar de tudo, viveu essa nova aventura com a mesma agitação e o mesmo entusiasmo de sempre, com aquele espírito de ávida curiosidade que frequentemente invade os adolescentes diante de situações nas quais os elementos de risco e novidade fazem com que se sintam protagonistas impávidos e puros, consagrados a um destino esperado e desejado.

À uma hora da madrugada, todos os funcionários foram afastados, e em cada porta formou-se um piquete. Amós ia para cima e para baixo, pelos corredores do edifício, respirando a plenos pulmões aquele ambiente inebriante de transgressão e de liberdade; segurava nas mãos seu maço de cigarros e os fósforos, e, de vez em quando, acendia um dos seus Minister sem filtro, que não apagava até que a bituca queimasse seus dedos.

Durante dois dias nem foi à escola, pois lutar pelo fechamento definitivo do conservatório interno e por uma concreta ampliação da liberdade dos estudantes o inflamava. Uma noite, foi destinado ao piquete central, aquele que vigiava a porta principal, junto com outros cinco garotos. Sentou-se à mesa do porteiro e começou a conversar com os companheiros; pouco antes tinha havido pressão do conselho de administração que ameaçava com a intervenção da polícia, caso a ocupação não terminasse logo, e alguns policias da tropa de choque apareceram na entrada do colégio. Por esta razão, os componentes do piquete sentiam-se mais agitados do que o normal e conjecturavam entre si.

Por volta das 22 horas, a campainha tocou, e um dos rapazes abriu uma janelinha quadrada, que servia para o porteiro da noite olhar para fora, antes de abrir a porta. Uma voz segura e decidida disse:

— É da polícia. Tenho ordens de acabar com essa agitação imediatamente.

— E então? — respondeu o garoto atrevidamente.

— E então, acabem com a ocupação ou seremos obrigados a entrar à força.

— Entendido — respondeu o garoto e fechou a janelinha imediatamente.

Um membro do piquete se levantou e correu escada acima para avisar o comitê central, reunido no salão de jogos no primeiro andar, enquanto os outros ficaram imóveis em seus lugares esperando receber instruções. Alguns desejavam que, nesse meio-tempo, mudasse

A música do silêncio

o turno do piquete, outros, como Amós, tinham esperança de ficar ali, onde se desenrolavam os fatos mais marcantes do acontecimento.

Depois de alguns minutos, tocou o interfone da portaria; um dos meninos o atendeu:

– Tá bom – ele disse depois de alguns instantes, e desligou. – O chefe disse para não abrir para ninguém.

"Ótimo", pensou Amós consigo mesmo, e disse em voz alta: – Então, daqui a pouco haverá guerra – e sentou-se na cadeira do porteiro, no lugar do colega que tinha atendido o interfone, e com ar pensativo calmamente ficou à espera.

Nas duas horas seguintes, a polícia ainda tocou a campainha por quatro vezes, e, da janelinha, em tom peremptório, mandou suspender a agitação.

Por volta da uma, um novo toque.

Piero, um dos membros do piquete que se sentava, ele também, à mesa do porteiro, perguntou com voz retumbante:

– Mais uma vez! Quem é?

– A polícia – foi a resposta.

– E então? – Piero perguntou de volta.

– Recebemos ordem para entrar. Abram, ou seremos obrigados a arrombar a porta.

Houve alguns minutos de silêncio. "Chegou a hora", Amós pensou, agitadíssimo.

Agarrou o fone com a mão esquerda, enquanto com a outra apertou, nervosamente, todas as teclas, e disse com voz decisiva, a todos aqueles que atenderam nas várias repartições do edifício:

– Desçam todos, a polícia nos deu o ultimato.

Naquele peito de adolescente batia forte um coração de revolucionário casto e inocente.

Da escadaria principal chegou um barulho de passos quase estrondoso e, dali a poucos instantes, os primeiros protagonistas da contestação estudantil alinharam-se diante da porta do internato.

Amós se levantou e se colocou ao lado dos seus companheiros nas primeiras filas e, enquanto um barulho de vozes, de passos e de objetos que se chocavam ou eram retirados de forma brusca aumentava cada vez mais, uma primeira e fortíssima batida no portão fez com que todos estremecessem. Houve um minuto de silêncio, e nesse mesmo minuto, outro golpe, parecido com o primeiro, repercutiu por todo o saguão do internato. Ergueram-se gritos e imprecações, e, em seguida, um terceiro e decisivo golpe derrubou a porta, e alguns policiais da tropa de choque entraram. Imediatamente se confrontaram com os estudantes, dentre os quais militavam muitos universitários politicamente engajados que tinham ido ajudar seus companheiros de luta e de partido.

Houve um tumulto, e o pequeno Amós ficou desorientado. Queria bater, morder, combater, mostrar toda sua coragem e valor. Mas, contra quem? Não conseguia identificar os agressores no meio daquela confusão indescritível, e, honestamente, o que poderia fazer contra aqueles homens duas vezes maiores do que ele, treinados para o combate? Estava se dando conta de tudo isso quando um golpe no estômago, talvez uma joelhada, tirou-lhe o fôlego. Dobrou-se para a frente e recebeu outro golpe nas costas. Sentiu uma onda de arrepios invadir-lhe o corpo, enquanto um sentimento de impotência e medo enchia-lhe os olhos de lágrimas. Reuniu todas as suas forças e procurou abrir espaço entre os companheiros para sair da briga e alcançar a escadaria, mas não foi fácil. Ouviu uma voz ao megafone que se impôs ao estrondo geral:

– Não oponham resistência, dirijam-se todos para o salão principal, assembleia geral, assembleia geral.

O barulho diminuiu de intensidade, ouviram-se surdos resmungos; em seguida, muito rapidamente, os estudantes afrouxaram a pressão, criando entre si espaços para alcançar o lugar da reunião.

Amós, com as pernas tremendo e uma dor crescente nas costas, alcançou as escadas cambaleando entre um corpo e outro; agarrou o corrimão como um náufrago agarra a corda que representa sua salvação, e o mais rápido que conseguiu subiu para seu quarto, procurou sua cama e nela se deixou cair. Depois de alguns minutos, sentiu arrepios de frio e então voltou a si, despiu-se rapidamente e colocou-se embaixo das cobertas, cobrindo-se até o nariz.

Adormeceu quase imediatamente, mas não conseguiu descansar tranquilamente; de vez em quando acordava por causa da dor nas

A música do silêncio

costas, que sentia a cada vez que se mexia de modo brusco, tomado por sonhos exaltados.

Pela manhã, quando o toque do sino o despertou, sentindo uma forte dor, decidiu que ficaria na cama o dia todo. O assistente de turno o fez levantar a camisa do seu pijama e verificou, efetivamente, que suas costas apresentavam uma grande equimose. Chamou então o enfermeiro e combinou com o assistente de deixar o garoto na cama.

– Um hematoma assim dói, e, sobretudo, não lhe recomendaria apoiar suas costas na cadeira – disse sorrindo o bom Dedonatis, que, além de tudo, gostava de Amós, com quem se divertia algumas vezes em conversas sobre ópera lírica e seus protagonistas.

Amós sentiu-se mais tranquilo, e pôs-se a pensar em seus projetos de abandonar o instituto assim que fosse possível, matricular-se em uma escola da sua província para o ano seguinte, e assim adormeceu novamente.

Acordou ao final da tarde com bastante apetite e uma forte dor nas costas. Levantou-se com movimentos cuidadosos, colocou os pés para fora da cama e se vestiu lentamente, desceu para o térreo, e percebeu que o instituto tinha voltado à normalidade. A aventura terminara, mas lhe deixara um vago sentimento de opressão, de desilusão, de triste resignação que, com o passar das horas, se transformava em uma espécie de nova esperança. Como um convalescente que readquire as forças de hora em hora, seu espírito de otimismo reflorescia rapidamente, transformando a esperança em sonhos, e estes em alegria verdadeira. Era a alegria de se imaginar já em casa, dono, finalmente, da própria vida, uma nova vida.

Foi exatamente com aquele estado de ânimo que recebeu uma visita inesperada do seu pai, que voltava de uma viagem a trabalho na cidade de Treviglio, na qual ficava a sede da fábrica de tratores que representava na sua região e decidira, de última hora, visitar o filho para ver como iam as coisas. Pediu para chamá-lo na portaria e o levou para jantar em um restaurante bem distante. Quando lá estavam, seu pai começou a satisfazer sua curiosidade, dando-lhe notícias do irmão e dos amigos. De repente, entretanto, mudou de tom, ficou mais sério, e disse com certa solenidade:

– Você sabia que os trabalhadores da oficina fizeram greve?

– Por quê? – perguntou Amós com certa agitação.

– Queriam um grande aumento de salário e redução das horas de trabalho. Houve uma reunião muito demorada no meu escritório, na qual Mário, que você conhece muito bem, falando em nome de todos, definiu-me como explorador.

– E você não podia lhes dar um aumento?

– Não daquele tamanho, com certeza. Não pense que a oficina esteja dando grandes lucros.

– E então? – perguntou Amós impaciente.

– Propus a todos que formassem comigo uma sociedade, assim ninguém se sentiria mais explorado, e, trabalhando por conta própria, cada um daria o máximo de si, com vantagem para todos – então, o pai se calou, levantou o copo e tomou um gole de Lambrusco.

– E eles? – insistiu Amós, levantando um braço, ansioso.

– Eles pensaram durante dois dias, discutiram, brigaram, e depois decidiram não fazer nada de nada.

– E por que, papai?

– Talvez para continuar a trabalhar menos do que eu, se arriscar menos do que eu, e se lamentar mais do que eu.

Depois, senhor Bardi mudou de assunto, para não dar a impressão de atribuir muita importância àquela mensagem que, naquele ínterim, se fincara já na memória de Amós para sempre, mudando substancialmente suas ideias, como uma pedra esculpida com sabedoria com talhadeira e martelo.

Ao levá-lo de volta para o colégio, o pai percebeu um novo entusiasmo no filho, um novo entrosamento que deixava ambos felizes.

Na saudação que trocaram havia um espírito de camaradagem que rejuvenescia o pai, enquanto ao garoto conferia um ar inusitado de maturidade, a ponto de suspender, por um segundo, todos os vestígios da relação de submissão que une os filhos aos pais.

Mas, durante a viagem de volta, senhor Bardi foi tomado por um fluxo de profundas preocupações. Pensou dolorosamente nos riscos que aquele colégio representava ao filho, e nas dificuldades que, por outro lado, se apresentariam se se decidisse levá-lo para casa e matriculá-lo em uma escola da sua cidade, sem o apoio de uma estrutura especializada. Na rodovia, deparou-se com uma forte ne-

A música do silêncio

blina, e a viagem pareceu-lhe interminável. Em Altopascio,[28] entregou mecanicamente ao arrecadador o ticket do pedágio, pagou e voltou para a neblina do Padule.[29]

A visibilidade começou a melhorar em Bientina, e já em Pontedera não havia mais neblina.

Já perto de casa, aquela estrada, tão familiar, devolveu-lhe um pouco do bom humor, que se transformou em alegria quando, em casa, encontrou sua esposa ainda acordada, esperando-o, para ter notícias do seu menino.

---

28 Cidadezinha da província de Lucca, na Toscana. (N. T.)

29 *Padule di Fucecchio*, o mais extenso pântano interno italiano, situado entre as cidades de Pistoia e Florença, na região da Toscana. (N. T.)

XIV

A primavera já estava adiantada. Senhora Bardi levantava-se muito cedo, dirigia-se logo à janela do próprio quarto para abri-la e por alguns instantes fixava o olhar sobre as espigas de trigo que cresciam lentamente, dia após dia, no campo que se estendia além da estrada. Seu marido, certa manhã, surpreendeu-a naquela atitude contemplativa e, um tanto curioso, quis saber o que lhe passava pela cabeça. A mulher voltou a si, afastou-se do peitoril da janela e lhe respondeu sorrindo:

— Quando aquelas espigas estiverem maduras meu filho voltará para casa, e para a debulha estaremos todos juntos finalmente.

— Parece-me que neste ano ele terá de fazer recuperação em alguma matéria.

A senhora assumiu uma expressão severa e disse:

— Em todo caso, ninguém colocará a mão naquele trigo antes que Amós volte para casa.

Em seguida, sorriu para o marido e começou a se trocar.

Senhor Bardi esperou que a mulher descesse para o café da manhã e a acompanhou.

Em Bolonha, nesse meio-tempo, Amós se preparava para a escola. Também naquela manhã o sono o venceria, e provavelmente dormiria com a cabeça em cima da carteira. Na noite anterior, encontrara um jeito de sair depois do jantar; tinha ido ao bar Da Ciro, e após ter bebido alguns copos de vinho, comprado um maço de cigarros e uma caixa de charutos toscanos, tinha voltado e ficado, sozinho, escutando um pouco de música no seu novo gravador cassete.

Por outro lado, seus colegas o marginalizavam cada vez mais, considerando-o um filhinho de papai, um burguês, distante dos problemas deles, engajados na política, em uma luta de classe na qual depositavam uma confiança cega e todas suas esperanças.

Amós adaptava seu comportamento e sua linguagem àquela dos companheiros, mas o fumo, o álcool e os palavrões não eram suficientes para aproximá-lo do grupo e, à noite, em sua cama, fazia o sinal da cruz e pedia perdão a Deus pelos seus pecados, prometendo ser melhor a partir da manhã seguinte. Tinha apenas treze anos, sentia-se sozinho, e, o que era pior, nada tranquilo. Sentia falta daquelas certezas que, geralmente, tornam feliz a vida dos adolescentes. A sua era uma breve existência complicada pelo precoce perfilar-se a realidades contraditórias, de conceitos e ideias tão distantes entre si, que tornavam aparentemente impossível a busca e a obtenção de um ponto de contato, uma convergência.

Por este motivo, percebia em si um indefinível mal-estar, que lhe parecia simplesmente uma necessidade de voltar para casa, seu ambiente, para o seio da família que o amava, o protegia e lhe devolvia a força perdida. Ali, de fato, havia pessoas que possuíam um patrimônio precioso de certezas inabaláveis e irrefutáveis, no qual cada um depositava suas esperanças e das quais todos extraíam a própria serenidade e coragem. Um estranho destino parecia, ao contrário, obrigá-lo a desconfiar de tudo, a refletir sobre cada coisa, a duvidar, às vezes, até da evidência. Isto o cansava, afligia-o, porque constituía uma violência à sua natureza impulsiva e instintiva de adolescente. Por outro lado, Amós não conhecia ainda Sêneca, não tinha lido o seu *De vita beata*, e, portanto, não sabia que "o homem prefere acreditar a ponderar" (*unusquisque mavult credere quam iudicare*).

A música do silêncio

Muito tempo depois, entenderia, lendo aquele trecho, que o sofrimento daqueles dias, aquela inquietação, aquele mal-estar representavam os verdadeiros e sólidos fundamentos sobre os quais construiria o edifício da própria existência, e eram a única razão daquela força de caráter da qual daria ampla demonstração nas duras provas enfrentadas e superadas.

Enquanto isso, fazia a contagem regressiva dos dias que faltavam para o final do ano escolar. Pouco lhe importava o resultado, sabia que não podia esperar muita coisa. Paciência, corrigiria sua negligência durante o verão, e depois tudo mudaria.

Finalmente, chegou o mês de junho, o final do período escolar, e Amós ficou em recuperação em matemática. Era seu primeiro real insucesso escolar, mas, em casa, não fizeram drama. Com a objetividade de sempre, providenciaram rapidamente as aulas de verão para o garoto, de modo que conseguisse chegar preparado para os exames de recuperação e enfrentasse sem maiores dificuldades o ano seguinte na nova escola.

Antes de mais nada, era preciso encontrar alguém para ajudar Amós nos estudos. Assim, uma manhã, senhora Bardi chegou em casa com uma moça e a apresentou ao filho, explicando-lhe que ela o acompanharia durante o ano todo, e a partir daquela manhã começariam juntos a revisão do programa de matemática. Manola era uma jovem da cidade, gentil, educada, mas muito determinada; estudante universitária que frequentava o curso de magistério em Florença e dali a pouco se formaria.

Começaram logo, de bom acordo, no escritório da casa dos Bardi. O verão já tinha chegado, e pelas janelas entravam baforadas de ar quente, o cheiro adocicado das gramíneas, o canto dos pássaros, o rumor distante das máquinas agrícolas e, de tempos em tempos, as vozes dos homens que trabalhavam no campo. Era uma doce atmosfera, que frequentemente desviava Amós de sua principal finalidade. O tempo passava rápido e agradavelmente, e, assim, ao término de duas horas de estudo, ele corria para chamar seus amigos, pegava a bicicleta e ia para longe, pelas poeirentas trilhas do campo, das quais voltava sujo e suado.

– Olha como você está – gritava-lhe a avó –, parece um pau de galinheiro!

Ele nem ligava, respirava a plenos pulmões o cheiro da terra molhada que vinha do pátio, que seu pai tinha acabado de regar. Depois, corria para a cozinha, onde as mulheres preparavam o jantar.

Não parava um minuto, e os avós temiam pela sua saúde:

– Todo suado desse jeito você vai pegar uma pneumonia. Para um pouco!

– Olha o seu irmão, como fica quietinho.

Seu irmão, de fato, que os parentes chamavam de "Santa paz", para marcar bem a diferença de personalidade que o distinguia daquele terremoto que era o Amós, ficava tranquilamente sentado à mesa, debruçado em um caderno, com um lápis e uma borracha. Para convencê-lo a ir se sentar à mesa com os outros para o jantar, era necessário chamá-lo muitas vezes. Alberto era realmente devotado ao estudo, e seus resultados escolares surpreendentes. Sob este aspecto, era o orgulho da família. Alberto era um menino introvertido, silencioso, detalhista, meticuloso até, contudo, dava-se muito bem com o irmão mais velho, tão diferente dele, tão impulsivo, instintivo, extrovertido, sempre pronto para a discussão e o bate-boca. Até mesmo durante o jantar, Alberto ficava em silêncio diante do seu prato, comia com muita lentidão, a comida estava sempre muito quente para ele, e ainda tinha de acabar o prato principal quando os outros já estavam terminando a refeição. Depois do jantar, quase sempre dormia na frente da televisão, e seu pai o levava no colo para a cama. Amós, ao contrário, à noite, nunca tinha sono, e sempre era necessário convencê-lo, por bem ou por mal, a ir se deitar.

Em agosto, a família Bardi foi para a praia. Naquele ano, porém, o entusiasmo estava nas alturas, visto que a senhora Bardi comprara um belo apartamento, que agora a família ocuparia pela primeira vez.

Senhora Bardi, emocionada e com um sentimento de profunda satisfação, dissera ao filho, na volta do colégio, que aquele apartamento custara nada menos que dez milhões de liras, o que representava todas as suas economias de anos de trabalho e de sacrifício. Mas tinha certeza de ter feito um bom investimento, e estava visivelmente feliz.

A música do silêncio

Amós tinha de estudar para não correr risco nos exames de recuperação em setembro; portanto, uma professora de matemática o esperava na praia todas as manhãs. Chamava-se Eugenia, era solteira e morava com a irmã, que tinha dois filhos, da idade de Amós e Alberto, e um marido muito especial, seja pela própria origem nobre, seja pela inteligência e simpatia. Pelo menos assim tinha sido descrito a Amós, que em seguida pôde compartilhar das mesmas opiniões. Doutor Della Robbia, na verdade, terminou por substituir a cunhada rapidamente e, cheio de zelo, dedicou suas horas livres para incutir no pequeno Amós noções de geometria euclidiana e de matemática, e, sobretudo, a paixão por aquela matéria, que, naquela praia, com aquele professor, se transformava quase em uma brincadeira. Quando percebia que o menino estava um pouco cansado, doutor Della Robbia parava com as aulas e ensinava-lhe um pouco de xadrez. Na época da universidade, ganhara o campeonato regional, e agora transmitia aquela sua paixão ao discípulo, que, dia após dia, fazia grandes progressos e alternava com prazer a geometria daquele jogo fascinante por aquelas figuras planas que o doutor desenhava para ele na areia fina da praia.

Amós tinha pelo seu novo mestre uma admiração sem fim, de tal modo a induzi-lo a perdoar-lhe aquela espécie de alta consideração de si mesmo, típica de pessoas que, de modo geral, conseguem tudo com facilidade e gozam da simpatia e da confiança das pessoas, sem conseguir saber no fundo o porquê do próprio sucesso.

Amós ficava encantado ao ouvi-lo falar, ao vê-lo, brilhantemente, triunfar nas discussões sobre os mais diversos assuntos, e procurava assimilar tudo e agradá-lo, mostrando-se solícito, vivo e capaz de aprender. O doutor era também dotado fisicamente; ótimo nadador, também conhecia as artes marciais, por tê-las praticado na juventude; era, em suma, aquilo que se pode definir como exemplo de *mens sana in corpore sano*. O espírito de emulação do seu aluno crescia continuamente, desaparecendo até mesmo o sacrifício das aulas, durante as quais se aplicava com empenho para não decepcionar o mestre e, sobretudo, para se sair bem nos exames.

Na volta das férias, Amós tinha seguramente mudado, pois havia novos termos na sua linguagem, expressões latinas, nem sempre usadas corretamente, brincadeiras e piadas endereçadas a presentes ou ausentes, uma ostensiva confiança em si mesmo que, se por um lado o deixava menos simpático, por outro o ajudava a se reerguer do estado de prostração, ou quase, no qual se encontrara algum tempo antes. Sobretudo, estava bem preparado para os exames, nos quais passou com brilhantismo, para a alegria dos familiares e orgulho do seu mestre, que, logo em seguida, aceitou o convite da família Bardi para passar umas pequenas férias no campo com os filhos Gionata e Francesco-Maria e a mulher Giuseppina, que ainda o venerava, depois de tantos anos de casamento, como uma noivinha.

Os Della Robbia chegaram em uma quinta-feira à noite, arrumaram rapidamente as malas nos quartos que lhe tinham sido designados, trocaram-se e desceram para o jantar, ricamente preparado para comemorar a aprovação de Amós e seu definitivo abandono do colégio. Naquela ocasião, senhor Bardi abriu algumas das suas melhores garrafas e todos celebraram a qualidade daqueles vinhos dos quais o dono da casa tinha orgulho, visto que sempre se ocupara pessoalmente deles. Até aos meninos foi concedido beber alguns goles, e, ao final da noite, a atmosfera era de agradecimento, por parte de todos, por estar vivo e no mundo, completamente esquecido das próprias tribulações.

Na manhã seguinte, os meninos dormiram até tarde, e nenhum deles tomou café da manhã. Depois do almoço, doutor Della Robbia propôs a todos um jogo de xadrez, e então foram colocados os tabuleiros nas mesas, distribuídas as peças e deu-se início a um pequeno torneio.

Quando o sol começou a se pôr, os garotos pediram e tiveram permissão para ir ver os cavalos de Amós no sítio, e assim foram, escolhendo a trilha de dentro, mais íngreme e mais rápida, que permitia evitar a rodovia. No alto da subida, a poucos metros deles, amarrada com o potro no meio do prado, viram Stella, a égua que fazia alguns meses tinha dado à luz um belo potrinho preto ao qual tinha sido dado o nome de Fulmine, ou seja, raio.

Amós estava ansioso para mostrar aos colegas sua coragem e habilidade ao manusear cavalos. Aproximou-se decididamente do animal, pegou a corda e percorreu-a toda até o pauzinho fincado

A música do silêncio

na terra no qual estava amarrada. Com algum esforço, soltou-a, em seguida voltou para perto dos garotos que o observavam a distância. Stella seguia-o docilmente, parando às vezes para arrancar os últimos fios de capim daquele dia. O potro ia atrás dela, pulando e correndo feliz, inebriado pelo espaço aberto. Avançaram e atravessaram a rua no meio do sítio, chegando finalmente entre as casas. Stella também passou, enquanto o potro ficou no prado, incerto se seguia a mãe ou se ficava lá, naquele paraíso. De repente, começou a correr e atravessou a rua, justamente no momento em que passava um carro em alta velocidade. A freada foi inútil, o pobre Fulmine foi atropelado, e, ao cair, uma perna traseira ficou embaixo da roda do carro.

Quando, com esforço, se levantou, todos perceberam que a pata estava quebrada. Como é praticamente impossível recompor os ossos dos cavalos, o destino do pobre potrinho estava marcado.

Em meio a soluços e lágrimas, Amós correu com os outros para chamar socorro. Pouco depois, seus pais chegaram e mandaram os meninos para casa; em seguida, telefonaram a um caminhoneiro para que viesse carregar o pobre animalzinho e o levasse ao matadouro, onde, poucas horas mais tarde, um tiro de revólver acabaria com o sofrimento daquele infeliz acidente.

À noite, no jantar, Amós não conseguiu segurar as lágrimas e, enquanto iam caindo no seu prato de macarrão, ele se intrigava com a indiferença geral em relação àquela perda. Seu potro tinha morrido, e todos procuravam não pensar mais naquilo.

Alguns dias depois, Amós foi com o irmão e uma amiga da mãe para Livorno, no conservatório musical Mascagni, com a intenção de ser admitido no curso de piano. O irmão queria, ao contrário, fazer curso de violino. Ambos fizeram um exame de aptidão, em razão das 610 inscrições, número muito grande para as possibilidades daquela estrutura. Amós obteve o primeiro lugar, e Alberto também se classificou bem, em nono lugar, e, pouco depois, começou os estudos com o zelo e a paixão de sempre, todo orgulhoso do seu novo violino de fabricação chinesa. Amós, ao contrário, mostrou-se pouco concentrado e, sobretudo, estranhamente pouco motivado. Além disso, o método Braille impunha dificuldades objetivas a ele e ao seu mestre, que, convencido do talento do garoto, fazia de tudo para conseguir dele melhores resultados.

No início do ano escolar, Amós tinha dois compromissos para enfrentar: o segundo ciclo em Pontedera e os estudos musicais em Livorno, onde a mãe o acompanhava com o irmão duas vezes por semana. O garoto, bastante preguiçoso por natureza, via-se, sempre, tendo de estudar o solfejo no carro, durante a viagem, sob o olhar atônito e severo de Alberto, que não suportava tanto descaso e estava sempre perfeitamente preparado.

XV

Em sua nova escola, Amós encontrou um ambiente bem diferente daquele que deixara em Bolonha, ninguém falava de política, de independência dos pais, de substâncias entorpecentes; falava-se, ao contrário, de esporte, férias e problemas ligados à escola. Muitas vezes, os professores eram colocados secretamente sob acusação, e os alunos procuravam encontrar um jeito para não fazer as provas orais ou matar aula sem ser descobertos e punidos. Para Amós tudo aquilo parecia infantil, e não conseguiu logo integrar-se rápida e perfeitamente, mesmo com a simpatia que desde o primeiro dia os colegas souberam lhe demonstrar.

Na cidadezinha de Pontedera, muito conhecida como sendo o lugar em que a Piaggio[30] fabrica seus *scooters*, Amós começou o segundo ano do segundo ciclo do ensino fundamental, pela primeira vez no seio da família, como todos os outros. Mesmo que lhe parecesse um pouco ridículo sair de casa com a lancheira e algum

---

30 Fábrica italiana que produz carros, aviões, motos e barcos com sede em Pontedera, na província de Pisa, na Toscana. (N. T.)

trocado para um chocolate quente, não demorou muito para se adaptar e esquecer de lembranças recentes de uma vida que certamente o testara e o obrigara a crescer antes do tempo, numa busca desesperada de afetos, valores, coisas simples e genuínas, mais adequadas a sua idade e sua educação.

Os professores logo passaram a gostar dele, e se esforçavam ao máximo para que se ambientasse logo. Seu colega de carteira era o primeiro da classe e, em razão da sua famosa dedicação, dir-se-ia que começou a considerar seu novo amigo quase como uma matéria a mais, intuindo que os professores o tinham confiado a ele. Amós, por sua vez, dava tudo de si para se adaptar do melhor modo, considerava aquela uma tarefa importante, que lhe daria em troca a estima e talvez a benevolência dos docentes, coisa que considerava muito.

Os dois garotos estavam, portanto, praticamente sempre juntos durante o recreio, nas aulas de ginástica ou de música, ou nas de desenho, nas quais modelava argila ou massinha. Quando havia tarefas na sala de aula, Pietro também consultava o dicionário para o colega, mas sem lhe passar suas traduções, com medo de ser descoberto e castigado.

Atrás deles, sentavam-se dois garotinhos espertos e arrojados, que rapidamente atraíram a simpatia e a admiração de Amós. Um se chamava Raffaele, e o outro Eugênio. Este último era especialmente querido do recém-chegado, que o considerava desinibido e extrovertido, parecido com ele na personalidade e no modo de viver, sempre pronto para uma brincadeira, dotado de certa malícia que a ele, pensando bem, não desagradava; além disso, era um formidável corredor e estimulava-o a fazer atividades ao ar livre.

Em pouco tempo, Amós ambientou-se de tal modo que quase se sentia na escola como se estivesse em família. O professor de música, em particular, adorava-o e fazia de tudo para tê-lo consigo, até mesmo tirando-o de outras aulas, coisa que o enchia de alegria. O professor Caponi chegou a ponto de escrever uma canção para ele e fazer que a executasse na festa de fim de ano, idealizada e organizada pelo diretor. Naquela ocasião, Amós maravilhou todo o alunato interpretando a

A música do silêncio

ária de Radamés, da *Aida* de Verdi,[31] acompanhado ao piano pelo professor Caponi, orgulhoso do seu aluno, e envaidecido diante do diretor e de todo o corpo docente por ter preparado uma exibição tão surpreendente, que parecia estar fora de si de tanta felicidade

Ao final da cantata, Amós foi cercado por uma multidão de alunos; muitas mãos procuravam as suas, enquanto outras o agarravam pelas costas e o puxavam pela blusa, enquanto Eugênio, ao seu lado, aproveitava-se da situação para conhecer e fazer amizade com as garotas mais graciosas que passavam e se aproximavam dele.

Poucos dias depois, o ano letivo terminou, e Amós passou de ano com boas notas. Tinha se saído bem até em matemática, graças às bases recebidas do seu bom amigo doutor Della Robbia.

As férias, que logo chegaram, foram do tipo que a gente nunca se esquece, não tanto pelos eventos ocorridos, mas, sim, por uma absoluta falta de fatos marcantes, coisa que por si só representava para Amós uma experiência muito singular.

Seu pai começara os novos trabalhos de reforma da casa, e criara um pequeno estúdio para o filho no lugar onde antes guardava as máquinas agrícolas. Dividindo aquele grande galpão, conseguira fazer um quartinho para a caldeira do aquecedor, uma lavanderia, uma pequena adega e aquele cômodo para seu filho, iluminado por uma janela que se abria sob o caramanchão, do qual pendiam maravilhosos cachos de cataúba que, já em agosto, emanavam um perfume delicioso e atraíam os pássaros que, para conquistar alguma gota daquele néctar, se aproximavam desconfiados da janela aberta, bicavam um bago e voavam, gorjeando felizes.

Amós gostava imensamente daquele seu novo refúgio, sentava-se ao piano, tocava algo e depois parava para escutar os sons que chegavam do campo com a magia e a doçura de uma sinfonia. Às vezes, ficava tão arrebatado por aquelas vozes da natureza, que achava enfadonhos os próprios acordes, pois pareciam quebrar o encanto.

---

31 *Aida* é uma ópera em quatro atos com música de Giuseppe Verdi (1813–1901), considerado o maior compositor nacionalista da Itália na época, e libreto de Antonio Ghislanzoni, cuja composição foi encomendada pelo governo egípcio para inaugurar e comemorar a abertura do Canal de Suez, embora não tenha sido terminada a tempo, estreando no Cairo em 24 de dezembro de 1871. (N. T.)

Naquele quarto, que a sombra do caramanchão mantinha bastante fresco até no verão, Amós passava todos os dias as primeiras horas da tarde, lendo distraidamente alguma coisa, escrevinhando, tocando ou escutando um disco, andando de um lado para outro, com as mãos cruzadas atrás das costas, devido a sua característica incapacidade de ficar parado quando uma música o deleitava e o levava completamente para fora da realidade.

Às vezes, recebia a visita de algum colega. Quem mais aparecia era Eugênio, que gostava de ir treinar nas estradas semidesertas daqueles campos belos e silenciosos, levando com ele o amigo. Para dizer a verdade, Amós não era louco por aquelas corridas cansativas ao lado de um pequeno campeão, que sempre acabava com ele. Ao contrário, gostava das horas que passavam juntos no seu estúdio. Eugênio gostava muito de ler, e o fazia com prazer; contos, poesias, breves biografias de personagens ilustres. Além disso, tinha gosto de desvendar as primeiras leituras proibidas, e, nestes casos, Amós fechava a porta e Eugênio baixava o tom da voz.

Em agosto, a família Bardi foi novamente para a praia, para a nova morada, adquirida fazia pouco tempo, uma verdadeira alegria para todos. O apartamento, que ficava no terceiro e último andar de um prédio supernovo, a cerca de trezentos metros do mar, em uma travessa da rua Del Secco, em Lido di Camaiore, era bem grande; os meninos tinham um quarto com um belo terraço do qual era possível ver o mar; o dos pais também tinha uma pequena varanda que dava para o sul. Havia ainda uma sala de jantar espaçosa, uma cozinha e um banheiro. Era um luxo, enfim, com que até poucos anos antes a família Bardi nem sonhava. A atividade comercial estava indo muito bem, fosse graças ao extraordinário desenvolvimento econômico daqueles anos, fosse pelo admirável espírito de sacrifício que animava o casal Bardi, que não conhecia horário e trabalhava lado a lado, do nascer até o pôr do sol, em absoluta harmonia. Senhor Bardi era um homem prudente, perspicaz e muito estimado, tanto pelos clientes quanto pelos colegas; sua esposa era, ao invés, uma mulher cheia de coragem e de vontade, dotada de um grande tino para os negócios, de uma extraordinária comunicação e incrível espírito de persuasão. Juntos, tinham, em poucos anos, transformado a pequena oficina

A música do silêncio

mecânica do pobre Alcides em um importante centro comercial no qual era possível comprar e consertar qualquer coisa que tivesse a ver com a agricultura. No novo apartamento no litoral, agora podiam se dar ao luxo de passar quase o mês de agosto inteiro deleitando-se com os filhos, que, já adolescentes, lhes davam os últimos anos de verdadeira e íntegra intimidade familiar.

Amós voltou a jogar xadrez com seu mestre e muitos outros rapazes do balneário, já bem contaminados por aquele jogo. Para se movimentar um pouco, mergulhava com os filhos do doutor Della Robbia e se afastava nadando até quase as boias, e, na volta, tomava uma ducha fria para tirar o sal da pele.

Dia após dia, sentia irromper no seu corpo, de forma impetuosa, um novo vigor, uma força que lhe dava segurança e o deixava até um pouco narcisista, inebriava-o e fazia com que crescesse, cada vez mais, uma necessidade de se comparar consigo mesmo e com os outros, de se arriscar inutilmente, enfim, de brincar com a própria vida, como se isto servisse para lhe dar um sentido mais completo.

Uma tarde, na praia, encontrou-se com os filhos do doutor Della Robbia, que, junto com outros amigos, olhavam o mar, muito violento fazia três dias, com ondas que chegavam quase até a primeira fileira de guarda-sóis. Na cabeça de Amós veio imediatamente a vontade de mergulhar e tentar nadar, deixando que as ondas passassem sobre seu corpo. Deu a ideia, e depois de alguma hesitação, os filhos do doutor aceitaram o desafio, enquanto os outros recusaram. Os três garotos avançaram um pouco, pulando as ondas, depois, quando a água chegou até o peito, mergulharam e começaram a nadar com certa dificuldade. A certa altura, Amós ouviu que o irmão mais velho o chamava aos berros, pedindo-lhe que fosse ajudar seu irmão, em evidente dificuldade... Quem sabe, talvez, o garoto estivesse lutando contra a correnteza, em um ponto em que não alcançava mais o chão e nadava desordenada, desesperadamente, sem conseguir voltar para a praia nem alcançar os colegas. Amós nadou mais rápido que pôde e, quando alcançou o ponto, a mão do pequeno Della Robbia pousou-lhe, freneticamente, nos ombros. Amós afundou, mas subiu rapidamente. Tentou nadar com todas as suas forças para a praia, tateando, de tanto em tanto, com os pés na esperança de encontrar areia, mas sem êxito. Suas forças estavam acabando rapidamente, e eles permaneciam praticamente sempre no mesmo lugar.

Amós entrou em pânico, mas em seguida ouviu a voz de um dos dois amigos gritar Socorro!. Então, procurou se acalmar e parou, tentando ficar só com a cabeça fora d'água, e chamou o mais velho dos colegas, que era um bom nadador. O outro disse que o salva-vidas estava colocando o catamarã de resgate no mar. Amós foi invadido por um sentimento de terror e vergonha, e começou a nadar desesperadamente com as forças que ainda lhe restavam e, depois de uns dez segundos, quando procurava tocar a areia, como em um sonho, encontrou-a, enfiou nela os dedos dos pés e ficou aliviado. Uma sensação parecida com alegria fez com que seus olhos se enchessem de lágrimas. Virou-se então para chamar os outros; eles também estavam seguros, provavelmente a correnteza os tirara do buraco, e estavam a salvo.

Aquela experiência pelo menos serviu para que Amós respeitasse mais o mar, e talvez um pouco de prudência tenha criado raízes naquela personalidade exuberante e orgulhosa que o levava sempre a querer mostrar para o mundo o próprio valor e capacidade, transformando-o em um garotinho exibicionista e presunçoso. Por outro lado, ele não suportava o fato de que as pessoas sempre se preocupassem e o protegessem como se faz com os fracos; não suportava o fato de que houvesse tantas pessoas que ainda não aceitavam sua normalidade e fingissem ser altruístas e cuidadosas em relação a ele para se autovangloriar e conquistar, quem sabe, a admiração do outros. Amós sentia-se em condições de fazer tudo o que faziam seus amigos da mesma idade, não queria vantagens, e se sentia disposto a tudo, somente para afirmar o próprio direito de ser tratado e julgado segundo os mesmos parâmetros de qualquer um, sem exceção de qualquer espécie. "Toma cuidado ali, é muito perigoso para você, espera que eu te ajudo"; todas essas atitudes o deixavam com raiva e, às vezes, enchiam seus olhos de lágrimas. E então, perdia completamente a noção do perigo, o risco se tornava sua única âncora de salvação e, a despeito de tudo e de todos, empenhava-se com todas as forças para fazer aquilo que lhe tinham desaconselhado. Era por isso que os cavalos, o mar agitado, as descidas íngremes com a bicicleta, as armas o fascinavam, além do que mais pudesse se constituir em

A música do silêncio

um instrumento de resgate daquela sua condição, que aceitava em seu coração sem nenhuma dificuldade, contanto que os outros não a fizessem lhe pesar tanto.

"Não se dá esmola a quem não pede", às vezes Amós pensava, entre a raiva e o desespero. "Que tomem conta de suas próprias vidas, que andem a cavalo comigo, e caiam depois de dez metros, que no mar comigo sintam medo e eu tenha de voltar com eles, e ainda assim é possível que digam que foi por minha causa, com a cumplicidade de todos e todo tipo de comiseração em relação a mim."

Amós desabafava assim com algum amigo íntimo. Depois, fechava-se em si mesmo e cultivava, inconscientemente, uma extraordinária força de vontade que fazia com que se entregasse de corpo e alma às coisas, com a convicção de ter de fazer melhor do que os outros para poder ser considerado como eles. Essa sede de aprender, de melhorar, e os resultados que pouco a pouco alcançava, reforçaram na sua mente a ideia de que nem todo o mal faz mal; e, ao mesmo tempo, um otimismo cada vez mais consciente tomava conta de si, dia após dia, obstáculo após obstáculo, meta após meta.

Naquela sua adolescência vivida intensamente, Amós começava a se convencer de que a vida é um percurso misterioso e fascinante, no decorrer do qual você encontra ideias, afeiçoa-se a elas e elas se confundem entre si e afundam no mar das experiências, do qual emergem, por sua vez, outras ideias, que de novo produzem outras experiências, e assim por diante. Depois de um ano, cada um se torna outro, diferente do que era no ano anterior, às vezes irreconhecível, porque cada pequeno e irrelevante episódio contribuiu, de todo modo, à mudança. Conclusão: cada um de nós nada mais é do que a soma de todas as próprias experiências e conhecimentos.

Amós havia deixado para trás todo o período do colégio, e desde então estava muito mudado, ainda que nada daquele passado tivesse sido perdido; ele o havia arquivado, mas somente depois de tê-lo arrumado perfeitamente, com o cuidado de quem deseja que nada seja perdido, achando que tudo pode ser útil no futuro.

XVI

No início de outubro daquele ano, Amós e seus colegas de classe começaram o terceiro ano do segundo ciclo do ensino fundamental, e, no final do ano, fariam os exames,[32] e em seguida seria o momento das grandes escolhas. Talvez alguém entre eles preferisse começar a trabalhar, mas a maioria pensava em escolher entre as várias escolas existentes ali. Amós, nesse meio-tempo, decidira solenemente abandonar o conservatório, prometendo aos pais continuar os estudos musicais em particular. A verdade era que não conseguia digerir a ideia de que um deficiente visual tivesse, necessariamente, que se tornar um massagista, um telefonista ou, como seu destino parecia lhe oferecer, um músico. Não! Ele faria alguma outra coisa, e demonstraria que tudo é possível para um cego, ou, pelo menos para ele.

Amós tinha se impressionado com uma frase dita por um companheiro de classe que fazia o curso de inglês: "*Where there is a will there is a way*". Era simplesmente um

---

32 Na Itália, concluídos três anos do segundo ciclo, os alunos prestam um exame para obter um certificado, a *licenza di scuola media*. (N. R. T.)

jeito mais direto e elegante de dizer "querer é poder". Para Amós, nada daquilo que desejava muito parecia impossível, sobretudo as coisas que figuravam fora do seu alcance para as pessoas.

E foi assim que pediu ao pai um cavalo mais ágil e veloz do que aqueles *aveligneses* que montara até então, e, depois de muita resistência, decidiu comprar uma égua de estatura médio-alta, negra como o ébano, com uma faixa branca na testa. Cedera, com medo que Amós abandonasse aquela sua grande paixão que o pobre avô tinha desejado incutir-lhe pouco antes de morrer.

A Beppe, o homem que cuidava dos animais da propriedade, senhor Sandro recomendara a máxima atenção e prudência.

– Nunca o deixe sozinho com esse animal, e, no começo, segure-a pelo cabresto quando ele for montar, não gostaria que lhe pregasse uma bela peça – ele disse, como que falando consigo mesmo, com o tom típico de quem tenta consertar um erro já cometido.

A égua se chamava Andris, e Amós ia vê-la todos os dias, mesmo temendo sua excessiva vivacidade, com o coração batendo forte no seu peito, chegava perto dela decididamente e, com a ajuda de Beppe, montava-a. Em cima dela sentia-se, porém, quase impotente, percebia a própria incapacidade de impor ao animal a direção e o passo desejados; sentia-se tolerado, ou quase isso, e algumas vezes até advertido a não exagerar com os calcanhares. A égua atendia às solicitações do seu pequeno cavaleiro com ameaçadoras levantadas de cabeça e, às vezes, coices no ar. Amós então ficava com medo e se agarrava forte à crina, e, falando, procurava acalmar Andris, que parava para procurar um pouco de capim fresco à margem da estrada.

Seja como for, aquela relação com o cavalo ia se tornando cada vez mais importante dia após dia, que o ajudava a crescer, a se sentir mais seguro de si e tranquilo, a amar os desafios consigo mesmo, além do alcance dos próprios objetivos. Acho até que o cavalo influenciasse de forma positiva na sua personalidade e, sobretudo, no seu modo de ser.

Além disso, Amós estava cada vez mais em contato com a natureza e percebia que amava aquelas terras de modo bem mais intenso e consciente; aquele barulho ao longe de máquinas trabalhando nas lavouras, os cantos dos pássaros, os silêncios faziam que se esquecesse de tudo, e saía daquele estado com um sentimento místico de paz no coração. Tudo parecia ter sido criado para ele, para sua serenidade e a alegria do seu espírito.

Respirava a plenos pulmões aquele cheiro de ervas aromáticas, fruta madura, hortaliças, estrume, sumo de uvas e todos aqueles sons e odores penetravam nele, nutriam-no, transformando-se em uma espécie de embriaguez, felicidade, vigor físico. Sentia-se agradecido, não sabia bem a quem, mas sentia-se grato pelo dom da vida.

Também ia de bom grado à escola, então já perfeitamente inteirado com seus colegas, que bem longe da severidade de natureza política, ou melhor, pseudopolítica, estavam realmente ao seu lado, ajudavam-no de forma natural e espontânea.

Os professores, por sua vez, sentiam-se orgulhosos de ter, em meio aos outros, um garoto como aquele, que lhe dava a oportunidade de fazer uma experiência didática estimulante, para discutir com colegas, amigos e familiares. Assim, além do professor de música, que nutria por Amós uma verdadeira veneração e lhe tinha dado dez no boletim, da mesma forma a professora de literatura sentia uma profunda simpatia por ele, talvez até por causa daquela sua estranha paixão por poesia e um interesse bem raro pela narrativa. A senhora Bonini, que ensinava francês, muitas vezes falava com as amigas daquele seu aluno, que no começo a preocupara tanto e que agora tinha se tornado uma verdadeira joia, e levava jeito para as línguas.

– Tem um ouvido musical extraordinário que faz com que aprenda com extrema facilidade, sobretudo a pronúncia exata – ela dizia, sempre com muita animação.

Por outro lado, Amós, que conhecia e adorava certas óperas musicais em língua francesa, como *Fausto* ou *Werther*, divertia-se aprendendo de cor alguns trechos de árias célebres, como *Salut, demeure chaste et pure* ou *Pourquoi me réveiller*. Quando, uma vez, a professora falou-lhe de *André Chénier*, Amós encheu-se de lembranças e de imaginação, tomado por uma curiosidade juvenil de conhecer o texto original que o poeta francês tinha escrito com seu próprio sangue sobre os punhos da camisa pouco antes de morrer.

De volta para casa, durante o almoço, recitou aos pais aqueles poucos versos, com um tom de satisfação por aquela que lhe parecia uma citação culta, que somente a ele tinha ficado na memória, enquanto o resto da classe bocejava, esperando ansiosamente o toque do sinal. Em poder daquelas recordações distantes, daquelas sensações, que o acompanhariam para sempre, tinha ouvido aqueles versos, e os tinha repetido freneticamente para não esquecê-los e, ao final da aula de língua estrangeira, anotara-os e, à mesa, com a voz propositadamente triste, começara a recitá-los, como para si mesmo: *"Comme un dernier rayon, comme un dernier sourire animent la fin d'un beau jour, au pied de l'échafaud j'essaye encore ma lyre: peut-être est-ce bientôt mon tour"*.[33]

Parou um pouco e, em seguida, o traduziu. Percebeu certa admiração na expressão dos seus familiares, mas ninguém, naquele momento, compartilhava da sua íntima emoção, porque ninguém conseguia remontar o motivo que ligava aqueles versos às notas de Umberto Giordano e à interpretação magistral de Franco Corelli, que tanto o tinham comovido e estimulado, anos antes, quando Oriana lhe dera de presente os primeiros discos do seu tenor preferido. Amós recitava aqueles versos em francês e, na sua cabeça, ecoavam em paralelo a música de Giordano, a voz de Corelli e os versos da ária; assim, sentia-se imerso em um mundo todo seu no qual sua fértil imaginação tentava se identificar o mais que podia naquele pedaço de história, durante o qual se combatia e se matava com tanta crueldade e tanta leviandade; e a vida assim tinha um escasso valor. Sua fantasia viajava sem freios, ele se perdia, e, então, perguntava a todos para saber mais, e todos lhe davam notícias fragmentadas demais, sem sentido e desvinculadas, que lhe pareciam respostas dadas pensando em outras coisas, e o desiludiam, afastando seus sonhos e fazendo-o voltar triste e rapidamente à realidade. Amós voltava a ser o rebelde, o alegre adolescente pronto para brincar, para rir, o idealizador de inesgotáveis traquinices, que "está sempre aprontando", como diziam em sua casa para descrever a sua vivacidade exagerada.

Entretanto, dia após dia, aproximavam-se as provas, cujo resultado positivo o encaminharia para o ensino médio, colocando um

---

33 "Como um último raio, como um último sorriso animam o fim de um belo dia, ao pé do cadafalso ainda ensaio minha lira; talvez logo chegue a minha vez." (N. R. T.)

A música do silêncio

final terminativo no período da despreocupação, que, para dizer a verdade, Amós ainda não tinha aproveitado de todo. Contudo, ele olhava para o futuro com grande otimismo e confiança em si mesmo, e no próximo dia, e por todas as manhãs, com o irmãozinho mais novo, com sua bolsa a tiracolo e sua máquina de escrever, dirigia-se a pé até a parada do ônibus, como um soldadinho, e sentia-se feliz, orgulhoso e cheio de belas esperanças.

Subia no ônibus e ia, quase sempre, sentar-se no fundo, no meio de garotos maiores. Lá, escutava as conversas em silêncio, com certa alienação, que não era desprezo nem divergência, mas somente a impressão de que a sensibilidade e o mundo deles estivessem um pouco distante do universo dos seus interesses, como se houvesse algo que não o deixasse se sentir completamente integrado àquela realidade, nem muito interessado em sê-lo.

Descia a Pontedera, no Piazzone, e com passos rápidos chegava à escola, onde muitos de seus colegas já tinham chegado. Acontecia que com um ou outro se engajasse em alguma rápida luta ou em outras atividades físicas, sobretudo para não sentir o frio úmido daquelas manhãs de inverno e para se sentar com mais vontade na carteira, por cinco intermináveis horas.

Ao toque do último sinal, que todos esperavam como se fosse uma libertação, era entre os primeiros a chegar aos portões, com seu colega de carteira e Eugênio, mas tinha de ficar esperando ali seu irmão, que sempre chegava entre os últimos, lento como era para preparar sua bolsa, arrumar tudo, demonstrar respeito pela sua professora e, finalmente, sair.

Amós foi para as provas com uma discreta opinião sobre seu rendimento escolar, fazendo-as com tranquilidade e tendo sido aprovado com uma honrada "distinção", enquanto dois de seus colegas, entre eles Eugênio, tiraram um "ótimo".

Era, de todo modo, um bom resultado, que o deixava entre os cinco melhores da classe, e se deu por satisfeito, até mesmo pela inesperada acolhida que teve na família.

Agora tinha chegado o momento da tomada de decisões mais importantes, de dar um rumo à própria vida, que teria de defender para sempre, com dedicação e coerência. Foi justamente seu pai que, um pouco antes do fim das provas, uma manhã, entrando no seu quarto e encontrando-o ainda deitado, sentando-se no arquibanco, começou a colocá-lo diante das suas responsabilidades:

— Você precisa fazer suas escolhas, não há tempo a perder, pense bem, tome uma decisão definitiva, e depois poderá se divertir nas férias — disse-lhe em tom tranquilo, mas sério e decidido.

Amós sabia que tinha, teoricamente, a liberdade para escolher qual escola fazer, segundo as suas vontades, mas sabia também que todos esperavam que se matriculasse no curso e que, depois de cinco anos,[34] prestasse os exames em estudos clássicos. Todos na família achavam que aquele caminho fosse o mais certo para um rapaz inteligente e com jeito mais para a literatura do que para as matérias científicas...

Amós refletiu, mas sentia-se, de um modo ou de outro, guiado pelo próprio destino a seguir aqueles conselhos; parecia-lhe quase uma missão não decepcionar as expectativas que sua família nele depositava. Assim, decidiu rapidamente e comunicou a seu pai suas intenções. Faria o primeiro ano da escola média no liceu clássico de Pontedera, estudaria grego e latim, mesmo deixando de lado a música, e seria um homem de letras, realizando, assim, os projetos que sua família tantas vezes lhe expusera, mas nunca impusera, que a verdade seja dita. Depois disso, liberou a cabeça de todos aqueles pensamentos e se dedicou inteiramente a organizar as próprias férias; que foram, decididamente, despreocupadas, passadas metade na sua propriedade rural e metade na praia, como a família Bardi já fazia há alguns anos. O apartamento dos Bardi em Lido di Camaiore era uma beleza, pequeno, mas aconchegante, confortável e íntimo. Amós adorava sair no terraço da frente à noite, depois do jantar, e respirar profundamente aquele ar do mar, que trazia seu cheiro e barulho quando estava agitado. Quanto mais o mar estava agitado, mais parecia que ele se sentia calmo e tranquilo na alma, a despeito de algo que ao invés lhe percorria as veias e começava a agitar seu corpo como em um torpor, atrapalhando implacavelmente seus sonhos noturnos e incendiando

---

34 Na Itália, no quinto ano daquele que corresponderia ao nosso ensino médio (neste caso, o *liceu*), o aluno precisa prestar os exames de *maturità*. (N. R. T.)

A música do silêncio

aqueles que tinha de dia, quando escutava música e andava de um lado para outro no seu quarto. Andava e pensava, pensava e sonhava, sonhava e se esforçava para dar forma a sua própria imaginação, que fazia alguns dias se traduzia em um rosto pálido e doce, com linhas regulares, de menina que acabou de desabrochar, com longos cabelos loiros e dois olhos cheios de uma inconsciente alegria de viver.

Ele a conhecera na praia, seus amigos só falavam dela, e iam atrás dela por todos os lados, dando-lhe atenção e jogando olhares sensuais. Amós, por isso, a idealizara, imaginando-a bonita por dentro e por fora, um anjo do céu. Mas não recebia nenhum sinal seu, nenhuma atenção especial, nenhuma gentileza que pudesse fazer nascer nele alguma esperança, somente um sinal de respeito, talvez devido a sua deficiência. Amós percebia tudo, mas não pensava nisso. Alessandra tinha um namorado, portanto, ele não era o único que tinha ilusões, além do mais, as coisas também podiam mudar de um dia para o outro, e, nesse ínterim, pensava nela continuamente, derretendo-se de amores.

Era seu primeiro amor, e Amós sentia que tinha de fazer algo por ele, algo diferente daquilo que todos os outros faziam. Assim, deitado na sua cama, com a porta do quarto bem fechada, tentou compor versos em rima que talvez pudesse entregar secretamente para o seu anjo loiro: "Oh, minha donzela de cabelos louros, boca risonha, olhos jocosos e vindouros...".

Escreveu uma dúzia de versos com rima emparelhada, depois parou, e começou a estudar a estratégia a ser empregada para que ela os visse.

A primeira coisa em que pensou foi que seria melhor se os recitasse pessoalmente para ela, mas logo percebeu que não conseguiria fazer aquilo; e, depois, como ficaria se ela começasse a rir, ou, pior ainda, se caçoasse dele? Não, melhor entregá-los em um papel escrito à mão; mas, para quem ditaria aqueles versos e confessaria o destinatário?

Por fim, decidiu não fazer nada. Ficaria com eles em seu coração, como um segredo, e, pensando que aquele era seu primeiro segredo de amor, sentiu seu rosto ficar vermelho, levantou-se rapidamente, pulou da cama e foi em direção ao gravador. "Melhor me distrair um pouco com música", pensou, e depois abriu a persiana da varanda para entrar um pouco de ar e luz. Quando as bobinas do seu velho gravador de rolo Saba começaram a girar, passou a andar de um lado para outro no quarto, com um sentimento de leveza e otimismo no coração; se com Alessandra não tinha muitas esperanças, a vida, porém, lhe sorria, e se sentia cada vez mais sadio e forte e feliz de estar no mundo, com sua família e amigos, pronto para recitar como protagonista, coadjuvante ou figurante o papel que a comédia da vida decidisse lhe dar.

XVII

O mês de agosto acabou rápido, e, com ele, as férias e, assim, acabaram também as esperanças que Amós depositava no seu amor por Alessandra. O desejo febril de abraçá-la, de beijar seus lábios, de ter com ela uma verdadeira intimidade, tudo tinha sido somente um sonho irrealizado e terminado em poucos e pueris versos com rimas emparelhadas.

Apesar disso, procurou se distrair pensando que em casa encontraria grandes novidades, já que os pedreiros, na ausência da família, tinham trabalhado quase que ininterruptamente, terminando um esplêndido e amplo salão retangular, com uma linda lareira no centro, aberta de todos os lados, e as grelhas em ferro batido apoiadas sobre uma antiga pedra mó para triturar encaixada em uma base de cerca de meio metro do chão, de modo a tornar cômodas todas as operações de acender o fogo e de cozimento dos pratos.

Seu pai prometera também a compra de um bilhar, que seria colocado justamente embaixo da grande janela que dava para o fundo da casa.

Para construir aquela sala, tinha sido sacrificada a última parte do antigo galpão adaptado como armazém.

Assim, agora, praticamente toda a casa tinha sido reestruturada, adaptada aos novos tempos e às exigências da família. Seu pai gostava muito de transformá-la aos poucos e vê-la se tornar cada vez mais elegante e funcional. Além do mais, tinha estudado agrimensura, e adorava colocar suas ideias em prática na sua casa; onde nascera, onde haviam nascido seus filhos e à qual era muito apegado por razões óbvias. Quando Amós colocou os pés pela primeira vez na nova sala, estava agitado. Abriu a porta com certa cautela, com uma lentidão similar àquela com que o jogador de pôquer insinua a última carta. Entrou lentamente, depois se curvou para tocar no chão de tijolo, perfeitamente assentado e polido, e se aproximou da lareira, encantado pela originalidade daquela construção.

De repente, veio-lhe à cabeça Alessandra, e sentiu uma pontada no estômago; em seguida, sua imaginação começou a trabalhar em torno da ideia de uma grande festa a ser dada justamente naquela esplêndida sala. Alessandra estaria ao seu lado, e todos seus outros amigos e amigas também. Aquele era realmente o lugar ideal para organizar festas de todo tipo, e o pai ficaria feliz de colocar sua obra--prima à disposição dos filhos.

Com esses pensamentos, Amós virou-se e saiu pela porta lateral que dava acesso ao jardim; ali, os pedreiros ainda estavam trabalhando para terminar um pequeno alpendre, sustentado por colunas quadradas de concreto, em cujas faces sobressaíam, simpaticamente, as irregularidades das grandes tábuas de madeira que as tinham coberto até que o cimento secasse definitivamente. Apoiou-se a uma coluna para pensar e, pela primeira vez, sua grande casa de campo pareceu--lhe uma mansão, uma verdadeira mansão pela qual sentiu respeito. Esse sentimento, na verdade, era o afeto que sempre tivera por ela. Assim, agradecido pela sorte de ali poder morar, esqueceu-se um pouco de qualquer desconforto e mal-estar.

Chegavam as carriolas cheias de cal fresca, de lajotas de cor vermelho-amarronzada para o calçamento, e aquela atividade intensa transmitia-lhe também uma sã energia, além de uma vontade indefinível de agir, de realizar alguma coisa, de se sentir útil e participante daquela satisfação, que parecia adivinhar nos rostos de todos, trabalhadores e familiares.

A música do silêncio

– E a voz, com está? Cante algo para nós – disse-lhe um dos trabalhadores, apoiando no chão a carriola e virando-se para ele com os braços largados junto ao corpo.

Amós sorriu, deu alguns passos sobre a grama do jardim, alcançou a palmeira que, erguendo-se justamente no meio daquele pequeno espaço verde, oferecia um pouco de sombra, virou-se em direção ao alpendre, e com a voz e as veias que lhe saltavam da garganta começou a célebre cantata de Leoncavallo,[35] *La mattinata*: "*L'aurora di bianco vestita, già l'uscio dischiude al gran sol...*".[36]

Os pedreiros pararam para escutá-lo com ar tranquilo, contentes por aquela pequena distração e pelo breve descanso. Até o chefe, trabalhador incansável, que nunca parava, pousou o martelo e a colher de pedreiro e pôs-se a escutar.

Depois do último agudo, disseram algumas palavras de elogio e de agradecimento, e cada um voltou à sua função, conversando sobre as razões da decadência da música contemporânea; todos pareciam concordar que não se ouvia mais belas canções como aquelas que existiam na juventude deles.

– Até no Festival – dizia um deles, com um forte sotaque toscano, mais precisamente de Volterra – não se escuta uma música boa! – depois, dirigindo-se a Amós, convidou-o: – Escute, por que você não vai ao Festival mostrar pra eles como se canta de verdade, praqueles bobos da corte de uma figa!

Não era a primeira vez que Amós ouvia aquele tipo de conversa, e toda vez ficava feliz pelo fato de estar no centro das atenções, depositário de tanta estima e admiração.

Entrou em casa pelos fundos da cozinha, foi em direção à porta e, enquanto tentava abrir a porta de vidro que dava para o primeiro pequeno corredor, chegaram aos seus ouvidos vozes de estranhos, que vinham da copa, à sua direita. Parou, curioso, e justamente naquele

---

35 Ruggero Leoncavallo (Nápoles, 1857–Montecatini Terme, 1919) foi compositor de óperas italianas. Sua obra mais popular intitula-se "I Pagliacci". (N. T.)

36 A manhã: "A aurora vestida de branco, já a passagem abre para o grande sol...". (N. T.)

instante a porta da salinha se abriu e a avó o chamou, convidando-o a entrar, um pouco surpresa de vê-lo ali.

Apresentaram-lhe dois jovens, um rapaz e uma moça.

– Daqui a quinze dias vão se casar – começou a explicar a avó –, e queriam muito que você fosse cantar para eles na cerimônia na igreja.

Amós sorriu e ficou em silêncio. Então, interveio o rapaz, que começou a falar olhando ora para Amós ora para a noiva, como se quisesse que ela confirmasse o que estava dizendo.

– Isso mesmo. Nós somos seus admiradores, temos até uma gravação com a sua voz, quem nos deu foi um conterrâneo que tinha gravado você na noite em que cantou no teatro, no centro, e tivemos sempre a esperança de que pudesse cantar no nosso casamento!

Amós continuava sem dizer nada, e, se de um lado não estava certamente entusiasmado com aquele convite, por outro não tinha como escapar daquele compromisso. Assim, foi a avó quem deixou de delongas e o encorajou a concordar. Amós sorriu de novo e timidamente respondeu:

– Está bem.

No domingo seguinte, foi para a igreja, bem-vestido e arrumado, meia hora antes de começar a Santa Missa e o casamento. Foi até o altar, ultrapassando-o para chegar ao coro, onde o organista o aguardava para um ensaio rápido. Dali a pouco, começaram a chegar os convidados, enquanto os noivos, como sempre acontece, demoraram um pouco, atrasando assim o início da missa.

Como tinha sido decidido antes, Amós cantou, durante a Eucaristia, um trecho que fazia que se lembrasse de quando seu irmão tinha feito a primeira Comunhão. Então, tinha cantado *Vieni fratello*.[37] Terminada a celebração, quando os noivos e os padrinhos estavam prestes a assinar o livro, Amós cantou a celebérrima *Ave Maria* de Schubert, comovendo um grande número de presentes, particularmente sensíveis ao fascínio eterno da música e do canto.

Ao final da cerimônia, Amós apertou muitas mãos, beijou várias velhas senhoras, cumprimentou os noivos, que lhe deram uma

---

37 "Vem irmão". (N. T.)

A música do silêncio

lembrança em sinal de reconhecimento, e voltou para casa com os pais e a avó, que nunca deixava de ir aos domingos na igreja, mesmo que estivesse indisposta.

No final da tarde, chegou de Bolonha um amigo de Amós, Francesco Andreoli, com a mulher. Francesco tinha se graduado em Letras Clássicas e dava aulas em um colégio da cidade. Conhecera Amós no Instituto Cavazza, afeiçoando-se a ele, e aceitara o convite da família Bardi para passar alguns dias na casa deles e ensinar a Amós o alfabeto grego e as primeiras noções daquela língua que teria de estudar dali a pouco, pela primeira vez, na escola de Pontedera.

Assim, enquanto em alguns vinhedos já se fazia a colheita e o cheiro bom de uva que acabou de ser espremida entrava pelas janelas abertas das casas, naquele setembro quente e luminoso Amós tentava aprender grego, lutando com seu ser que, obstinadamente, se revoltava contra aquele sedentarismo forçado.O ar que entrava na sua saleta de estudos, rica de sons e cheiros, em vez de acalmá-lo, agitava-o a ponto de fazê-lo sofrer. Entretanto, provido de certa dose de cuidado e respeito pelo amigo, que se sacrificara por ele, Amós conseguia se segurar de um jeito ou de outro, e até mostrar um pouco de interesse por aquela língua antiga, da qual ouvira falar tantas vezes quando seus parentes e familiares tentavam induzi-lo no caminho dos estudos clássicos.

No início de outubro, cheio de esperança e de boas intenções, junto com dois colegas da sua outra escola, começou o curso clássico, contente por sua escolha e pronto a defendê-la com todas as forças. Infelizmente, como disse um célebre diretor italiano, "nós, muitas vezes, temos muitos projetos para o futuro, o problema é que eles raramente coincidem com aqueles que o futuro tem para nós". As coisas, de fato, não foram assim como Amós e seus pais esperavam, e tudo por causa de uma jovem professora, que na classe de Amós passava quase vinte horas por semana ensinando italiano, latim, grego, história e geografia. A senhorita Mistri, com efeito, não suportava uma presença como a de Amós no meio dos seus estudantes, já que precisava de atenção, cuidado e métodos diferentes dos outros, além de não ter condições de acompanhar, como todos os outros, suas explicações na lousa, nem manusear sozinho os dicionários.

113

Por outro lado, foi honesta desde o início, e deixou tudo isso claro imediatamente, sobretudo ao interessado, que desde o primeiro dia experimentou na própria pele a vergonha das mais diferentes humilhações e discriminações. Senhorita Mistri era capaz de, por exemplo, no meio de uma aula, chamar o pobre Amós e dizer-lhe, sem papas na língua:

– Agora eu queria que você, ou sua mãe, me explicassem como é que eu faço para mandá-lo à lousa para escrever e traduzir esta frase, como faço com todos os outros.

Amós, naturalmente, ficava em silêncio, todo enrubescido e cheio de vergonha; de nada adiantariam sua capacidade de reação, seu otimismo e sua força de vontade, nada, realmente nada podia contra a falta de zelo daquela professora. Ambiciosa e presunçosa, senhorita Mistri tinha feito do ensino sua única razão de vida, reduzindo, por assim dizer, o numerador da fração que exprime o valor de uma pessoa e colocando, ao contrário, um denominador muito alto, determinado pelo próprio ego, um ego tão grande que chegava a ser exasperado, quase patológico.

Senhorita Mistri disseminava, assim, o terror em todas as suas classes; desde o momento em que entrava até sua saída reinava na classe um profundo silêncio, ninguém ousava dizer nada em voz baixa ao colega do lado, e muito menos mandar algum bilhetinho, e o clima era tal que, nas chamadas orais, alguns até passavam mal. Amós chegava à escola toda manhã cada vez mais triste, conformado e sozinho, e, então, um sentimento de que não conseguiria continuar começou a tomar conta dele desde os primeiros dias. Durante as horas das atividades em sala de aula, a professora o colocava sentado em uma cadeira perto dela para impedir que algum colega o ajudasse na pesquisa das palavras no dicionário, e queria que respondesse a perguntas precisas e declinasse no nominativo os termos que deveriam ser pesquisados. Mas ela não sabia que, quando já se conhece o nominativo exato de uma palavra latina ou grega, frequentemente já se conhece também seu significado? E que uma pesquisa em dicionários, geralmente, se faz por meio de tentativas?

Depois de quase dois meses, as condições psicológicas do pobre Amós estavam definitivamente comprometidas, e ele foi obrigado a

A música do silêncio

aceitar a ideia de ter de abandonar aquela escola e se transferir para alguma outra no meio do ano, para não se arriscar a ser reprovado. Sentia-se muito triste e mortificado, até mesmo pela desilusão que causaria na família, mas, a certa altura percebeu que não tinha escolha, e se rendeu, mas com a real esperança de não perder o ano. Nesse sentido, era uma rendição, mas com as honras das armas.

Familiares e parentes mexeram-se imediatamente para que conseguisse uma rápida transferência para o curso de magistério da mesma cidade, coisa que, com o ano já iniciado, não era fácil de se conseguir, visto ser necessário fornecer motivações, as quais contribuíam para humilhar e afligir ainda mais Amós, já muito triste por sua primeira e autêntica derrota. Todavia, mais uma vez ele abaixou a cabeça ao próprio destino e, com o ânimo abatido e o entusiasmo escolar completamente definhado, atravessou o *hall* de uma nova escola. Para além de qualquer outra consideração, tudo aquilo representava para ele, naquele momento, um capítulo novo e, sobretudo, o término de uma experiência extremamente dolorosa, da qual aprendera, somente, quanto o fanatismo e a estupidez de uma mente podem fazer mal ao próximo.

Contou com a compreensão dos pais, antes de tudo, mas também com a dos colegas de classe que, tácita ou abertamente, manifestaram sua solidariedade e complacência, um afeto que ele não tinha percebido até aquele momento. Permanecia a derrota; aquela ninguém conseguiria apagar, e ele a considerava uma mancha indelével na sua existência. No momento, todos os seus sonhos desmoronavam como castelos de areia, enquanto no horizonte começava a se delinear, de forma nítida, o perfil do seu futuro obscuro, triste, cheio de limitações, desilusões, humilhações e amarguras; pelo menos era isto o que sentia e pensava enquanto se despedia dos colegas, conversava com os pais sobre o que fazer ou ia pela primeira vez ao curso de magistério, sem esperar nada de bom, nada de ninguém, nada de nada.

Entrando por um portão aberto do pátio daquele velho edifício que a administração destinara àqueles que aspiravam a dar aula na escola maternal e fundamental, Amós ouviu um barulho contido, mas alegre, feito de vozes claras, estalidos, rangidos, e da classe do primeiro andar, um canto suave e infantil que fez com que se lembrasse da existência, naquela escola, da aula de música.

Sua mãe tocou a campainha, e uma senhora de meia-idade, gorda e baixa, com a respiração ofegante, mas sorridente e cheia de alegria, veio abrir. Fez com que se acomodassem, chamou a diretora e, passando a mão na cabeça do recém-chegado, desejou-lhe algo de impreciso, cumprimentou-os e voltou ao seu trabalho de inspetora.

Na escada, a poucos passos dali, uma garotinha tinha parado para olhar Amós, que nunca tinha visto, mas do qual, provavelmente, tinha ouvido falar. Vendo a diretora, virou-se rapidamente e, com a leveza de uma gazela, fugiu e desapareceu.

Dali a pouco, Amós foi levado para sua sala de aula e apresentado aos novos colegas, que pareceram contentes com aquela novidade e a breve interrupção nas atividades escolares. Depois, tudo voltou ao normal, e a professora de literatura retomou sua aula tranquilamente.

Quando tocou o sinal que marcava o início da última aula, Amós sentiu o sangue subir-lhe ao rosto, sabia que teria de ir para uma sala diferente para a aula de francês, porque ali ficariam somente aqueles do curso de inglês. Entretanto, não sabia para quem pedir ajuda, nem para onde devia ir. Levantou-se como todos os outros, saiu da sua carteira e parou, procurando simular uma tranquilidade que, na verdade, não sentia. Alguns colegas já tinham saído da sala, outros pegavam algo na carteira, e ele não sabia realmente o que fazer, aonde ir, como se movimentar, como evitar obstáculos e estorvos.

Tomado pelo nervosismo, debatia-se procurando uma solução que não encontrava, quando sentiu uma mão forte e decidida colocar-se sobre seu ombro, e uma voz masculina, calma, bela, cheia de bondade e de entusiasmo disse-lhe:

– Olá, me chamo Adriano, quer vir comigo para a aula de francês? Mesmo porque, eu queria falar com você.

Em seguida, a mão segurou seu braço e o levou pelo corredor até a classe, em segurança, na sua carteira. Em pouco tempo, nasceu entre os dois colegas um vínculo tão forte e puro que já podia se chamar, sem exageros, de Amizade.

O encontro com Adriano determinou, com certeza, uma reviravolta na vida de Amós; em primeiro lugar, devolveu-lhe quase instantaneamente o bom humor, a confiança em si mesmo e no próximo, e, segundo, o amigo transformou rapidamente seu aspecto exterior,

A música do silêncio

sugerindo-lhe parar de usar roupas elegantes – as calças Príncipe de Gales, os sobretudos de pele de camelo, as camisas brancas com gola engomada –, e foi com ele comprar jeans e jaqueta. Conseguiu acabar também com alguns gestos do amigo, típicos dos deficientes visuais que ninguém, nem na sua casa, tinha pensado em mudar. Assim vestido e reformulado, em pouquíssimo tempo Amós já parecia outra pessoa.

Adriano era um rapaz extremamente ativo, sempre pronto para inventar alguma brincadeira engenhosa, organizar agradáveis passatempos, sempre risonho, franco e aberto com todos. E, assim, era um ponto de referência no seu círculo de amizades, tanto, que ninguém ousaria tomar uma iniciativa sem antes consultá-lo. Além disso, seus gracejos e piadas se tornavam sempre de domínio público e eram sempre imitados.

Um dia, os dois rapazes estavam no bar para tomar um café. Um jovem do grupo juntou-se a eles e começou a contar para Amós muitas coisas que sabia de Adriano, como acontecimentos na sua infância que tinham sido contados para toda a cidade, provocando sempre muitas risadas:

– Uma manhã, esse infeliz viu, em uma rua perto da sua casa, um cavalo preso em uma carroça cheia de roupa, pronta para ser descarregada em uma loja ao lado. Ele ficou impressionado, adivinha, pelo enorme órgão sexual do pobre animal. Correu para casa, pegou uma espingardinha que mantinha escondida no seu quarto, e ficou à espreita, bem escondido, mirou e disparou, atirou bem lá no cavalo, entendeu? Bem lá! Você pode imaginar o que aconteceu. O cavalo empinou, assustado, virando completamente a carroça. E você tinha que ver os palavrões daqueles homens que não conseguiam entender o motivo daquela repentina loucura do pobre animal. Ele – continuou o jovem, apontando Adriano com um gesto exagerado de propósito, que silenciosamente confirmava a história, rindo –, ele correu para casa e disse para sua mãe não abrir a porta para ninguém, se por acaso alguém fosse procurar um garoto com uma camiseta listrada, e foi se esconder embaixo da cama.

Eles soltaram estrondosas risadas, e outros rapazes, nesse meio-tempo, tinham se aproximado para escutar a história.

117

– Outra vez, vários anos depois, quando já estava grandinho – continuou o narrador, feliz por ser o centro das atenções –, estava com Giuseppe, um grande amigo seu, e, saindo da cidade, encontraram um companheiro do time do Giuseppe. Os dois pararam e começaram a falar de futebol, é óbvio. Adriano, como você deve saber, não gosta muito de futebol, mas joga vôlei muito bem, e esperou, pacientemente; depois, viu, em frente, um mercadinho, afastou-se de mansinho, entrou, comprou algo, saiu tranquilamente, aproximou-se por trás do amigo de Giuseppe e, como se não estivesse acontecendo nada, quebrou-lhe um ovo na cabeça!

Todos caíram na risada. Amós ria tanto, que já estava com lágrimas nos olhos.

Depois do café, os dois amigos saíram do bar para voltar à casa de Adriano, porque teriam de começar a estudar para o dia seguinte. Mas Amós tinha certeza de que não fariam grande coisa juntos; uma natureza assim, uma tal energia e interesse pela vida ao ar livre, pelas coisas que requerem movimento, não faziam de Adriano, de jeito algum, um estudante modelo. Na verdade, ele já perdera um ano no curso científico, e agora estava perigando de novo. Amós sabia muito bem que o rendimento com os livros não é o parâmetro mais justo para medir o valor de uma pessoa, muito menos de uma como seu amigo, que, mesmo não sabendo o que pensava Quintiliano[38] a propósito da educação das crianças, estava em condições de entender muito bem o próximo e de suscitar nos outros sentimentos bons, cultivando-os e os aguçando com a arte de um jovem mestre de vida. Além do que, os professores não gostavam de Adriano, e eram os únicos, para falar a verdade, que não o achavam irresistivelmente simpático. Não aceitavam seu jeito só aparentemente superficial e insolente de rir de tudo e de todos, até de si mesmo, de não levar as

---

38 Marcus Fabius Quintilianus (35 d.C.–95 d.C.) foi orador e professor de retórica. Ficou famoso pela obra *Institutio Oratoria* (c. 95 d.C.), foi redigida em 12 volumes. Nos dois primeiros, Quintiliano trata da educação fundamental e como se organizava a vida na Roma do seu tempo. Recomendava que se ensinassem simultaneamente os nomes das letras e suas formas. Fonte: <http://pt.wikipedia.org/wiki/Quintiliano> (N. T.)

A música do silêncio

coisas a sério, esquecendo-se de que, para não fazê-las parecer chatas ou pedantes, as coisas sérias só podem ser ditas brincando.

Por outro lado, a vida de Adriano mereceria realmente uma história por si só, rica de tantos e interessantes acontecimentos, todos contendo elementos como a contrariedade, o absurdo, a ironia, aspectos esses que existem frequentemente na vida de muitos de nós, mas raramente de um modo tão denso e significativo.

Direi apenas que, desde então, já era possível prever que, a qualquer coisa que Adriano fosse chamado pelo próprio destino, nenhum ambiente, nenhum uniforme, nenhuma atividade profissional, nenhuma tentativa de corrupção teriam-no privado daquela dignidade, daquela extraordinária franqueza, que faziam dele, já naquela época, uma "pessoa linda".

Do seu lado, Amós nunca se esqueceria daquela mão grande, seca e segura que pousara com leveza sobre seu ombro para ajudá-lo, sem nenhum interesse, e sentia sempre um grande prazer quando, encontrando com o amigo, mediam forças com um forte aperto de mão.

Adriano, além do mais, agradava muito às garotas, já que tinha um físico atlético e poderoso, um rosto sem barba, de feições regulares, com uma expressão boa e tranquila, e certamente inspirava nelas sentimentos que, fundamentados na atração física sensual, se manifestavam também sob o aspecto de uma ternura quase maternal.

Mas Adriano, no fundo, era um tímido que, com a exuberância de certos comportamentos, combatia as próprias inseguranças; assim, nunca se aproveitava daquelas situações, escondendo-se, muitas vezes, atrás de amores platônicos, cheios de poesia e de grandes ideais, mas vazios, vazios, ai de mim, de todo o resto.

A mais significativa de todas essas aventuras espirituais teve como protagonista uma colega de classe, que se sentava na primeira carteira. Desde o primeiro dia de aula, Adriano tinha por ela se impressionado e se apaixonado profundamente. Ela, porém, nunca se decidiu a lhe dar bola, antes de tudo porque ele não tinha se declarado expressamente e, depois, talvez porque ela se sentisse atraída por garotos mais velhos. Adriano sofria muito por causa desse sentimento não correspondido e, abrindo-se com Amós, falando dela, e vendo-a sempre pelo lado melhor, acabou por contagiar o amigo, que se apaixonou, ousaria dizer, perdidamente por ela. Amós confessou sua paixão imediatamente ao amigo, e ambos começaram, em um clima de absoluta lealdade, um exercício contínuo de inférteis cortejos. Ela gostava da situação, e se sentia lisonjeada por toda aquela atenção, mas havia um rapaz de 22 anos que ia buscá-la de carro muitas vezes na saída da escola e a levava para casa. Para Amós e Adriano, as esperanças estavam praticamente perdidas; todavia, gostavam de nutri-las e perder tempo fazendo castelos no ar.

Essa garota da primeira carteira chamava-se Bárbara, era baixa de estatura, morena, e tinha os cabelos chanel. Fisicamente bonitinha e graciosa, atraía, sobretudo, pela beleza do rosto, expressivo e luminoso; sempre sorridente, tinha olhos grandes e um olhar intenso, o narizinho um pouco arrebitado e duas covinhas nas bochechas, que ficavam mais evidentes quanto mais radiante fosse o sorriso. Adriano a descrevera assim para Amós, e assim ele a imaginava. Os dois a amavam com um amor casto e puro, que nunca, nem em pensamentos ou palavras, caía na vulgaridade.

Uma tarde, Adriano, em sua casa, espantou o amigo com uma surpresa que ele, realmente, não esperava. Ao final de uma discussão que, naturalmente, era sobre Bárbara, suas infinitas qualidades e tudo aquilo que seria oportuno fazer ou dizer, de repente Adriano se levantou, saiu da sala com passos rápidos e voltou com um violão, que só sabia arranhar. Sentou-se e pediu a atenção de Amós, que, absolutamente cético, sem vontade, se colocou a escutar.

Adriano tirou de um bolso da camisa uma pequena palheta, beliscou as cordas que produziram um acorde em lá menor, um dos poucos que conhecia, depois começou a cantar uma música que Amós nunca tinha escutado, mas que lhe pareceu doce e cheia de sentimento. Adriano concluiu-a com um fio de emoção, depois explicou que a tinha escrito, ele mesmo, para Bárbara. O amigo estava incrédulo e sinceramente impressionado, tanto, que quis escutá-la de novo, e depois escrever a letra para levá-la para casa e cantá-la, pensá-la e repensá-la como se fosse sua: "Lembro-me daquela noite na praia, iluminada pelo seu olhar em direção ao infinito".

Era um sonho, ou Adriano tinha realmente passado uma noite com ela na praia? A situação, de qualquer forma, parecia-lhe muito

A música do silêncio

sugestiva e cheia de poesia, e, além do mais, era verdade! O olhar de Bárbara podia iluminar qualquer escuridão. Além disso, ele ficava comovido com o símile que seguia: "Como uma gaivota perdida procura o azul do mar, eu, nos seus olhos, busco o amor".

Amós sentia que aquelas simples palavras jorravam de um coração apaixonado e ferido, bem como o seu, e identificava-se totalmente com elas, tanto que sentia arrepios na pele.

"Bravo", pensou então de seu amigo e, todavia, não conseguia entender como era possível uma veia artística assim tão delicada em uma pessoa absolutamente desprovida de bases musicais, mesmo as mais elementares. Vivenciava um sentimento de admiração pelo amigo, que nunca se transformaria em sentimento de inveja. Amós tinha, desde o primeiro momento, idealizado aquela relação de amizade, e a defenderia a qualquer custo, sem nenhuma hesitação, sem preconceitos, com um zelo quase fanático, como aquele que frequentemente existe nos corações dos adolescentes.

XVIII

pesar das importantes mudanças ocorridas em Amós, do seu jeito mais desinibido de se comportar e se vestir, sua relação com o sexo oposto continuava um problema sem solução. De fato, mesmo tendo uma aparência nem de longe desagradável – Amós tinha se tornado um rapaz alto e longilíneo, com cabelos negros e feições regulares e bem masculinizadas, um belo físico. com ombros largos, quadris estreitos e pernas longas e musculosas –, as garotas não se interessavam por ele, muito menos aquelas de quem ele gostava. Esforçando-se para analisar a situação, deduzia que deviam existir razões de natureza comportamental, obviamente atribuíveis a si mesmo, e percebia vagamente que era um pouco atrapa-lhado e desajeitado na sua tentativa, às vezes desesperada, de agradar; e sua deficiência se encarregava do resto.

Com isso, sentia que tinha de se conformar com esta realidade e concentrava sua atenção e seus interesses em muitas outras coisas, que com o tempo tinha a esperança que o deixassem mais fascinante, mais seguro de si, mais homem. No momento, no entanto, não conseguia con-ceber e engolir o incrível sucesso de certos "caras" da sua cidade, que lhe pareciam totalmente vazios, antipáticos, desprovidos de qualquer humanidade, totalmente incapazes de ter um ideal. Encontrava-os na avenida de Pontedera ou em algum outro lugar de braços dados com garotas maravilhosas, e lhe pareciam ridículos e artificiais, e não conseguia entender, de jeito nenhum, o que neles poderia abrir uma brecha naqueles corações amáveis. "Que estranha comédia é a vida", pensava, e enquanto isso se esforçava para aprender as regras, os secretos procedimentos, por meio dos quais cada personagem se move em cena, fazendo seu papel, e, quanto mais se esforçava, menos entendia, perdendo-se no labirinto de seus pensamentos, de suas proposições e de suas esperanças.

Sob este aspecto, sem dúvida nosso herói sofria. Sofria, mas não se desesperava, porque era como se um estranho e indecifrável pensamento lhe dissesse para ficar firme, para esperar com confiança, para ser otimista. E ele ficava feliz com aquilo que tinha: o afeto dos amigos, dos familiares, as coisas que possuía, os progressos que fazia nas atividades pelas quais se interessava... "No fim", pensava, "não tenho do que reclamar... tem tanta gente pior do que eu". Em seguida, procurava não pensar mais naquilo que lhe faltava, minimizar os problemas, as dificuldades, as adversidades...

Pensar que Bárbara dava atenção a outros, fazia com que ficasse mal, isto é verdade, mas precisava se conformar com aquilo. No mais, Adriano tinha a mesma sorte, e, neste sentido, "o mal de muitos, consolo é", como diz o provérbio. E, depois, podia sempre ter esperanças, sonhar com um amor platônico, idealizá-lo à vontade na sua cabeça.

Todas as manhãs, levantava-se com prazer só de pensar na ideia de ver Bárbara dali a pouco e de falar com ela. Bastaria um gesto gentil, uma atenção ou uma frase para que brotasse um sonho no seu coração, uma esperança que o afagaria por dias e dias. E tudo isso acontecia sob as asas daquela música de que ele tanto gostava, até porque o ajudava a se apartar e ficar sozinho com seus pensamentos.

Uma tarde, enquanto estava sozinho na sua saleta, escutando uma gravação da *Cavalleria rusticana* e ao mesmo tempo lendo uma poesia de Gozzano, teve, de repente, uma vontade incrível de escrever versos para Bárbara, assim como já tinha acontecido há muito tempo, quando seus sentimentos eram dirigidos a Alessandra. Desta vez, porém, não pensou em declamá-los para ela, e sim ficar com eles

A música do silêncio

para si, para seu próprio prazer. Fechou o livro, desligou o gravador, pegou a máquina de escrever e rapidamente escreveu:

... Largar tudo e ir para longe,
longe dos olhares de tanta gente,
desta minha vida feita de nada,
fugir, levando você pela mão.
E depois, estarmos, como que por magia,
apaixonados, com os mesmos desejos,
vencidos pelos sentimentos mais puros,
perdidos em uma doce loucura:
amar-se lá! Perdido por você, enchê-la
de beijos castos antes, proibidos depois,
procurar sua pele debaixo das roupas
e de carícias impudicas mimar você.
Mas o sonho dura um segundo e se perde,
e eu permaneço o tolo sonhador
que acredita na fábula do amor;
aquela que encanta, ilude, depois acaba...
Quem sabe de onde um som de sino triste
chega até mim para anunciar a noite;
eu estou sozinho e você muito mais longe que o sino e a alma
se desespera.
Mera covardia? Melancolia?
o que me esmaga o coração como se fosse uma tenaz?
o que é esta ansiedade minha, esta batalha,
que se desencadeia em mim furiosamente quando penso em você?
e súbito meus sentidos se acendem
e assim de repente me faltam seus beijos, seu sorriso
e os desejos meus ficam mais intensos?
Vencido me pergunto se você pensa em mim
ou em outro, que agita o seu coração;
e enquanto um dia morre, outro chega,
sinto que ainda gosto de você.

Depois do último verso, Amós percebeu que não tinha pensado no título. E refletiu: escrevendo, tinha atravessado um sonho, colocado desejos e esperanças em verso, e isso, resumindo, pareceu-lhe um bom presságio para o futuro. O título não lhe pareceu uma questão tão importante. De qualquer modo, voltou para a folha, na qual tinha deixado uma boa margem, e escreveu o primeiro título que veio na sua cabeça: *Sonho*. Depois, tentou declamar a poesia em voz alta para sentir se soava bem; claro, era pouca coisa perto das líricas de Gozzano, todavia, sentiu certo prazer e achou que devia ser indulgente consigo mesmo. Dobrou a folha e a escondeu entre as páginas de um volume da sua enciclopédia; levantou-se e saiu para tomar um pouco de ar.

Era hora do pôr do sol, um poente primaveril, a temperatura era amena e a brisa que vinha do mar trazia um perfume delicado da natureza que desperta do sono do inverno e rapidamente se veste de festa. Amós respirava fundo e sentia uma estranha sensação, uma energia nova que lhe entrava pelas narinas e se difundia por todo seu corpo, uma energia que se transformava em vontade de se movimentar, pensar, observar e transmitir aos outros suas próprias observações... Seu ânimo precisava de um amigo para ajudar, de um inimigo para combater, de uma ideia na qual acreditar, e de uma para rejeitar. Sua alma tinha a necessidade de agir, de realizar algo, para poder, em seguida, contemplar com a satisfação de quem pode dizer "Esta é obra minha".

Saiu correndo e foi para a casa vizinha, dos seus amigos de infância. Sérgio, um dos dois primos com o qual tinha passado todo o período dos seus verdes anos, estava lá, montando e desmontando peças da sua Vespa. Os garotos confabularam rapidamente, depois, Sérgio lavou suas mãos e juntos saíram, com aquele pequeno meio de transporte da Piaggio sobre o qual não poderiam montar em dois, e foram em direção à cidade sem um objetivo preciso; digamos assim, em busca de sorte. E se não for sorte aquilo que aconteceu com Amós, continua sendo um daqueles acontecimentos que dificilmente podem ser esquecidos na vida.

Já na praça, Sérgio estacionou a Vespa. Em seguida, os dois foram, a pé, para um pequeno clube que os jovens de Lajatico tinham

A música do silêncio

fundado, num apartamento de dois quartos e um banheiro super-pequeno.

No primeiro, tinha sido feito um bar sem nenhuma pretensão: balcão, que pertencera ao bar da cidade, mesinhas com as cadeiras em volta, um fliperama, uma televisão, o freezer para sorvete, e nada mais. No segundo, ao contrário, havia alguns sofás, poltronas e um aparelho de som. Os dois quartos se comunicavam, e ia-se de um para o outro através de uma entrada em forma de arco, como uma única barreira, constituída por uma cortina presa de qualquer jeito no teto. Quem queria entrar, abria a cortina, sem precisar bater. Assim, frequente-mente se tornava testemunha indiscreta da intimidade de um ou ou-tro casalzinho, cuja discrição era confiada não só à semiobscuridade daquele vão, mas também ao som do aparelho estéreo.

Amós subiu rapidamente a escadinha externa do clube, que co-nhecia de cor, como se estivesse em sua casa. Entrou, e logo perce-beu que estavam organizando alguma coisa. Um rapaz veio ao seu encontro, cumprimentou-o e lhe informou que estavam abertas as inscrições para o torneio de xadrez. Havia um bom número de pessoas e uma grande animação.

Sérgio, que nunca se interessara muito por aquele jogo, deixou Amós lá e foi ao círculo recreativo. Passaria mais tarde para levar o amigo para casa para o jantar. Amós se inscreveu no torneio e foi se sentar à mesa junto de outros rapazes que estavam jogando para avaliar suas capacidades.

Uma jovem aproximou-se dele, colocou a mão sobre a sua e o cumprimentou cordialmente, apresentando-se como Antonella. Ele queria lhe dar o lugar para que se sentasse ao seu lado, mas a mesa estava cheia, e a garota ficou em pé. Ele ainda tentou se levantar para lhe dar o lugar, mas a garota, com um gesto desinibido, empurrou-o delicadamente para que se virasse um pouco e se sentou no seu colo.

Impulsionado pelo clima do torneio que iria acontecer e pelas conversas sobre jogo de xadrez, encontrou uma naturalidade e uma desenvoltura que não sabia possuir. Falava de abertura, partidas e finais, de estratégias, de filosofia de jogo, e a garota fingia estar inte-ressada em todos aqueles conceitos abstratos; entretanto, enquanto falava, sentia que ela o observava e ficava perto dele de um modo estranho. Para ele, aquela era uma sensação nova, que aos poucos o distraiu das suas especulações e provocou no seu interior uma espécie de furacão dos sentidos.

Mas, de repente, Antonella se levantou do seu colo e foi para o quarto ao lado, ligou o estéreo e arrumou uma série de discos que, por meio de um dispositivo automático, caíam um depois do outro no prato, permitindo que se ouvisse sem interrupção, sentou-se no sofá e começou a escutar.

Antonella era uma estudante do curso médio, alegre e inteligente, que nunca se esquecera das suas origens de garota do campo para se submeter a comportamentos e expressões lexicais que não pertencessem ao mundo no qual se criara. Não se podia dizer que era uma garota bonita, era pequenina e tinha alguns quilos a mais, os seios um pouco grandes, mas possuía um rosto bonito que transparecia uma simpatia irresistível. Dedicava-se com paixão aos estudos, e seu rendimento escolar tinha sido sempre alto, mas conseguia encontrar tempo também para se divertir, era simples e direta, sem preconceitos. Ela gostava dos meninos, e eles corriam atrás dela, atraídos por sua feminilidade e sensualidade; já tinha namorado muitos rapazes, entretanto, ninguém zombava dela; ao contrário, todos a respeitavam como se respeita quem sabe das coisas.

Depois de cinco ou dez minutos, Antonella voltou para a mesa de Amós, parou diante dele e, olhando-o direto nos olhos, pediu-lhe para ir com ela escutar um pouco de música juntos. Amós ficou um pouco indeciso, ela, então, o pegou pela mão e fez com que se levantasse.

Depois que a cortina se fechou atrás deles, sentaram-se em um sofá, e Amós, já bem sem graça, começou a falar sobre qualquer coisa. Ela o escutou com paciência. De repente, Antonella se levantou, chegou mais perto dele e, com o rosto quase tocando de leve o seu, disse-lhe:

– Gosto de escutar você, mas gosto mais de ficar olhando para você, se ficar um pouco quieto – em seguida, deu-lhe um beijo. Foi um beijo longo e intenso, tão demorado que, para Amós, pareceu que nunca fosse acabar.

À medida que o tempo passava, os garotos iam embora do clube para jantar. Às oito horas, não havia mais ninguém.

A música do silêncio

Quando Amós voltou daquela espécie de sonho e perguntou para Antonella que horas seriam, ela olhou o relógio e respondeu, rindo:

– Nove horas. Está com fome por acaso?

Amós não estava com fome, mas preocupado com seus pais, que certamente tinham procurado por ele e, com certeza, ainda o estavam procurando. Entretanto, devido à excepcionalidade daqueles momentos, sentiu-se forte e corajoso, pronto para enfrentar qualquer problema.

Tentou analisar a situação. Mesmo não tendo acontecido tudo, o que tinha acontecido já era muito, e aquele muito era tudo para ele, que naquele momento sentia dentro de si algo de diferente, agora sentia-se um homem.

Abriu a cortina que pouco antes, fechando-se, tinha aberto para ele um mundo novo, um paraíso de sensações, do qual, até aquele momento, ouvira somente falar. Com passos rápidos, foi para o balcão, contornou-o, pegou uma garrafa e dois copos, abriu o caixa, pagou e se sentou a uma mesa com sua amiga.

"Que amor era aquele?", começou a pensar consigo mesmo. Sentia que era, em todo caso, algo muito diferente daquilo que sentia por Bárbara, alguma coisa menos ideal, mas mais concreta.

Entre um pensamento e outro, voltou um pouco à realidade e pensou em como poderia fazer para encontrar Sérgio. Nesse ínterim, seu amigo tinha sido informado e, prudentemente, telefonado aos pais de Amós, dizendo que ele ficaria na cidade para o torneio e jantaria na casa de alguém.

Mas Amós não jantou, não tinha fome, e não havia mais tempo. Os rapazes já estavam voltando ao clube aos poucos, e não demorou muito o torneio começou. O primeiro adversário de Amós não lhe foi um grande obstáculo; era um rapaz alto e gordo que tinha acabado de jantar, e devia ter comido muito, porque a duras penas fazia os movimentos e em meia hora desistiu. Como a outra partida também acabou rápido, Amós teve de jogar uma segunda. Desta vez, seu adversário era um dos mais fortes, estudante de medicina quase formando, que se dedicava ao jogo de xadrez com certa assiduidade. Amós já o desafiara várias vezes, e o balanço não lhe era favorável. Além disso, sentia-se distraído, pouco motivado, à sua cabeça vinham pensamentos dos acontecimentos do dia, e uma espécie de contentamento físico e espiritual o deixava indiferente, longe do que estava se passando naquela sala. Executou a abertura do rei que conhecia melhor, mas depois de uns vinte movimentos cometeu um erro banal e perdeu uma peça; depois disso, não houve mais jogo. Ao perceber que não havia jeito de recuperar, levantou-se e esportivamente deu a mão ao seu adversário, o cumprimentou e saiu com Sérgio para voltar para casa.

Em outras circunstâncias, teria se sentido abatido e desmoralizado pela derrota sofrida, mas nem pensou nisso. Não via a hora de encontrar Adriano e lhe contar seu dia e discutir com ele sobre sua experiência, da qual estava mesmo muito orgulhoso. Para além de tudo, sentia que tinha se recuperado em relação aos outros, que tinha dado um passo adiante extremamente significativo em direção à "normalidade", só para usar uma expressão um pouco ousada, uma normalidade, a sua, sobre a qual não ele, mas os outros, pareciam, a seu ver, pouco convencidos.

Chegou em casa todo agitado, mas muito cansado. Seus pais já estavam na cama, subiu as escadas correndo, mas, antes de chegar ao seu quarto, ouviu a voz de seu pai que, em tom de reprovação, lhe dizia:

— Isso é hora de voltar para casa? Como você vai se levantar amanhã?

Amós não respondeu. Tirou rapidamente a roupa, colocou-se na cama, cobrindo-se até o nariz, e dali a pouco caiu em um sono profundo e tranquilo, no qual não houve espaço nem mesmo para os sonhos.

XIX

A velha tia da casa, que era muito apegada a Amós e o mimava com cuidados e atenções de toda espécie, há alguns dias preparava para o seu preferido um café da manhã mais nutritivo e calórico que o normal, à base de leite e ovos, afirmando que a primavera exige muito dos jovens, e que não se pode enfrentar a escola e a viagem sem uma gemada ou um bom ovo quente. Amós devorava tudo rapidamente, e depois, com o irmãozinho, cujo estômago não suportava desjejuns tão pesados, corria para a parada de ônibus, que, por sorte, estava sempre atrasado. Depois de uma hora mais ou menos, encontrava-se finalmente sentado no seu lugar, em uma carteira da primeira fila, onde os professores quiseram colocá-lo para conter um pouco a energia e o pouco interesse por algumas matérias. Amós, de fato, preferia as declinações dos substantivos e dos adjetivos, as conjugações e os paradigmas dos verbos em latim e as aulas de história, às demonstrações de geometria plana ou às equações algébricas de primeiro grau. Assim, embora fosse pouca sua aspiração em realizar os estudos clássicos, sentia-se, todavia, mais inclinado às letras do que às matérias científicas. A tradução do latim de uma fábula de Fedro, uma redação, um canto da *Eneida* ou da *Odisseia*, interessavam-lhe mais do que a correta aplicação de um teorema de Pitágoras ou de Euclides.

Além do mais, os meses passados no outro colégio tinham sido, certamente, um bom investimento para que ele brilhasse nas matérias literárias no instituto de magistério. Em matemática e em geometria, no entanto, tinha ficado para trás em relação aos seus novos colegas; assim, ao final do ano escolar, viu-se com boas notas em todas as matérias, mas teve de sofrer a afronta de ficar em recuperação justamente em matemática e, portanto, conformar-se com a ideia de um verão em meio aos números e regras, como já tinha acontecido três anos atrás.

Ficou mortificado e desiludido, mas também não fez tragédia nessa situação, assim como sua família.

Doutor Della Robbia o ajudaria novamente, alternando as aulas com o jogo de xadrez, e a tia Tilla, uma velha tia de seu pai, que dera aulas nos cursos médios e estava aposentada há alguns anos, faria o resto. E assim foi. Teve de estudar, e teve bastante medo, mas, como da outra vez, passou nas provas de recuperação com facilidade e não teve mais problemas em matemática, nem nos anos seguintes, que fizeram com que chegasse ao exame de *maturità*. Tudo isso foi possível também graças à boa vontade de uma prima de seu pai, que o acolheu no seio na própria família e dele cuidou como se fosse seu filho; seu marido, professor de física e matemática, tendo se simpatizado com ele, fez-se em quatro para ajudá-lo nas matérias científicas, enquanto a cunhada, já conhecida do leitor como tia Vanda, solteira, que vivia naquela casa e era, ela também, professora de literatura, ajudou-o com muita paciência, sobretudo na aprendizagem do latim. No início de outubro, quando começou o segundo ano, Amós era um estudante completamente inteirado, tranquilo, feliz e exuberante, quase esquecido do seu passado de aluno de colégio, do qual não conservava nada. Dia após dia, procurava, sem saber, recuperar o tempo perdido, tentava ser um rapaz da sua idade, coisa que, até então, não tinha conseguido ser. Todos os seus colegas gostavam dele. Além do mais, sendo um jovem de boa família, como se costuma dizer, era uma companhia que, de fato, agradava também aos pais e à família de

A música do silêncio

cada um deles, de modo que recebia sempre convites para o almoço, o lanche ou festas de aniversário...

Fora os probleminhas de adolescentes, comuns a todos, aquele foi um período de verdadeira despreocupação, durante o qual o amor, personificado em Bárbara, teve o papel da "cruz", enquanto a amizade, na pessoa de Adriano, o da "satisfação", e juntos representaram dois aspectos fundamentais no crescimento de Amós. Eram duas diferentes razões de vida, dois diferentes motivos de reflexão, que davam dois resultados de lados opostos: Bárbara talvez o apreciasse, e reconhecesse nele algumas qualidades, visto que tinha sido a primeira a demonstrar isso quando tinha votado nele para representante da classe; portanto, estimava-o, mas não o amava. Amós, ao contrário, com certeza preferiria seu amor à sua estima. Adriano, ao invés, estava ao seu lado justamente do jeito que Amós queria. Era às vezes a origem, outras o complemento dos seus pensamentos, dos seus julgamentos, das suas ansiedades, das suas tensões mais íntimas. Podia lhe confidenciar tudo, que entenderia tudo e até compartilharia; portanto, sem dúvida representava, no que diz respeito às relações humanas, um sucesso do qual poderia se orgulhar pelo resto da vida, nem que fosse pela semente da confiança no próximo que uma amizade desse tipo lança na alma. Aquela semente, de fato, quando cria raízes e se desenvolve, dificilmente para de dar frutos, cujos benefícios se traduzem rápida e duravelmente em serenidade e paz interior.

Quem acredita na amizade e tem confiança no próximo coloca-se em geral de maneira tão aberta e positiva, que inspira imediatamente simpatia e respeito, e afasta qualquer tipo de desconfiança. E, assim, as relações tomam rapidamente o caminho certo da honestidade e da cordialidade. A confiança é realmente um carisma precioso, que leva à felicidade; assim, feliz é o cego que tem confiança no espaço que o circunda, o surdo que tem confiança na harmonia que o acompanha; o homem que tem confiança em si mesmo e no próximo é feliz e agradece por sua existência a cada minuto que passa.

Isso é ao menos o que Amós compreendia já naquele tempo, mesmo que de modo bastante confuso. Em seguida, racionalizaria o conceito que, fruto das suas experiências pessoais, se tornaria para ele quase uma filosofia de vida, um "credo", do qual nunca se arrependeria e do qual, portanto, nunca se separaria. Além disso, crescendo e amadurecendo, Amós aos poucos ia se convencendo de que, se os homens se distinguem entre si devido às melhores e raras qualidades que cada um tem, todos se parecem, ao invés, nos defeitos que, maiores ou menores, são sempre os mesmos. Esta consideração o levava ao caminho da tolerância, da compreensão, um caminho difícil, longo e sinuoso, que o obrigava a violar sua índole impulsiva e passional, mas cheio de agradáveis surpresas.

Quando pensava nessas coisas, Amós lembrava-se da sua boa professora, das horas que se dedicava à história e à explicação dos Evangelhos; todos aqueles discursos que tinha escutado, quase que distraidamente, às vezes um pouco entediado, evidentemente tinham ido parar em uma zona bem resguardada da memória, e agora, de vez em quando, ressurgiam, sempre enriquecidos de novos e intensos significados. Versículos, como "Por que vês tu o argueiro no olho de teu irmão, porém não reparas na trave que está no teu próprio?" (*Mateus*, 7,3), traziam a sua memória a voz da sua professora como se a tivesse ouvido um dia antes. Além disso, cada vez que escutava discussões vazias, ofensas insensatas que colegas ou conhecidos diziam uns aos outros somente para fazer valer a própria opinião, ou quando, completamente sozinho, repensava com calma nas discussões em que tinha se envolvido, ria um pouco de si, dos próprios exageros, do excesso de zelo ou de raiva.

Sentia, todavia, que o caminho a percorrer ainda era longo, porque seu gênio forte seria difícil de domar, e talvez o tempo não fosse suficiente, não bastaria a lembrança da professora, nem as experiências da vida cotidiana. Provavelmente, naquele período, Amós estava procurando alguma coisa em que acreditar, um modelo para seguir, alguém a quem emular.

Encontrava-se naquela fase da vida, quando aconteceu algo realmente importante para dar uma virada, digamos, definitiva, no seu desenvolvimento espiritual. A estudante que todos os dias o ajudava com as tarefas e as leituras, tendo se formado, decidira se casar com um rapaz da cidade e ir embora dali. Então, para Amós apareceu o problema de encontrar imediatamente uma nova leitora, já que naquele ano faria os exames de *maturità*. Não havia tempo a perder.

A música do silêncio

Por outro lado, não era fácil encontrar uma garota esperta, capaz e cheia de boa vontade, que rapidamente aprendesse a conhecer Amós, compreendesse suas dificuldades, necessidades, assim como os mecanismos mentais de aprendizagem. Na família, todos se preocuparam também, e começaram a pensar sobre isso, a perguntar, buscar informações...

Durante uma longa noite, passada sem pregar os olhos, como geralmente lhe acontecia, a mãe tivera uma ideia que logo lhe pareceu inteligente, mesmo que muito complicada para ser posta em ação. O senhor Ettore, gerente da *Banca Popolare Agricola* de Lajatico, deixara o trabalho há poucos dias e tinha se aposentado, demasiado cedo para sua idade e para sua eficiência singular.

Ettore era um homem raro, dotado de extraordinárias qualidades humanas e intelectuais, além de um corpo excepcionalmente são e forte.

Tinha 55 anos e parecia ter, no mínimo, dez a menos; um homem tão ativo e vigoroso, cheio de vida, de interesses e de boa vontade, como poderia ficar no ócio perambulando pela cidade? Mas dele se poderia esperar de tudo. Além do mais, com um livro na mão, já estava feliz, e, depois, adorava ir para o campo e pelos bosques para procurar cogumelos, achar *escargots* ou, simplesmente, ficar contemplando a natureza. De mais a mais, tinha viajado praticamente pelo mundo todo por causa daquela sua insaciável sede de conhecer, de tocar com as mãos, e sua esposa o acompanhava sempre, com a mesma dedicação. Agora teria mais tempo e mais oportunidades para preparar viagens em terras distantes.

Era um homem estranho aquele! Quando a administração do banco lhe comunicara a intenção de promovê-lo a gerente, aceitara serenamente, mas não quisera o ajuste do salário para as novas incumbências. Com poucas e simples palavras, e certo humor, que em situações como aquelas não lhe faltava nunca, pedira e conseguira ficar com a qualificação de funcionário. As desistências são sempre aceitas sem muitos problemas, então, tudo tinha sido resolvido em pouco tempo para o bem do banco e a satisfação do seu presidente, que, alegremente, dissera: "O senhor será, portanto, um *primus inter pares".[39]*

Ettore mudara imediatamente de conversa, com seu sorriso incompreensível, que podia ter muitos significados, enquanto o presidente, um pouco maravilhado por aquela escolha excêntrica, não tinha deixado fugir uma ocasião tão boa assim.

Ettore era, realmente, um homem fora do normal, em todos os sentidos, mas ninguém podia acusá-lo de nada; ao contrário, todos o respeitavam e o estimavam por suas capacidades, e também por sua generosidade ao aconselhar e ajudar quem quer que fosse e precisasse. Senhora Edi pensava em tudo isso na sua cama, e ansiosamente se perguntava se aquele homem arredio, aparentemente tímido e solitário, aceitaria o encargo de dar uma ajuda nos estudos do seu filho. Quanto mais pensava, mais se convencia de que ele era a pessoa certa para aquilo, mas não conseguia saber como deveria lhe pedir. Com uma conversa enfática, com certeza arruinaria tudo, melhor um pedido seco, sem rodeios.

Dirigiu um rápido pensamento ao bom Deus, acendeu a luz e olhou o relógio, seis horas. Sentiu uma agitação diferente invadi-la, então, levantou-se rapidamente, preparou-se e desceu para a cozinha. Procurando colocar seus pensamentos em ordem, lembrou-se de que tinha um cliente que a esperava no sítio para conversar sobre a compra de um trator. Tomou o café da manhã rapidamente, subiu no carro e foi para Lajatico.

Quando chegou à praça, deu uma olhada no relógio, quase sete e meia. Virou à direita e pegou a rua Garibaldi. O bar já estava aberto, e viu alguns estudantes que entravam e outros que saíam com o lanche para o intervalo. Reconheceu o vulto de Ettore, que a passos rápidos vinha na sua direção com um toco de lápis em uma mão e um papel todo amassado na outra.

Senhora Bardi o observou e pensou, se fosse o caso, em pará-lo, depois ficou indecisa por um minuto, e passou por ele, pensou de novo mais adiante, andou mais devagar, fez uma inversão e voltou

---

39 "Primeiro entre iguais." (N. R. T.)

A música do silêncio

para a praça. Viu o senhor Ettore demorar-se diante da banca de jornal, e, então, estacionou o carro, desceu e o alcançou justamente quando saía com dois jornais embaixo do braço e um outro aberto, todo entretido a ler.

A senhora o cumprimentou, ele retribuiu, distraidamente, a saudação, mas, quando percebeu que ela tinha algo para lhe dizer, fechou o jornal e se dispôs a escutá-la.

— Eu precisaria do senhor — ela começou.

Ettore sorriu, e ela continuou:

— Meu filho, neste ano, tem os exames finais, e a mocinha que o ajudava nos deixou para se casar...

Senhor Ettore ficou todo sem graça e, dando um passo para trás, com um gesto de embaraço, disse:

— Então, a senhora gostaria...

A senhora o interrompeu, decidida:

— Sim. Tenho certeza de que o senhor é a única pessoa que tem condições de nos tirar dessa situação — e acrescentou: — Obviamente nos dirá quanto gostaria de receber por isso.

Essa última frase, que como sempre saiu um pouco desajeitada e deselegante, desviou Ettore de seus pensamentos e o confundiu ainda mais, tanto, que instintivamente respondeu:

— Se a senhora falar sobre isso mais uma vez, então serei obrigado a abandonar imediatamente o compromisso.

Isto queria talvez significar que aceitava?

Houve um minuto de silêncio, em seguida, Ettore, já calmo, e em pleno domínio de si, rindo, disse:

— Está bem, vamos tentar, mas não tenha muitas esperanças porque realmente não sei se serei capaz.

Deu uma olhadinha para os jornais e disse:

— Hoje, às cinco horas irei à sua casa. Tudo bem nessa hora?

Cumprimentou, virou-se e, andando lentamente na direção da igreja, concentrou-se na leitura e se afastou.

Senhora Bardi, pela primeira vez na vida, se esqueceu completamente de seus afazeres, pegou o carro e voltou rapidamente para casa, a fim de contar ao marido o que lhe parecia uma vitória, já que podia ser uma sorte para seu filho. Seu instinto de mãe lhe dizia isso.

Encontrou o marido na porta de casa, pronto para sair. Pediu-lhe que a seguisse, sentou-se e quis que ele também se sentasse. Em seguida, com o entusiasmo de uma interna de colégio, contou-lhe da noite sem sono, de suas ideias, e finalmente do seu encontro com Ettore. Senhor Sandro escutou curioso, e, por fim, disse que estava, honestamente, muito surpreso. Ele conhecia bem Ettore; nos últimos anos, como membro do conselho de administração do banco, e depois como vice-presidente, tinha convivido bastante com ele. Seu marido admitiu que teria rido daquela ideia da mulher se tivesse pedido sua opinião.

— Mas, você tem certeza de que entendeu bem? Parece-me estranho que ele tenha aceitado, introvertido do jeito que é, parece até um pouco misantropo para quem não o conhece a fundo.

— Você é sempre assim — respondeu ela, um pouco irritada com o ceticismo do marido. — Duvida sempre de tudo. Espere para ver!

— Mas, imagine se ele vai aguentar! Com a personalidade que tem seu filhinho! Depois de meia hora ele vai embora!

O marido falava assim, mas dava para ver em seu rosto a alegria e a satisfação por aquela boa notícia logo pela manhã.

Finalmente decidiram sair juntos, mas continuaram a falar de Ettore durante o dia todo, assim como da reação de Amós ao chegar da escola. Os dois se conheciam fazia tempo, mas o contato entre ambos tinha sido pequeno, quase que insignificante, e era difícil prever o que poderia surgir daquela relação.

— Ou bem bem, ou mal mal — dizia senhor Sandro, rindo quando cruzava o olhar da mulher ou se deparava com ela em algum lugar da loja.

— Bem bem! — respondia-lhe ela, com um otimismo que efetivamente pertencia à sua índole exuberante e impulsiva.

Naquele dia, durante o almoço, a família Bardi estava completa. Esperaram a chegada dos meninos e, assim que todos estavam sentados, senhora Edi anunciou a Amós que Ettore, o gerente do banco, tinha aceitado seu convite para ajudá-lo com os estudos, pelo menos até o final dos exames.

Amós recebeu a notícia com uma calma, eu ousaria dizer com uma indiferença, que ninguém esperaria dele. "Melhor assim", pensou a mãe consigo mesma.

A música do silêncio

Ao final do almoço, senhor Sandro levantou-se da mesa e chamou o filho para ir com ele até a copa.

– Está feliz? – perguntou-lhe.

Em seguida, começou a falar, fazer uma espécie de apresentação de Ettore:

– Você o conhece pouco, é meio estranho, com certeza excepcional, basta pensar que gerenciou o banco da nossa cidade tendo somente o quinto ano da escola fundamental, e, quando participava das reuniões com os gerentes dos bancos mais importantes, ficava quase sempre em silêncio mas, quando falava, todos o ouviam com grande respeito, e ninguém ousava contradizê-lo, sabendo que nunca diria nada sem ter absoluta certeza. Além disso, lê e escreve, acho, em pelo menos seis línguas; conhece bem francês, inglês e russo, imagine! O russo, que deve ser muito complicado. E ainda se arranja com o espanhol e o alemão... Lê sempre, e de tudo, você nunca o pega despreparado em algum assunto. É para não acreditar, mas é assim. Ou seja, é um homem que dificilmente diz aquilo que sabe, mas sabe aquilo que diz... No ensino fundamental, foi aluno da avó Leda, e ela sempre disse que ele era uma criança fora do normal, com uma inteligência acima da média, e é mais surpreendente ainda se pensarmos na família da qual ele vem; uma família bem modesta, seu pai era pedreiro e sua mãe empregada doméstica. Vem de uma grande miséria, mas o destino dos homens está muito vinculado a sua inteligência e sua capacidade, coisas essas que em Ettore sobram, sem sombra de dúvida. Porém, Ettore não é muito sociável, é um tipo que gosta muito de ficar por conta própria, e acho que é preciso entendê-lo do seu jeito; portanto, procure se comportar bem com ele. E, quem sabe sua mãe, desta vez, não tenha tido uma boa ideia?

Senhor Sandro riu da brincadeira sobre sua mulher e acrescentou:

– E preste atenção em como fala com ele, se disser alguma coisa errada, você fará um papelão, porque ele sabe de tudo. Lembre-se disso – e se calou.

Amós escutara seu pai em silêncio e sem interromper aquela descrição que de certo modo o tranquilizara e o deixara curioso.

– Entendi – disse Amós.

Em seguida, levantou-se e junto com seu pai saiu do cômodo. Logo depois, telefonou a um amigo, começou a conversar sobre algo banal e rapidamente se esqueceu de Ettore, das provas, das tarefas, porque isto também fazia parte da sua personalidade: sabia guardar as próprias preocupações até o momento em que fosse necessário enfrentá-las.

XX

Senhor Ettore chegou dez minutos antes, estacionou sua *Cinquecento* embaixo de um dos dois grandes pinheiros, aquele mais perto de casa, e sem demora tocou a campainha. Amós, que esperava por ele, foi abrir a porta, enquanto os pais, atrás, o observavam.

O encontro foi dos mais simples e informais, um aperto de mão, depois Ettore cumprimentou o resto da família e pediu para que Amós o levasse até o escritório para "entender", disse, o que precisava fazer exatamente.

Amós mostrou-lhe os livros e o gravador de rolo, no qual Ettore, que pediu a Amós que o tratasse por 'você', deveria gravar a voz para que ele pudesse estudar e escutar novamente a leitura também na sua ausência. O gerente sorriu:

– Nunca li em voz alta na minha vida, mas vou tentar, darei o melhor de mim.

Então, foram deixados em paz, a porta do escritório fechou-se atrás da avó Leda, que saiu por último, depois de ter colocado na escrivaninha uma bandeja com duas xicrinhas de café.

Tudo aconteceu de forma natural, uma ocorrência da vida cotidiana que, no entanto, significaria muito para Amós, e não somente para ele.

Depois de terem conversado um pouco, Ettore abriu o livro de história, enquanto Amós arrumava no seu aparelho uma bobina de dezoito centímetros de diâmetro que, explicou, graças a suas quatro faixas e sua velocidade dupla, permitia dezesseis horas de gravação.

– Bem, vamos começar a encher essa fita – disse Ettore, e começou logo a ler o primeiro capítulo, que tinha como objeto o Congresso de Viena de 1815.

Leu, com algumas hesitações, por mais de uma hora, sem interrupção, até que parou, fechou o livro e pediu ao rapaz que parasse o aparelho:

– Agora seria bom discutirmos um pouco do que foi lido até aqui, para vermos se está tudo claro ou se posso ajudá-lo a entender melhor algo que passou despercebido.

Amós, na verdade, não tinha prestado muita atenção, e Ettore percebeu logo que teria ele mesmo de explicar novamente desde o início. E fez isso, com paciência e cuidado, sem pretender que o jovem estudante desse prova de sua atenção.

Ao término das duas horas previstas para os encontros, Ettore se levantou e prometeu voltar na tarde seguinte, sempre à mesma hora.

Passando pela copa para sair, o gerente viu um tabuleiro de xadrez sobre uma mesinha.

– Você gosta de jogar xadrez? – perguntou para Amós.

– Sim, sou um 'passionista'[40] – respondeu-lhe, orgulhoso de poder revelar sua habilidade no jogo.

Ettore riu amavelmente, mas com gosto. Olhou para ele e, sempre rindo, lhe disse:

– Você não seria um apaixonado? Não acredito que pertença à ordem dos monges passionistas!

E começou a falar sobre aquela ordem, seu fundador, seu desenvolvimento, de acontecimentos e de homens que tinham se destacado

---

40 Membro da Congregação da Paixão de Jesus Cristo. (N. R. T.)

A música do silêncio

nisso; tanto, que Amós ficou quase aturdido com toda aquela erudição e, desarmado, deixou que esgotasse o assunto, naquele seu jeito um pouco cansativo de se exprimir, que dava a impressão de um intenso trabalho intelectual, quase como se as ideias e os conceitos se aglomerassem todos juntos na parte da sua cabeça na qual são selecionadas as coisas para dizer e disputassem com fúria a rota de saída. O rapaz sorriu, mas sentiu-se um pouco magoado, envergonhado do seu erro.

De súbito, veio a sua cabeça o que seu pai lhe recomendara algumas horas antes; e pensar que tinha falado tão pouco e tomado cuidado para não dizer bobagens... Prometeu a si mesmo que ficaria ainda mais atento, mas, sobretudo, sentiu um ingênuo desejo de flagrar senhor Ettore em algum erro para empatar as contas. Mas logo percebeu que aquele jogo não poderia ser jogado em igualdade de armas. Quantas vezes seu orgulho ferido o humilharia dolorosamente! Quantas vezes teria dado tudo para inverter o resultado daquelas disputas, que eram sempre vencidas por Ettore. E quando este último não conseguia convencer o jovem aluno com suas palavras, quando Amós se fechava e não tinha intenção de ceder, o paciente gerente se levantava com calma da sua cadeira, dava uma olhada rápida na estante de livros e pegava, ora um volume da enciclopédia, ora um dicionário, ora um livro de narrativa ou de ensaios, abria-o e, sorrindo, lhe mostrava o erro, depois guardava o livro e não falava mais naquilo. O jovem ficava boquiaberto pelo jeito como seu professor particular guardava as próprias vitórias, sem ao menos ter a satisfação de caçoar dele vez ou outra; ele nunca triunfava, mas, fazendo assim, dia após dia, ganhava a estima, a admiração e, aos poucos, a profunda gratidão de Amós.

Ettore colocava em discussão todas as coisas, desfazia cada certeza do rapaz, toda ideia fixa, cada forma de fanatismo juvenil; nutria-o com o néctar da dúvida, que no início pode gerar angústia e transtorno, mas em seguida embriaga e dá alegria, porque duvidar não só ajuda a crescer, mas sobretudo liberta da escravidão insuportável da obrigação de se ter razão a todo custo. Assim, lentamente, Amós começou a perceber um sentimento de paz nunca experimentado antes, e com este novo espírito sentiu-se mais forte e corajoso, porque a paz é um baluarte que se reforça toda vez que é atacado e ninguém pode expugná-lo, exceto a consciência que o ergueu, e que, portanto, conhece todos os seus segredos.

De Ettore, Amós nunca recebia louvores nem atestados de estima, e mesmo assim sentia por ele uma afeição que aumentava rapidamente, principalmente em razão daquela força extraordinária que o improvisado professor empregava para o bem das pessoas e das coisas.

Um dia, durante um passeio ao longo do rio, Ettore disse para Amós:

– É necessária muita força para produzir o mal e o bem; mas para o bem é preciso muito mais, porque este está para o mal assim como construir está para destruir, e um é bem mais desafiador do que o outro. O bem e o mal estão, portanto, nas mãos dos fortes, mas aqueles que fazem o bem são os mais fortes, mesmo que, muitas vezes, não façam alarde e trabalhem na sombra. A humanidade segue em frente carregada em seus ombros, lembre-se sempre disso.

Amós nunca se esqueceu daquelas palavras.

Escutava, e sentia que compartilhava daquelas ideias, assimilava-as, tomava-as para si e se alegrava do extraordinário fervor com o qual eram recebidas cada vez que tinha a ocasião de expô-las em um contexto qualquer.

Aos poucos, pareceu-lhe também que crescia na consideração dos outros como nunca teria esperado.

Espantava-se em ver que cada vez mais pedissem a sua opinião ou quisessem saber sua opinião sobre as mais diferentes coisas, e, sabe-se lá por qual misterioso mecanismo da psique, começou a se sentir até mais útil e mais seguro de si.

Nesse ínterim, porém, aproximava-se o dia das provas, e em Amós a ansiedade ficava cada vez mais forte. O bom Ettore aumentou suas visitas, prolongando-as até quatro ou cinco horas todas as tardes, e depois começou a ir também aos domingos pela manhã. Em relação aos exames, porém, procurava ajudar seu jovem estudante a não dramatizar.

– Essas são coisas que temos de levar a sério, é verdade – dizia-lhe –, mas não são uma questão de vida ou morte. Existem coisas muito

A música do silêncio

mais importantes nesse mundo; portanto, esforce-se, mas não exija muito de si mesmo!

Amós estudava dando tudo de si, como nunca conseguira fazer antes, apesar da primavera, das mil distrações, do seu amor por Bárbara, dos seus muitos interesses, pelos cavalos, instrumentos musicais, seus discos... Apesar disso tudo, conseguia estudar com um ritmo bom e suficiente concentração.

E assim, como Deus quis, chegou o dia tão temido do início das provas escritas, obviamente com a redação em italiano, prova na qual Amós depositava muitas esperanças. O rapaz chegou à escola com sua máquina de escrever e sua bolsa. Depois da chamada, foi levado a uma sala de aula vazia, para que pudesse datilografar tranquilamente, sem perturbar os colegas. Um professor foi ditar-lhe os títulos das redações, e, ao se despedir, desejou-lhe boa sorte, fechando a porta atrás de si.

Ele então releu com atenção os títulos, e depois, com calma, decidiu desenvolver o tema de pedagogia, centrado em um trecho de Quintiliano relativo à importância do "espírito de competição nas crianças nos primeiros anos de escola".

Imaginou que, naquele tema, muitos de seus colegas optariam pela corrente de pensamento na moda naquele período e, sobretudo, às ideias do seu professor, insistindo na importância do espírito de grupo em contraposição ao limitado individualismo, a respeito da eficácia de uma escola que objetiva formar ao invés de informar, que educa para a cooperação e não para a competição, que prepara os alunos para entrar na sociedade, ao invés de exaltar exclusivamente suas capacidades individuais.

Ele decidiu, ao contrário, escrever aquilo que realmente pensava, expor com moderação, mas com determinação, as próprias opiniões em relação ao tema, ditadas pela sinceridade de um coração guiado pelo espírito do bom-senso.

Começou expondo um conceito geral que tanto lhe interessava, relativo à importância fundamental da relação que vincula o educando ao seu educador, uma relação especial e íntima, que, prescindindo das teorias do grafomaníaco John Dewey,[41] do método Montessori,[42] dos princípios da Boschetti Alberti[43], e assim por diante, tem por objetivo individualizar as inclinações naturais de cada um para exaltá-las, encaminhá-las, otimizá-las.

Sob essa ótica, o espírito de competitividade é fundamental, indispensável, já que alimenta a vontade, provoca a fantasia, desenvolve a mente e a criatividade. Com o espírito de competitividade vem à tona uma inquietação, um desejo de vitória absolutamente justo e moralmente incontestável, porque quem luta para vencer dá sempre o melhor de si e transpõe linhas de chegada que se traduzem em vantagens para a comunidade toda. Quem luta para vencer está consciente disso, e seu objetivo não é frustrar os derrotados, mas, sim, muito simplesmente, fazer com que triunfe a própria liberdade de se expressar o melhor possível e se tornar, talvez, um exemplo a ser seguido.

Amós acreditava naquilo que escrevia, e sua exposição vinha-lhe tão fácil, que nem precisou passar a limpo sua redação. Acabou bastante rápido, levantou-se e saiu da sala de aula para pedir que alguém fosse pegar sua prova. Em seguida, já fora da escola, alcançou sua mãe, que o esperava, visivelmente agitada e ansiosa para saber o que ele tinha achado daquela primeira prova.

Realizadas as provas escritas, Amós se concentrou nas matérias que apresentaria para os exames orais. Escolhera fazer filosofia como primeira opção, e esperava que fosse sorteada história como segunda opção. Suas esperanças foram atendidas.

Assim que ouviu seu nome, entrou na sala de aula para os exames orais, tão tenso, que estava com medo de não conseguir se acalmar.

---

41 Filósofo e pedagogo norte-americano (1859–1952) conhecido como um dos fundadores da escola filosófica do Pragmatismo, pioneiro da psicologia funcional e principal representante do movimento da educação progressiva durante a primeira metade do séc. XX. (N. T.)

42 Procura harmonizar a interação de forças corporais e espirituais, corpo, inteligência e vontade. Seus princípios fundamentais são: a atividade, a individualidade e a liberdade da criança. Além disso, enfatiza os aspectos biológicos, já que considera que a vida é desenvolvimento, e, portanto, é função da educação favorecer esse desenvolvimento. (N. T.)

43 Maria Boschetti Alberti (1884–1951), representante ilustre da "escola serena" que se inspirava em um ideal de continuidade entre a escola e a família, valorizando as atividades artísticas e vendo a criança como artista espontâneo. (N. T.)

A música do silêncio

Sentou-se, cerrou os punhos, respirou profundamente e esperou pelas primeiras perguntas.

Começou falando do grande filósofo alemão Immanuel Kant; em seguida, as perguntas foram sobre Marx, e Amós, que tinha feito um trabalho a respeito do livro deste pensador, intitulado *Capital e Trabalho,* para sua professora ao longo do curso, sentiu-se privilegiado pela sorte e respondeu com surpreendente desenvoltura.

Quando fez o exame de história, a banca examinadora ficou impressionada diante da sua cuidadosa e meticulosa preparação, que ia muito além de noções preliminares de um manual. Ettore havia lido, diligentemente, para ele as noções que estavam no livro, mas todo o restante acrescentara por conta própria, lançando mão do seu vasto conhecimento da matéria e das suas experiências de vida, suas lembranças de guerra e de paz. Suas histórias de vida vivida durante o período do fascismo e da Segunda Guerra Mundial tinham apaixonado Amós de tal maneira, que ele passou a gostar de história mais do que qualquer outra matéria.

Ao final dos exames orais, o presidente da banca entregou-lhe as provas escritas, cumprimentado-o pela ótima redação, na qual o professor que havia corrigido não tinha sequer utilizado a caneta vermelha.

Amós saiu exultante daquela sala e daquela escola, para a qual não voltaria mais, e ficou esperando, confiante, pelo resultado dos seus exames finais.

Teve de esperar vários dias, mas, no fim, no mural colocado na entrada da escola estavam expostos os resultados; foi aprovado com o máximo das notas. Muito feliz, telefonou imediatamente para Ettore para compartilhar com ele aquele ótimo momento. Ettore deixou que ele falasse, depois começou a rir, afirmando que tinham sido realmente exagerados na nota:

– Oito... É, oito talvez você merecesse, não mais do que isso.

Mas era claro que ele também estava satisfeito depois de todos os sacrifícios que tinham sido necessários para atingir aquele resultado. Entretanto, não havia tempo para descansar à sombra dos louros alcançados, era preciso olhar para a frente, pensar no futuro, ser realistas. Já na manhã seguinte Ettore estava na casa de Amós às dez em ponto, com sua bicicleta motorizada e sua sacola de náilon com dois livros e um jornal.

– E então, pensou no que vai querer fazer? – perguntou para Amós, sem perder um minuto de tempo.

– O que quer que eu faça! – respondeu-lhe o recém-diplomado. – Vou me matricular no ano complementar[44] e, se tudo der certo, na faculdade de Direito, assim terei todo o tempo para pensar no meu futuro. Além do mais, minha família é de advogados, você sabe, e sinto que todos esperam de mim um diploma universitário em Direito. Eu era ainda uma criança quando começaram a me dizer que me tornaria um advogado, e com o passar do tempo acho que até acreditei nisso. Depois, chegou esse resultado dos exames finais; não tivesse sido assim, quem sabe se eu não teria começado a estudar seriamente um instrumento ou então talvez tentado me formar em piano.

Ettore não fez nenhuma consideração, mas se ofereceu para ir com ele para Pisa ajudá-lo no cumprimento de todas as formalidades burocráticas necessárias para a matrícula. Em poucos dias o assunto foi resolvido sem problemas. Em seguida, para não perder as manhãs dormindo até tarde ou sem fazer nada, Ettore propôs ao seu jovem companheiro darem uma olhada juntos nos jornais, hábito que Amós nunca tivera. Depois de alguns dias, começaram também a leitura de uma das grandes obras-primas da língua italiana, famosa e lida no mundo todo, *O Leopardo*.[45]

Amós gostou muito do romance de Giuseppe Tomasi di Lampedusa, e, no quente calor daquele verão, sentiu nascer em si um interesse novo pela narrativa, que acreditava extinto desde os tempos das leituras do tio Comparini, naquelas tranquilas noites de doce intimidade

---

44 Na Itália, *anno integrativo* era o ano suplementar de estudo com frequência obrigatória para os alunos que se diplomavam em escolas com a duração de quatro anos (magistério e artístico) e que quisessem ter o direito de ingressar nas faculdades universitárias para as quais o diploma conseguido não era suficiente. Seria um tipo de "curso preparatório" ou "cursinho" no Brasil. (N. T.)

45 *Il Gattopardo* (O Leopardo) é o único romance histórico escrito pelo italiano Giuseppe Tomasi di Lampedusa (1896–1957). Trata da decadência da aristocracia siciliana durante o *Risorgimento*. O autor inspirou-se nas histórias de sua antiga família, e em particular na vida de um seu antepassado que viveu nos anos cruciais daquela época. De fato, o título do livro teve origem no brasão da família Tommasi, que é assim referido no romance: "*Nós éramos os leopardos, os leões; esses que nos substituíram são os chacais, as hienas; e todos os leopardos, chacais e ovelhas continuarão a acreditar no sal da terra*". (N. T.)

A música do silêncio

familiar nas quais seu velho tio, com seu amor pela literatura, mantinha inflexivelmente desligada a televisão que, para ele, era um "hóspede que atrapalhava e irritava".

Ettore, agora, lia em voz alta com menos embaraço do que alguns meses antes, mas continuava a ser incansável e pródigo, quando necessário, nos comentários e explicações. Amós escutava-o com um sentimento de tranquilo contentamento; o tempo passava rápido, e quando Ettore ia embora, o jovem sentia um sentimento de vazio e solidão. Depois, repensava nas leituras e lentamente percebia uma espécie de crescimento espiritual, que na prática se manifestava na sua facilidade sempre maior de se expressar e, sobretudo, na quantidade maior de coisas para dizer.

A seguir, Amós aprendeu a amar os clássicos russos, começando por Nikolai Gógol, devorando rapidamente seu famoso romance *Almas Mortas*; depois, apaixonou-se por Fiódor Dostoiévski, tanto que, quando terminou a leitura dos livros *Os Irmãos Karamazov* e, principalmente, *Crime e Castigo*, se sentiu um homem diferente, cheio de um renovado interesse pelo estudo e a leitura em particular.

Mergulhou então avidamente na leitura de Leon Tolstói, e em poucas noitadas terminou o mais célebre de seus romances, *Guerra e Paz*. Falou dele para os amigos com enorme entusiasmo, e ficou muito espantado quando percebeu que nenhum deles o tinha lido inteiro, e, muitos, sequer uma linha.

Nesse meio-tempo, tinha começado a ir ao curso vespertino, pouco desafiador e pouco interessante, que, brincando com os amigos, chamava de uma verdadeira perda de tempo, exatamente como o serviço militar. Mas era o ano complementar que faria com que entrasse na faculdade de Direito. No momento, o curso dava-lhe de presente bastante tempo livre e despreocupado, que dedicava aos amigos e à diversão, além da leitura, e a todas as suas paixões de sempre.

Foi naquele período que, em um sábado, com seu amigo Sérgio, os dois em sua nova moto, foi até a casa de Marica, uma garota da qual já tinha ouvido falar algumas vezes, que Sérgio tinha conhecido na escola, naquele ano. Marica frequentava o instituto profissionalizante, e desejava encontrar trabalho como secretária em uma empresa; pelo menos foi o que Amós entendeu quando se conheceram.

Era uma garota alta e magra, com longos cabelos castanhos que emolduravam um rosto doce e quase perfeito nos traços. Tinha pernas tão compridas de dar inveja a uma modelo. Mas o que mais impressionou Amós, graças também ao que lhe haviam dito Sérgio e outros amigos, foi a voz de Marica, sutil e convincente, calma e muito feminina, como de uma sereia.

Amós ficou com ela todo o tempo que lhe foi possível e, ao ir embora, não se esqueceu de convidá-la para ir à sua casa, onde poderiam escutar um pouco de música. Fez-lhe algumas perguntas sobre música, e, com certa apreensão, constatou que ela sabia bem pouco sobre o assunto, e, pior ainda, demonstrava pouco interesse. Todavia, Marica aceitou o convite sem hesitar, e Amós, voltando para casa, sentia-se agitado, um pouco pelo prazer daquela inesperada gentileza, um pouco pela preocupação de não encontrar, para a ocasião, os assuntos indispensáveis para divertir, surpreender e conquistar sua jovem sereia.

Para Amós, os acontecimentos sentimentais não tinham sido fáceis até aquele momento, por isso estava bastante surpreso que uma garota assim tão cortejada e aparentemente um pouco superficial (concessão esta que, com o coração já perturbado e envolvido emocionalmente, tinha tido de fazer em razão de sua necessidade de objetividade) tivesse aceitado com tanto entusiasmo e desenvoltura seu convite e estivesse de certa forma interessada nele. Todavia, Amós não podia imaginar que Sérgio tivesse sido tão desprendido a ponto de descrever para Marica todos os seus aspectos mais interessantes, e até da sua família, dos bens, dos cavalos, tudo o que provavelmente tinham instigado nela uma certa curiosidade. Ao apertar sua mão, Marica tinha achado Amós gentil, educado e maduro. Olhando para ele com atenção, tinha-o achado até um rapaz bonito, e nem se preocupou com o fato de que não pudesse vê-la. Com certeza seus amigos já lhe teriam falado dela e até a descrito, o que lhe dava uma agradável inquietação.

No seu quartinho, cheio de mil objetos femininos, Marica procurava imaginar o quarto de Amós e o salão que Sérgio tinha descrito com riqueza de detalhes, os confortáveis sofás nos quais o anfitrião a faria sentar e pegaria na sua mão...

A música do silêncio

Passaram-se poucos dias, e Marica cumpriu sua promessa. Quando Amós foi abrir a porta, ficou realmente surpreso em encontrá-la ali, nem um pouco encabulada, e, em pouco tempo, Amós também se sentiu à vontade. Levou-a para a cozinha e a apresentou para Delfina, a senhora, de quem ele muito gostava, que ficara no lugar de Oriana, que tinha se casado, e agora ajudava a família Bardi nos afazeres da casa.

Por fim, convidou Marica para ir com ele ao salão, fez com que se sentasse, colocou um disco de músicas italianas fáceis de escutar, foi se sentar ao lado dela, e assim ficaram por quase toda a tarde.

Quando saíram do salão, já tinham doces segredos, o desgosto de terem de se separar e o desejo de se verem novamente o mais rápido possível.

Em pouco tempo, Marica se transformou na namorada de Amós, e, sendo de fato a primeira que ele assim apresentava aos amigos, foi recebida com muita simpatia e gentilezas. Com efeito, todos gostavam de ver Amós com uma companheira nas festas e nas mais variadas ocasiões de encontro, nas quais, até aquele momento, tinha ido sempre sozinho, provocando às vezes certo embaraço.

No começo do verão, quando Amós passou nos exames de final de curso, apenas uma formalidade, os dois ainda estavam juntos. Já se tinham passado alguns meses, e aquele laço começava a ficar importante; ambos deviam àquela história de amor muitas das experiências mais ternas e, de certo modo, mais enganosas que a vida concede.

Passaram juntos o verão inteiro. Viam-se todos os dias em plena liberdade, e Amós viveu aquela paixão com o ardor da sua personalidade impulsiva e impetuosa. Não se cansava nunca de ter Marica nos braços, e ela gostava de se sentir objeto de tanto desejo. Amavam-se, ou talvez fosse mais certo dizer que se desejavam, e não colocavam freio àquela recíproca atração.

Em novembro, observando sua programação, tinha se matriculado na faculdade de Direito, e começou a frequentar as aulas junto com Eugênio, seu antigo colega de escola. Os dois tinham decidido começar a aventura universitária preparando logo o mais difícil dos seis exames do primeiro ano, ou seja, Direito privado, e o bom Ettore teve de explicar e reforçar a Amós as noções básicas, os elementos de um contrato, títulos de crédito, sucessão.

O famoso *Manual* de Rescigno,[46] e logo depois o de Torrente,[47] pareciam a Amós intermináveis e impossíveis de ser estudados de modo assim escrupuloso para não correr riscos durante o colóquio oral.

Em todo aquele período, teve momentos de grande abatimento, mas Ettore estava sempre ali, pronto para consolá-lo, convencê-lo de que não é tanto a memória que salva nesses casos, mas, sim, a capacidade de argumentar sobre os conceitos.

– O que conta – dizia ele – é entender a *lógica,* que guiou a mente do legislador; a memória trai se não for confirmada pela razão. E, depois – continuou, agora rindo –, *"ignorantia iuris neminem excusat",* e se a ninguém é permitido ignorar as leis, muito menos é para você, que está fazendo faculdade de Direito – falava assim, em tom afavelmente irônico, e depois voltava ao tom sério: – Você não vai tirar notas altas, como aqueles que sabem tudo de cor e provavelmente não entenderam nada do que foi exposto, mas, que importância isso tem? O que conta é entender e ir em frente.

Durante as pausas, Amós conversava sobre suas leituras com Ettore, que então começou a lhe falar sobre a narrativa francesa dos séculos XVIII e XIX. Assim, depois de ter passado sem desonra nem louvores[48] o primeiro exame importante, Amós aprendeu a conhecer e amar os autores franceses, começando por Gustave Flaubert, e continuando com Guy de Maupassant, para depois enfrentar Zola, François Mauriac, Honoré de Balzac, Jean-Paul Sartre e muitos outros.

Lia e discutia com Ettore suas impressões, perguntava sobre outras obras e, livro após livro, apaixonava-se cada vez mais pela literatura e se interessava cada vez menos pelos estudos do Direito que tinha começado e ia levando sem firmeza nem muito entusiasmo.

Por meio dos romances, Amós achava poder penetrar melhor e mais profundamente no sentido da vida; ao contrário, nos estudos jurídicos, não conseguia projetar a mente para além dos aspectos,

---

46 RESCIGNO, Pietro. *Manuale del Diritto Privato Italiano.* Nápoles, Jovene. (N. T.)

47 TORRENTE, Andrea. *Manuale del Diritto Privato.* Milão: Giuffrè. (N. T.)

48 O autor reproduz as palavras com que Virgílio explica a Dante a condição das almas que viveram *sanza 'nfamia e sanza lodo,* no verso 36 do canto III do *Inferno.* (N. R. T.)

A música do silêncio

dos conteúdos puramente teóricos, e assim não conseguia tirar-lhes o sumo, o sentido prático.

Mesmo assim, fez sem muito esforço os exames de Economia Política, Direito Romano, Direito Público e Direito Civil. Com um pouco mais de boa vontade, preparou o exame de Filosofia do Direito, que passou com a nota mais alta, e que lhe pareceu estimulante, vivo, em relação aos anteriores, e rico de conteúdos úteis para um intelecto que quisesse progredir e alargar os próprios horizontes. Por isso, decidiu trabalhar com aquela matéria quando, dali a pouco, chegasse o momento de fazer o Trabalho de Conclusão de Curso (TCC).

Até o final do primeiro ano, Amós tinha terminado os exames, enquanto Marica tinha se diplomado e encontrado trabalho como secretária em uma fábrica de móveis. Pela primeira vez na vida, Amós soube o que era ciúme, que não ousava confessar nem a si mesmo; entendia que não podia, claro, impedir que Marica trabalhasse, mas sofria, pensando nos homens que se aproximariam dela, a bajulariam e a paquerariam. Ela poderia quiçá se deixar levar, e esta ideia Amós, realmente, não suportava.

Adivinhando facilmente suas novas preocupações, Ettore ria dele.

– Mas, então, você é um homem antigo! – dizia-lhe e, ao mesmo tempo, procurava tranquilizá-lo: – Arranja uma garota que chama a atenção e quer que os outros não a vejam! E, depois, você não age como os outros quando vê uma bela garota, que já está comprometida?

Amós não dizia nada, mas todo seu ser, cego de ciúmes, rebelava--se contra aquela realidade.

Um sábado, à tarde, achou Marica diferente; tinham decidido dar uma volta ao longo do rio, e ela estava quieta e séria, ou talvez até triste. De repente, ele parou de protelar e lhe pediu explicações. Depois de certa resistência e incerteza, a garota admitiu que um acontecimento do dia anterior a perturbara:

– Eu estava na minha sala e, pouco antes da saída, entrou meu chefe. Sentou-se na minha frente, falou de algumas questões administrativas sem importância, depois, de repente, me convidou para jantar. Como fiquei muda, e não sei o que ele pensou, depois de alguns instantes acrescentou que pretendia me falar de trabalho e me fazer propostas muito interessantes. Eu, imediatamente, disse que meus pais me esperavam em casa e não me deixariam voltar tarde. Então, ele se ofereceu para ligar aos meus pais e falar com eles. Fiquei muito sem graça, e, por fim, disse que poderíamos beber alguma coisa no bar da frente, no final do expediente. Ele olhou para o relógio, e me disse gentilmente que podia considerar meu trabalho terminado naquele dia, e que podíamos ir ao bar juntos naquele instante. No bar, ocupamos uma mesa e pedimos algo para beber. Resumindo, depois de alguns elogios sobre minhas boas qualidades de funcionária na sua primeira experiência, foi logo ao assunto e disse que tinha se apaixonado por mim desde o primeiro dia, e que se eu ficasse com ele, já pensava em transformar sua empresa em uma sociedade da qual seríamos os únicos sócios...

Amós sentiu um calor subir pelo seu corpo. "Pobre até no estilo", pensou consigo mesmo, mas não disse nada.

— E agora, o que você está pensando em fazer? – perguntou bruscamente à namorada.

— Eu queria falar com você, pedir-lhe um conselho, saber o que você faria no meu lugar.

Amós respondeu com firmeza:

— Há pouca coisa a ser feita! Aliás, há somente uma coisa para ser feita. Ir para o trabalho na segunda-feira de manhã e pedir demissão.

— É, pensei nisso na hora, mas é uma pena, pois é meu primeiro trabalho, estava tudo bem, e ganho bem também...

Mas parou de falar e começou a chorar.

Amós a abraçou, apertando-a forte, e procurou consolá-la, porém, sem mudar de opinião; ela deveria deixar aquele lugar sem arrependimentos. Com certeza encontraria outro trabalho melhor do que aquele.

— Quem tem boa vontade encontra sempre algum trabalho bom e honesto, e a você vontade não falta, meu amor, por que ficar tão desesperada assim?

Marica ainda quis se opor, de leve, mas, no final, enxugou o rosto e prometeu para Amós que faria como tinha sugerido. Em seguida, andando rápido, voltaram para a casa dele, de onde Marica saiu somente quando teve certeza de deixar o namorado calmo e tranquilo. Voltando para casa, no seu carro, a garota sentia muito ter de se

A música do silêncio

demitir. No fundo, a possibilidade de ter uma empresa, administrá-la, tinha, efetivamente, aguçado sua imaginação, e lisonjeado sua vaidade de jovem mulher, ingênua e sonhadora. Todavia, seu amor por Amós ainda era forte, sem contar que um casamento com ele seria bem vantajoso...

Aquele acontecimento, porém, marcou Amós. A história de Marica tinha acabado com sua segurança, e assim começou a fazer aquilo que é mais prejudicial e perigoso em relação à própria companheira, ou seja, passou a perguntar sobre sua vida particular, sobre o seu dia quando não tinham se visto, sobre as pessoas que tinha encontrado, sobre o comportamento delas, e tudo isso era odioso e insuportável para Marica.

Depois do bom resultado do exame de Direito Comercial, Amós decidiu, junto com um colega de estudo, tirar umas rápidas férias e ir para Lido di Camaiore, no apartamento de seus pais. Assim, despediu-se de todos e foi para a praia, onde ficou até os primeiros dias da semana seguinte.

Quando voltou para casa, teve uma surpresa desagradável. Durante o final de semana, Marica tinha conhecido um rapaz que a convidou para dançar. Ela aceitou, já que o namorado tinha saído de férias e a deixado sozinha. Agora, ela estava apaixonada por ele, e não queria continuar com Amós, que ficou sabendo da nova situação sem dar escândalos. Na verdade, sofreu muito com aquele abandono, e por um bom tempo não conseguiu se tranquilizar.

XXI

mós viveu aquele período como um dos mais tristes da sua vida. Estava quieto e hipocondríaco, saía pouco com os amigos e, quando acontecia, só falava da sua namorada, da esperança de reconquistá-la, entediando-os com as mesmas conversas de sempre.

Tinha se acostumado com a companhia de Marica, sua presença lhe era familiar, e ficava bem à vontade com ela. Sempre ao seu lado, ajudava-o com uma naturalidade que superava a dos seus colegas e amigos. Além do mais, os estudos não o satisfaziam completamente, e até com a música vivia um momento de crise, de conflito, originado, provavelmente, alguns anos antes, no período de crescimento. Sua voz tinha se transformado rapidamente, impedindo-o até de cantar por alguns meses. Tentara recuperar o uso do próprio instrumento vocal, mas convencera-se de que teria de dar adeus à ópera, conformando-se em cantarolar canções da moda, ou as criações quase sempre autobiográficas do seu amigo Adriano. Acreditava ter perdido, quase que completamente, aquilo que mais do que tudo o distinguia dos outros, sua melhor qualidade: a voz. Para complicar a situação, houve uma piora da sua condição alérgica, que o atacava sobretudo na primavera, mas também em outros períodos do ano, e sempre na presença de poeira, quando começava a espirrar e a lacrimejar, uma coceira insuportável o atacava e nada conseguia melhorar os sintomas.

Submeteu-se então a uma série de exames, cujo diagnóstico foi alergia a várias substâncias, dentre elas as gramíneas, pelo de gato e diversos tipos de pólen. O médico sugeriu-lhe ficar longe dos cavalos, para não ter contato com o feno. Por isso, Amós teria de renunciar também a sua grande paixão, os cavalos, dos quais gostava tanto e aos quais dedicava tanto tempo e energia, e que também lhe permitiam ter aquele estilo de vida um pouco selvagem e viril de que fazia tanta questão.

Todos esses fatos tinham acontecido aos poucos, mas se somado, dolorosamente, uns aos outros no ânimo de Amós, trazendo-lhe sofrimento e, sobretudo, desorientação. A vida já tinha feito com que se acostumasse com as dificuldades e as renúncias. Seria talvez aquele o seu destino?

Às vezes, sentia-se triste e desencorajado, vencido e submisso, inerte, desiludido, negligenciado, mas bastava pouco para reerguê-lo; uma palavra, um aceno, uma ideia, e seu otimismo, sua exuberância logo lhe levantavam a cabeça e o animavam; mudava de humor, e passava a pensar que a vida é um mistério maravilhoso, que mais cedo ou mais tarde recompensa quem a ama com todas as suas forças. Reagia, então, de modo impetuoso, impondo-se objetivos, e não sossegava até que não os tivesse alcançado.

Duas das suas maiores paixões, o canto e os cavalos, pareciam lhe ter sido proibidos, e isto era demais, realmente demais, mas disse a si mesmo que não podia nem devia se render sem se rebelar, mas tentar todo o possível.

No seu diário, encontramos pensamentos, ou melhor, devaneios, que ajudam a entender seu estado de ânimo daqueles dias: "Pelo menos eu tinha sonhos, que guardava no fundo do meu coração, e até eles se estraçalharam contra a barreira da realidade, em mil pedaços, mas me abaixei e recolhi todos, e agora, com muita paciência, vou juntá-los. Vou lhes devolver seu antigo esplendor e neles colocarei asas, para que possam aprender a voar e aos poucos subir ao céu,

A música do silêncio

até, quem sabe, ultrapassar aquela barreira e se encontrar do outro lado, naquele lugar em que os sonhos se realizam, transformando-se primeiro em ideias, depois em projetos, para, finalmente, se tornarem fatos concretos".

Assim, com a ajuda de remédios e de algum outro paliativo, Amós continuou a andar a cavalo; aliás, intensificou aquela atividade com obstinação e dedicação quase doentias; voltou a estudar piano e começou a se interessar por algumas aplicações da eletrônica no campo da música. Então, comprou sua primeira bateria eletrônica e decidiu procurar um piano-bar que o empregasse como pianista. Desse jeito, passaria melhor o tempo, entre um exame e outro, ganharia seu primeiro salário, teria numerosas oportunidades de ter companhia e, sobretudo, não abandonaria a música, ou melhor, não se sentiria abandonado nem traído por ela. Eram realmente muitas vantagens de uma só vez.

Logo depois, apareceu sua primeira ocasião; o Bocaccio Club o chamou para substituir o pianista que em geral tocava naquele lugar e tivera de se ausentar por alguns dias. Rapidamente Amós decorou algumas músicas e pontualmente se apresentou aos proprietários para iniciar a primeira experiência de trabalho.

Percebeu logo que a coisa o divertia muito. Tocava tranquilamente, enquanto os presentes bebiam, conversavam, e poucos, pouquíssimos, se preocupavam em ouvi-lo e, sobretudo, em julgá-lo... Podia tocar e cantar aquilo que quisesse, e raras vezes lhe pediam alguma música particular. De vez em quando, algumas jovens se davam conta dele, aproximavam-se do piano e começavam a falar com ele, manifestando um pouco de interesse, de curiosidade pelo que fazia, ou, talvez, também, pelo que era, coisa que, obviamente, lisonjeava o jovem pianista, que timidamente as estudava enquanto apoiavam o copo no piano e, para mostrar atitude, acendiam imediatamente um cigarro. A fumaça o incomodava um pouco, mas aguentava por educação, e com prazer quando as achava simpáticas e atraentes.

Seu trabalho terminava no começo da madrugada, quando Amós se levantava do banquinho com os pulsos doendo e as costas doloridas, mas feliz e satisfeito. Não tinha sono, então, ia com algum amigo no restaurante do bar e pedia algo para comer, vinho e um café para terminar. Às vezes, ia para uma salinha adjacente ao restaurante, onde os proprietários com amigos e clientes frequentemente organizavam mesas de jogo, e, para aproveitar a atmosfera daquele espetáculo, a seu ver realmente absurdo, apostava alguma ficha e voltava para casa com o sol a pino. Dormia duas ou três horas, e Ettore chegava para a leitura e o estudo desse ou daquele livro. Muito cansado, Amós, então, jurava a si mesmo que voltaria mais cedo para casa, para não sentir aquele sono insuportável, mas, depois do trabalho, o sono passava, e ele mudava de novo de ideia, e assim foi por alguns anos, até o dia da sua formatura.

Podia dormir somente aos domingos, e não perdia a chance de ficar na cama até o começo da tarde, ignorando o almoço. Quando finalmente decidia se levantar, ia ao sítio ver seus animais. Se o tempo estivesse bom, selava sua égua e ia pelo campo afora.

Durante um desses passeios, enquanto se aproximava do velho moinho, ouviu uma voz que o chamava. Puxou devagar as rédeas, recuando o corpo; a égua parou e, imóvel sobre as quatro patas, levantou as orelhas e colocou-se a escutar, assim como fez seu cavaleiro. A mesma vozinha chegou até ele mais uma vez, e, desta vez, no silêncio do campo, distinguiu claramente um timbre feminino, ou melhor, um timbre angelical de menina que o chamava.

Amós voltou alguns metros. A jovem foi ao seu encontro, e logo estava ao seu lado.

– Meu nome é Gaia, moro aqui, mas você não me conhece porque a gente nunca se falou. Chamei você porque sou louca por cavalos, e queria experimentar... – calou-se e sorriu.

Amós pulou no chão imediatamente, deu a mão para Gaia e lhe perguntou se gostaria de subir com ele. A garota, que lhe pareceu muito jovem, logo respondeu que sim e sorriu, toda contente.

– Me espere aqui – disse Amós –, vou tirar a sela e já volto. É rápido.

E foi com o cavalo em disparada, feliz de poder mostrar toda sua habilidade de cavaleiro experiente.

Em menos de um quarto de hora já tinha voltado, e Gaia estava lá, esperando por ele.

A música do silêncio

Sem descer do cavalo, Amós foi um pouco mais para trás. Seguindo à risca as instruções do seu cavaleiro, a ágil garota agarrou a crina, deu um salto e conseguiu subir, apoiando-se com a barriga no pescoço do animal. Amós, em seguida, ajudou-a a se firmar na cernelha da égua, que esperava as ordens, conformada e imóvel.

Amós bateu com os calcanhares delicadamente, e ela se moveu lentamente, como se estivesse com medo de perder sua carga.

Passaram ao lado do velho moinho e entraram em um caminho que, contornando o bosque, levava a um casebre desabitado, de propriedade da família Bardi. Amós cavalgava com segurança, mas aquele corpo feminino esbelto que tinha nos braços, aqueles cabelos soltos que roçavam seu rosto, aquela voz alegre começaram a perturbá-lo.

Um sentimento de ternura invadiu seu coração, e ao mesmo tempo sentiu um calor que em poucos minutos se tornou fogo, um fogo dos sentidos que, ardendo, abatia sua vontade e confundia sua mente.

Quando chegaram ao casebre, doido de desejo, Amós propôs a sua companheira descer um pouco para que a égua pudesse descansar.

Desceram, e ele, seguro de si, pegou do bolso da sua capa uma corda com mosquetão, tirou os arreios do animal, prendeu o mosquetão no anel central do cabresto, e com a outra extremidade rapidamente amarrou a corda a uma argola metálica, chumbada no muro da fachada com um verdadeiro nó de marinheiro, convidando, em seguida, Gaia a ir com ele, por uma escada externa, ao primeiro andar, e depois para um quarto completamente vazio daquela casa de fazenda abandonada.

Gaia foi atrás dele sem dizer nada, não parecia encabulada. Amós tirou a capa, estendeu-a no chão, sentou-se nela e convidou a jovem para se acomodar ao seu lado.

Começaram a falar de cavalos, e, depois, de tudo um pouco. Amós acariciava seus cabelos e, às vezes, com as costas da mão, roçava suas faces vermelhas e quentes. Pegava a mão dela e apertava na sua, até que abraçou a garota e, decidido, puxou-a para si e a beijou.

Quando Amós voltou à realidade, não estava em condições de saber quanto tempo tinha se passado. Veio à sua cabeça que tinha confiado a égua à resistência de uma velha corda. Deu um pulo, recompôs-se como pôde e, desculpando-se de forma confusa, correu escada abaixo, em direção à argola, encontrando-a logo ali, no canto, onde pendia há dezenas de anos, e encontrou a sua corda. Mas a égua não estava mais lá.

Sentiu-se aterrorizado. Tê-la abandonado daquele jeito tinha sido, realmente, um ato irresponsável, pois podia ter atravessado a estrada, ter sido atropelada ou derrubado algum motociclista. O mosquetão estava intacto ainda, portanto, com um puxão, o animal devia ter partido o anel do cabresto e, mesmo se a tivesse encontrado, teria sido difícil pegá-la e colocar-lhe o freio.

– Zara! Zara! – começou a chamar por ela, desesperado, mesmo sabendo que, não se tratando de um cão obediente, nunca viria até ele.

Amós sabia muito bem que os cavalos assustados galopam descontroladamente em direção ao estábulo, onde esperam encontrar sua porção de aveia e o merecido descanso.

Juntou as mãos e pediu ao bom Deus, completamente esquecido até aquele momento. Depois, chamou Gaia, que o alcançou rapidamente, com a alegria e falta de atenção dos seus quinze anos, um comportamento que provocou nele certa irritação.

– É preciso correr para casa! – disse-lhe, pegando sua mão, puxando para que acompanhasse na corrida.

No velho moinho, Amós, já sem forças, parou e chamou pelos proprietários, que moravam ali em frente e tinham transformado o moinho em uma granja de frangos. Da porta principal, a mulher saiu toda ofegante, dizendo-lhe que tinha visto sua égua passar por ali a galope.

– Mas alguma coisa deve ter passado na sua frente na estrada, uma cobra, talvez, quem sabe. O fato é que parou bruscamente e depois, como se estivesse aterrorizada, voltou e entrou no campo, aqui atrás da casa. Meu marido tentou pegá-la, mas, assim que se aproximava, ela escapava, e, ainda por cima, está com o cabresto quebrado. Esperemos que ainda esteja lá.

"Vamos esperar realmente", pensou Amós, e correu com Gaia em direção ao campo que a mulher lhe tinha indicado.

A música do silêncio

Zara não estava mais lá, mas Amós a encontrou ali perto, na entrada da granja, comendo tranquilamente de um balde cheio de cereais, provavelmente destinado às galinhas.

Amós agradeceu ao céu. Cuidadosamente se aproximou do balde, Zara levantou a cabeça e olhou para ele, indecisa se fugia ou ficava, mas voltou a comer. Assim, Amós pôde, finalmente, abraçar seu pescoço com os dois braços e, em seguida, com movimentos lentos e calmos, conseguiu passar as rédeas na sua cabeça. Em seguida, com um pouco de dificuldade, colocou-lhe o freio e só então se sentiu seguro.

À noite, no jantar, Amós contou aos pais as últimas novidades do dia. Sabia muito bem que aquela aventura provocaria a desaprovação geral, pelos riscos sem justificativa que tinha corrido, abandonando a égua presa a uma argola, mas também, e, principalmente, por ter cavalgado sem sela com uma garota, porque podiam cair, se machucar, isto, sem pensar depois nos mexericos das pessoas que tinham visto os dois indo para a Casa do Bosque, um lugar tão isolado, e, ainda por cima, algum curioso podia tê-los seguido, espiado e contado tudo para o pai de Gaia...

Seus pais não paravam de lhe passar um sermão nem de deixar claro seu desapontamento, mas Amós estava contente de ter colocado tudo para fora, porque uma personalidade extrovertida como a sua não consegue guardar este tipo de segredo.

E, depois, aquela parecia uma ótima ocasião para falar de Gaia, que já estava no seu coração, e de qualquer modo aliviava a dor causada pelo vazio deixado por Marica.

Assim, no dia seguinte, como se nada lhe tivesse sido dito, selou mais uma vez Zara e, sem hesitar, foi direto para a casa de Gaia.

Como se tivessem marcado, ela estava lá, esperando por ele, com a ingenuidade de uma jovem que, não sendo ainda mulher, desconhece as segundas intenções em amor e a malícia de uma jovem que já deixou para trás, definitivamente, qualquer sinal da infância.

— Tinha certeza que você viria! – disse ela, sorrindo.

— Se você não gostou, posso ir embora imediatamente! – respondeu Amós, fingindo estar ofendido.

— Se não tivesse gostado, não estaria aqui te esperando!

163

– Mas é só porque você gosta de cavalos! – continuou Amós, divertido e satisfeito.

– Não! – a menina respondeu abruptamente.

Amós ficou positivamente impressionado com aquela inesperada rapidez de espírito.

– Então tá. Hoje, nada de cavalgadas. Eu volto, tiro a sela da Zara e espero você lá. Se quiser – disse ele, e impulsionou a égua a galope para casa.

Gaia foi atrás dele com a motoneta, ajudou-o a guardar os arreios e a enxugar o suor de Zara com o rodinho de metal, e, por fim, quis levá-la até a baia e lhe dar uma boa porção de aveia. Só depois disso se sentiu satisfeita e, toda sorridente, com os braços soltos, foi até Amós, parando na sua frente. Ele a puxou para si e a apertou nos braços, com uma felicidade repentina.

Em seguida, soltou-se dela, deu uns passos em direção ao poço, com jeito de quem está pensando algo ou tendo alguma dúvida que quer esclarecer. "Por que tanta alegria sem motivo?". Sentou-se no murinho de pedra do poço, e Gaia, que logo se sentou ao seu lado, deu-lhe uma solução convincente. "Eu não nasci para ficar sozinho", pensou, "e como é tudo mais fácil e prazeroso em dois!".

Entendido isso, sentiu-se invadido por um sentimento de apaziguamento e bem-estar.

Gaia era, com certeza, diferente das suas colegas de classe, das garotas da cidade, com as quais convivia na escola e nas festas. Gaia se vestia, comportava-se e se exprimia de um jeito diferente do delas, e ele mesmo se sentia distante do seu jeito de ser. Todavia, sua espontaneidade, sua naturalidade desnorteadora, aquele frescor juvenil, aquela índole às vezes calma e às vezes impulsiva, mas sempre generosa e decidida, tornavam sua companhia não somente agradável, mas também rica de surpresas muito agradáveis. Mesmo indo à escola na cidade, Gaia permanecera sempre a mesma; nela não havia nenhum sinal das convenções, das modas da cidade, nenhuma tentativa, desajeitada ou bem-sucedida que fosse, de assimilação gestual ou lexical, nada disso. Ela era como uma flor do campo, um cão vira-lata, um pássaro a voar, um ser livre e indômito, mais idônea a viver na natureza do que obrigada às prescrições do conformismo e da modernidade.

A música do silêncio

Por isso amava os cavalos e os tratava como companheiros de viagem, falava com eles com a linguagem silenciosa do corpo e do instinto, por isso tinha se sentido atraída por Amós e o amara sem lhe pedir nada nem a si mesma, por isso se sentia livre de qualquer vínculo convencional.

Amós aprendeu a conhecê-la rapidamente, e logo a alegrar-se com o que ela, melhor do qualquer outra, sabia lhe dar, mas, ao mesmo tempo, sofreu muito por causa da sua incapacidade de impor sua personalidade à dela. Fez de tudo na tentativa de submetê-la à ideia de pertencer a ele, de se sentir inteira e unicamente sua, mas não teve êxito. Gaia ia encontrá-lo todos os dias, e ia embora como se aquele encontro pudesse ser o último. Amós não tinha certezas. Idealizava uma mulher apaixonada, ciumenta e fiel, morbidamente ligada a ele, como Floria Tosca,[49] mas, ao contrário, sentia que tinha ao seu lado uma criatura livre, jovem, despreocupada e rebelde, como Carmen.[50] Tentou se impor de todas as maneiras, por bem e por mal, mas não obteve sucesso.

Um dia, pela primeira vez, não a viu. Gaia faltara ao encontro da tarde deles. No dia seguinte, passou para cumprimentá-lo, mas não ficou muito, e foi embora depressa.

Depois, Amós não a viu por alguns meses, nem procurou se aproximar dela, pois soube por Sérgio, seu fiel colega de escola, que ela já estava saindo com outro rapaz da cidade, que andavam juntos na moto dele e voltavam somente na hora do jantar.

Amós, portanto, viu-se novamente sozinho, ou seja, sem uma amiga com a qual passar o tempo livre e ficar junto.

---

49 Personagem de *Tosca*, célebre ópera de Giacomo Puccini (1858–1924), Floria Tosca, famosa cantora lírica, apaixonada pelo pintor Mário Cavaradossi, e muito ciumenta, vive com ele um intenso amor até que o barão Scarpia, chefe da polícia política romana se apaixona por ela. Mário é preso e torturado, mas Scarpia faz um acordo com Tosca e lhe diz que a morte de Mário pode ser uma simulação se ela se entregar a ele. Tosca finge concordar, mas, no segundo ato, no *Palazzo Farnese*, apunhala e mata Scarpia. Então, vai ao lugar da simulação ver Mário, mas os soldados, cumprindo outra ordem do barão Scarpia, fuzilam o pintor na frente de Tosca. Ela, pensando que se tratasse apenas de uma simulação, chama por Mário, mas ele não responde. Vendo que seu amado estava morto, Tosca corre até as muralhas do castelo dando seu último grito antes de se jogar: "*O Scarpia, avanti a Dio!*", e assim, com seu suicídio, termina a ópera. (N. T.)

50 Personagem da ópera *Carmen*, clássico drama de amor e ódio vividos na Sevilha do séc. XIX, do compositor francês Georges Bizet (1838–1875). Carmen é uma cigana desprovida de qualquer moral, sem remorso ou piedade, que enfeitiçava e levava os homens à perdição. (N. T.)

Seus amigos tinham namorada, e não podiam, obviamente, ficar com ele todos os finais de semana e feriados. Então, debruçou-se sobre os livros em busca de bons resultados, pelo menos nos estudos. Não encontrava, porém, concentração, e nem a alegria de Ettore o animava.

Não sem dificuldades conseguiu, de todo modo, passar em provas bem difíceis, como, por exemplo, em Processo Civil, Direito Constitucional e, principalmente, Direito Comercial, depois de perder muito tempo para entender os conceitos de ativo e passivo em orçamento, acumulação e redesconto, e assim por diante. Foi realmente necessária toda a paciência do bom Ettore, para quem esyas matérias pareciam muito claras, para fazê-lo entender!

Aliás, Ettore não conseguia entender de jeito nenhum que dificuldades poderia ter Amós, e ficava tão estupefato e desarmado diante daquelas inexplicáveis contorções da mente do seu jovem estudante, que um dia o surpreendeu com uma sua velha teoria.

– Existem cérebros capazes de se autossugestionar a tal ponto, que conseguem achar difíceis as coisas mais simples desse mundo! Você está se preparando para um exame universitário, e fica imaginando que isto implique sabe-se lá quais complicadíssimos conceitos, enquanto um ajudante qualquer de um estabelecimento comercial, com poucos anos de estudo, consegue perceber o que, no orçamento, deve ir para o ativo e o que deve ir para o passivo.

Em todo caso, Amós conseguiu vencer aquele obstáculo, preparou-se, e fez outros exames e, nesse ínterim, reviu Marica. Dela mesma soube que estava novamente livre, e então a convidou para ir a sua casa, como no primeiro encontro. Como daquela vez, Marica aceitou, e os dois jovens voltaram a namorar, para a felicidade de Amós, que ainda estava apaixonado por ela e a desejava mais do que tudo no mundo, ou pelo menos assim se deseja e se ama tudo aquilo que se perde ou que não se tem.

Como se nada tivesse acontecido entre eles, começaram novamente a se ver quase todos os dias, o que afastou Amós dos seus estudos, justamente quando se preparava para fazer um dos exames mais importantes e difíceis, de Direito Penal. Seria o penúltimo antes de se formar, e se o resultado fosse bom, como sempre até então,

A música do silêncio

prepararia mais que depressa o exame de Processo Penal, e depois se concentraria no Trabalho de Conclusão de Curso. Mas, agora, Marica chegava para complicar as coisas, já que ele não conseguia se esquecer dela nem durante as horas de estudo.

Para uma das sessões de exame[51] decidiu tentar de qualquer modo, apresentando-se, portanto, para a banca examinadora com o temor e a confiança de sempre, mas, naquela manhã, as coisas não deram certo. Depois de somente duas perguntas, a que Amós respondeu deixando lacunas, o professor o convidou, gentilmente, a voltar em outro momento mais bem preparado. Incrédulo, Amós se levantou da cadeira. Era a primeira vez que o mandavam embora sem uma nota na sua caderneta de identificação e notas.[52] Sentiu-se muito humilhado e desencorajado.

Assim que chegou em casa, telefonou a Ettore para lhe contar o que tinha acontecido e saber sua opinião. Ettore não pareceu nem um pouco preocupado, e calmamente disse que iria até a sua casa na hora de sempre e começariam a estudar para a próxima data de exames. Sentiu-se um pouco mais tranquilo. Foi para seu escritório e começou a refletir consigo mesmo.

Uma espécie de autocompaixão tomou conta do seu coração, mas logo em seguida deu lugar à autoironia, tanto que, repensando no seu exame, de como tinha sido, não conseguiu segurar uma risada quase histérica. Então, pegou imediatamente sua máquina de escrever, uma folha e, quase que de uma só vez, escreveu versos no dialeto pisano. Achando a coisa divertida, deu tudo de si e terminou rapidamente a história da sua triste experiência universitária daquela manhã.

Quando achou que tinha terminado, releu seus versos com certa satisfação. Aqui está como contou o episódio em versos irônicos:

---

51 Os estudantes universitários na Itália têm de superar um certo número de exames orais, em sua grande maioria. Somente após terem sido aprovados é que podem apresentar e defender o trabalho final, ou *tesina*. (N. R. T.)

52 Trata-se do *libretto universitario*, na Itália, no qual constam, além da identificação como aluno de determinada faculdade, as notas dos exames de cada disciplina, seguidas da assinatura do professor que as aplica. No Brasil, os estudantes universitários têm as notas finais das disciplinas frequentadas inseridas em seu Histórico Escolar. (N. T.)

Andrea Bocelli

Meu exame de Direito Penal

Nossa Senhora, estou desesperado,
também nesta noite, sabe, fiquei acordado,
sempre com o pensamento fixo naquele exame,
chato, pegajoso como o piche.
Você não sabe ainda como foi,
estou mal até que não conte para você.
Eu sei que com certeza não acredita em mim,
eu sei que enquanto estou conversando, ri de mim,
mas, se você tivesse estado no meu lugar,
saberia como me senti.

Uma manhã eu disse: "Vou tentar,
quero para o exame novo estudar".
Vou comprar o livro: mas ... um calhamaço,
que logo vi era muito;
assim que comecei, depois de um pouco,
juro que teria posto fogo,
e me bastou a primeira página
para dizer: "Eu aqui vou ficar louco!"
Um monte de discursos, de problemas,
"mas aqui", disse, "dá para ficar doido!"
E depois, certos assuntos, coisas estranhas,
de ladrões, de assassinos, de piranhas!...

Em todo caso, como Deus quis, cheguei ao fundo
entre todas as misérias deste mundo,
e um dia decidi e disse: "Carrasco,
estes assuntos me deram no casco",
e fui fazer a prova. Aquele enjoado
em pouco tempo me fez ficar de porre:
quis saber os reatos de omissão,
no dolo, como se apura a intenção,
as causas de extinção da pena...
E lhe digo comecei a sentir as costas.

A música do silêncio

Queria dizer a ele: "Não sou um delinquente!
Destas coisas não entendi nada!"
Mas ele não me deu tempo. Disse: "Volta..."
Faltou pouco para mandá-lo pra aquele lugar,
mas é melhor, pensei, fazer as coisas com cautela,
se não, me faz fazê-lo sete ou oito vezes!
E agora, como eu disse, voltei,
e preciso voltar bonzinho, bonzinho!
E então, quer saber a minha moral,
boa pra quem vai pra escola no geral?
Ao invés de estar aqui na universidade,
melhor uma bomba costal e ir sulfatar!

"Que bobagem!", pensou Amós. Mas para algo tinham servido aqueles versos, porque agora se sentia mais tranquilo, e talvez até mais disposto a retomar os estudos para aquele exame que era um dos mais interessantes. Até porque, na vida também é preciso saber perder. "Perder com dignidade é mais difícil do que vencer com humildade", pensou, e procurou imediatamente suas anotações para recomeçar a estudar. Depois de um mês, mais ou menos, passou no exame e, tomado por um desejo de terminar os estudos, debruçou-se sobre o livro de Processo Penal. Era o último exame, e ele quase não podia crer. A matéria apresentava dificuldades que dependiam basicamente de memorização, portanto, Amós acabou de se preparar rapidamente e se apresentou bastante tranquilo à banca.

Depois de poucas perguntas, que respondeu com suficiente precisão, o professor lhe pediu a caderneta para colocar a nota, despedindo-se com um leve sorriso cortês.

Amós se levantou e saiu rapidamente da sala. Já lá fora, parou no meio do pátio da *Sapienza*[53] e começou a pensar, "tinha finalmente terminado os exames". Era verdade? "Muito bem! Quem tem tempo e tempo perde, lá vem tempo em que se arrepende", pensou e, com

---

53 Antiga denominação de centros de estudos europeus e italianos, que se manteve no caso de *La Sapienza di Roma*. (N. T.)

um colega, foi ao primeiro andar, na sala do professor de Filosofia do Direito que, já fazia tempo, esperava pelo título do seu Trabalho de Conclusão de Curso.

Encontrou-o rapidamente e bem-disposto. Sentou-se a sua frente e, depois de uma boa meia hora, deixou-o com o título, prometendo-lhe trabalhar energicamente para lhe levar o mais rápido possível alguma coisa para ler. O título do trabalho era: *Direito natural e história no pensamento de Montesquieu.*

Amós não parou para descansar. Pelo contrário, no dia seguinte começou a trabalhar com o bom Ettore, que parecia cheio de entusiasmo. Todavia, depois das primeiras tentativas, ambos perceberam a dificuldade real de se escrever coisas originais, não banais, sobre um tema do qual já tinham dito praticamente tudo.

Amós ficou tão desolado, que pensou até em procurar alguém para escrever o trabalho para ele, mas logo se envergonhou daquele pensamento que colocava em risco todo o significado e valor do seu percurso universitário.

Pensou então em ir a Paris à procura de algum texto raro ou, talvez, somente em busca de estímulos e ideias; em seguida, improvisou uma visita ao doutor Della Robbia, que fazia tempo não via.

Aquele homem, apaixonado e brilhante conversador, tinha se referido muitas vezes aos autores franceses em geral, e a Montesquieu em particular, quem sabe não teria algo para lhe sugerir... E, de fato, da biblioteca do doutor saíram ensaios que Amós não conhecia nem tinha encontrado em lugar nenhum. Voltou para casa radiante e cheio de boas intenções.

O trabalho de escrever e corrigir o TCC foi muito longo e cansativo; cada assunto e cada frase eram discutidos com Ettore, e era preciso entrar em acordo antes de passá-los, definitivamente, para o papel. Tudo isso parecia extremamente difícil e chato para Amós, para quem, além de tudo, o assunto não conseguia ser interessante.

Marica, nesse ínterim, reclamava porque se sentia negligenciada. Com efeito, em seus momentos de folga, Amós preferia ir ao sítio e andar a cavalo, a ficar em casa ou sair de carro à procura de locais mundanos. Marica, por sua vez, entediava-se esperando por ele no campo, onde sempre tinha vivido e de onde sonhava ir embora de

A música do silêncio

uma vez por todas. Portanto, todo aquele profundo amor do namorado pelos animais, pelas plantas, pelos passeios ao ar livre, ao longo do rio ou por alguma trilha nas colinas, representava para ela o lado mais negativo da sua personalidade, uma espécie de doença que ela não conseguia curar. Marica não conseguia mesmo entender por que ele não sentia necessidade de se divertir na cidade e nem entender seu desejo de passear, de se mostrar para as pessoas e de ser admirada por elas. Amós, por sua vez, fazia de tudo para passar a ela suas paixões, envolvê-la nas suas iniciativas, fazê-la se interessar pelos seus projetos, contagiá-la com seus sonhos...

Enquanto isso, o tempo passava, os pais de Amós começaram a ficar impacientes, querendo vê-lo finalmente graduado, mas ele continuava impassível, lendo seus livros, tocando seus instrumentos, montando seus cavalos, entediando a namorada, voltando tarde para casa, cozinhando para seus amigos e abrindo garrafas de vinho no meio da noite, quando, em casa, todos dormiam ou tentavam descansar, apesar de tudo...

Quando achou que tinha chegado a bom ponto, Amós foi falar com o professor e, depois de uma longa reunião, recebeu permissão para apresentar o trabalho e defendê-lo no dia 30 de abril de 1985. Estavam no final de janeiro; portanto, faltavam apenas três meses.

A notícia reanimou seus pais, mas não ajudou sua relação com Marica; havia algo entre eles que já não ia bem. Amós percebia isso, mas não entendia, ou, talvez, não quisesse entender. Marica tinha mudado com ele, estava mais fria e distante do que o normal, mas o jovem namorado fazia de conta que não percebia. Era um problema com o qual preferia conviver, como se convive com um dente cariado, até ser preciso arrancá-lo.

E, justamente um pouco antes da sua formatura, Amós ficou sabendo por um grande amigo que Marica tinha sido vista em Milão em atitudes bem íntimas com seu novo chefe. Com aquela notícia, seu amor-próprio inflamou-se e o queimava tanto por dentro, que era quase insuportável. Nunca sofrera tanto assim por questões sentimentais.

Refugiou-se em seu escritório e, no silêncio daquele cômodo, sentiu-se aviltado, ofendido, ferido, vencido e humilhado, e pela primeira vez, depois de tanto tempo, lágrimas escorreram dos seus olhos. Cerrou os punhos, tentou conter o choro, mas foi tudo em vão, as lágrimas caíram pelo seu rosto, que escondeu imediatamente com as mãos e depois começou a soluçar...

Depois de alguns minutos se acalmou, porque teve vergonha e pena de si mesmo; então, decidiu sair e ir ao sítio. Não sabia muito bem o que queria fazer, mas sentia necessidade de fazer algo que não fosse muito sensato. Já era tarde, e todos, menos sua mãe, estavam na cama. Colocou um casaco, dirigiu-se, decidido, para a porta de casa e saiu.

Respirando profundamente o ar frio de final de inverno, sentiu-se um pouco animado. A rua estava deserta, podia andar calmamente. Logo chegou a uma estradinha de terra que levava a Poggioncino, sem demora pegou a subida e, logo em seguida, chegou ao sítio. Parou um pouco para respirar e depois foi para as baias dos cavalos.

Da grande janela da primeira baia, um potro de três anos, que Amós tinha acabado de começar a montar, colocou a cabeça para fora e deu um alegre relincho. Então Amós parou, pegou sua cabeça entre as mãos e começou a falar ao seu ouvido com a doçura de um pai que diz alguma coisa para seu filho. A mãe, que o ouvira sair e decidira ir atrás, o encontrou assim. Amós estava tão compenetrado naquele insólito diálogo que a mãe logo deduziu que algo de muito sério devia ter-lhe acontecido.

Desceu do carro, chamou-o, mas ele não lhe respondeu. Então, foi atrás dele e o fitou com ar de interrogação.

– Quero ficar sozinho. Volte pra casa! – disse-lhe Amós sem ao menos se virar.

– Mas o que foi? O que aconteceu?

– Nada, nada! Não se preocupe! Volte pra casa!

A mãe não disse mais nada, mas não foi embora.

Em silêncio, sentou-se no murinho na frente das baias e ficou esperando, pacientemente, para entender alguma coisa.

– Mamãe – irrompeu Amós, no auge do desespero –, quero ficar sozinho!

– E por quê? – ela quis saber.

– Porque eu nasci para ficar sozinho!

A música do silêncio

– Mas é a primeira vez que escuto você dizer isso. Em todo caso, escute. Aqui, sozinho, sem saber o que aconteceu, não deixo você.

Amós se conformou, deu as costas para o potro e foi para o carro. A mãe foi atrás, e em poucos minutos estavam em casa, onde também o pai o esperava. Levantara-se da cama quando ouviu a mulher sair de carro àquela hora.

Pessoas extrovertidas como Amós sofrem mais para esconder uma dor consigo do que para saciar a curiosidade de quem quer saber. Dessa forma, tão logo entrou na cozinha com o pai e a mãe, dos quais adivinhava certa preocupação, lutando contra sua tristeza, decidiu falar:

– Marica está me traindo... Então, a partir de amanhã, estarei sozinho mais uma vez, e não é nada fácil.

Depois, virou-se com ímpeto, saiu da cozinha, voou pela escada e se trancou no seu quarto. Jogou-se na cama, e um monte de pensamentos encheu sua cabeça, tudo lhe parecia sem significado, inútil, e o futuro, sem esperança. Começar tudo de novo com outra parecia-lhe inconcebível, inverossímil, completamente fora das suas possibilidades e dos seus objetivos, no entanto, a razão lhe dizia o contrário. Sabia muito bem que esse tipo de sofrimento acaba com o tempo e é esquecido.

Tentava passar essas suas convicções da cabeça ao coração, mas não adiantava nada, seu pobre coração batia forte e difundia pelo corpo todo, pelo seu sangue, um desejo irreprimível de Marica, daquele seu corpo feminino, jovem e sadio que provavelmente já pertencia a outros. Talvez Marica risse dele, e se entregara com toda sua animação e paixão.

Não conseguia afastar aqueles pensamentos que o deixavam louco, e ficou acordado a noite toda, até que seu corpo não aguentou e sugeriu-lhe os meios necessários para aliviar sua tensão. Sentiu-se então um pouco mais calmo, o cansaço o venceu, e adormeceu profundamente.

Às dez horas em ponto, a voz de Ettore, que o chamava, o acordou num sobressalto. Tudo voltou a sua mente de repente, e se sentiu triste e sozinho, mas vestiu-se rapidamente e desceu com a intenção de telefonar para Marica e lhe pedir explicações. Nele lutavam furiosamente o rancor pela afronta sofrida e a esperança de que a namorada tivesse argumentos válidos para desfazer quaisquer motivos de suspeita.

Então, assim que Ettore foi embora, Amós pegou o telefone e discou o número de Marica. Tendo entendido seu nervosismo, a jovem foi imediatamente à sua casa e foi com ele para seu escritório. De portas fechadas, Amós despejou nela todo o rancor que tinha dentro de si. Mas aquele rancor, diluído no sentimento e na paixão, não produziu efeitos devastadores no ânimo de Marica, que teve tempo para raciocinar e organizar sua defesa. Estivera em Milão com seu chefe, admitiu, mas por motivos de trabalho, que não tinha achado importante mencionar. Em relação às atitudes muito íntimas nas quais teria sido vista, disse que estava pronta para confrontar as más línguas, porque tinha a consciência limpa e nada a temer. Amós tentou acreditar nela.

Ele sentia que a desejava como nunca, e ela soube rapidamente se colocar no papel de mulher apaixonada e pronta para fazer de tudo para restabelecer a harmonia com seu homem. Assim, amou-o com nova paixão e o deixou um pouco mais calmo e tranquilo.

Mas, no silêncio da sua casa, Amós encontrou o ambiente certo para refletir, sentia que as coisas não podiam ter acontecido exatamente como Marica lhe havia dito. Todavia, "a calma é a virtude dos fortes", pensou, "o tempo fará justiça e, cedo ou tarde, a verdade virá à tona. Basta ter calma". Em seguida, dedicou-se totalmente ao TCC.

XXII

 O amanhecer do dia 30 de abril viu Amós ainda acordado, tentando colocar seus pensamentos em ordem, repetindo mil vezes o assunto com o qual começaria sua defesa. Assim, quando ouviu o canto do galo, percebeu que já não teria mais tempo para dormir e, então, nervoso e decidido, saiu da cama e começou a se preparar. Ouviu um barulho que vinha do quarto dos seus pais e, apurando os ouvidos, percebeu que sua mãe estava se levantando, e chegaram quase juntos à cozinha. Senhora Edi, que transparecia uma calma olímpica, na verdade estava mais nervosa do que o filho, e, fingindo não estar preocupada com nada, fazia e dizia de tudo para tranquilizá-lo. Amós tomou um café quente, depois foi para o escritório para repassar seus apontamentos, até que reconheceu o barulho do carro de Ettore, que chegava, pontual como sempre, para ir com ele a Pisa.

Na faculdade, logo encontrou Eugênio, seu velho amigo de escola, que estava se formando, como ele, justamente naquele dia. Amós dissera que queria ficar sozinho na hora da defesa, então Ettore disse que daria uma volta na cidade. Depois de ter desejado boa sorte aos rapazes, afastou-se e prometeu voltar mais tarde.

Com uma ansiedade febril, os dois formandos começaram a andar de um lado para o outro no pórtico, até que chegou a vez de Eugênio.

A arguição começou, e ele, que se graduava com um TCC na matéria de Direito Canônico, conseguiu atrair a atenção da banca, geralmente bem distraída e entediada, com uma perspicaz exposição em torno dos vícios de consenso no casamento. Alguns docentes intervieram até com observações pessoais ou perguntas específicas, de modo que a coisa demorou um pouco, permitindo, porém, ao candidato se sair bem e se formar com boa pontuação.

Logo depois foi a vez de Amós, deixado na santa paz para falar do seu Montesquieu, tendo sido liberado em um tempo bem menor. A banca demorou pouco para decidir sua nota e, depois de tê-lo chamado na sala novamente, o presidente, que era também seu orientador do TCC, comunicou-lhe, em tom inexpressivo, que a banca tinha gostado do seu trabalho e que lhe atribuía o diploma com a pontuação de 9,8, de um total de 10,0.[54]

Amós achou que estivesse sonhando, e teve medo de acordar de uma hora para outra. Mas, logo se refez, quando, ao atravessar a porta da sala de aula, foi literalmente assediado por um grupinho de fotógrafos que lhe pediam licença para imortalizá-lo:

– Doutor,[55] doutor! Podemos... Por favor, uma foto, doutor!... Fantástico, uma com o inspetor também, doutor, será uma lembrança maravilhosa. E uma com seu amigo, não é verdade, doutor?

Em outras ocasiões, Amós com certeza teria detestado aquela ridícula comédia, mas, naquele dia, aceitou as regras do jogo, satisfeito, como em um sonho do qual não queria acordar. O bom Ettore,

---

54 Pontuação adaptada para o português, visto que inexiste aquela comumente empregada em italiano, a saber, máximo de 110 para os exames nas universidades. No trecho em questão, o protagonista tirou 99 de um total de 110. (N. T.)

55 Na Itália, dá-se o título de *dottore* para aqueles que têm um diploma de uma universidade; corresponde, em português, a bacharel, licenciado ou, no caso de outros cursos, "formado em", "diplomado em". Em português, embora tenhamos a acepção de "doutor" como "aquele que se diplomou em uma universidade" (cf. *Novo Dicionário Eletrônico Aurélio* versão 7.0, 2010), e por isso, justamente, a tradução de "doutor" para *dottore*, essa titulação é empregada, comumente, para aqueles que defenderam o "Doutorado". (N. T.)

A música do silêncio

enquanto isso, tinha voltado e, divertindo-se, observava a cena de longe, apoiado a uma coluna do pórtico. Acendeu um cigarro, e ficou bem longe do grupo de fotógrafos e dos recém-formados.

Quando o grupo se desfez, Amós e Eugênio foram até Ettore. Fizeram alguns comentários e brincadeiras entre si e em seguida saíram os três juntos. Eugênio propôs um pequeno brinde, do qual ninguém quis ficar de fora.

Em casa, Amós encontrou um clima de festa. Seu pai tinha decidido oferecer um jantar a toda a família em um restaurante da região. Eugênio foi convidado também, mas não foi possível segurar Ettore, que disse querer estar com a mulher.

– Nesses tipos de jantar, come-se muito e depois passa-se mal a noite toda! – disse, rindo. – E, mais, os idosos têm de ficar em casa à noite! – cumprimentou cordialmente todos e foi embora.

Quando estavam para sair de casa, um carro parou no pátio; era um florista que viera entregar para Amós um maço de rosas e um cartãozinho. Assim que o florista foi embora, Amós abriu o pequeno envelope. O presente era de Marica. Em seu rosto passou uma sombra fugaz; colocou o cartão no bolso, pôs as rosas no colo da mãe e se preparou para sair.

Noite já avançada, deitado na sua cama, não conseguia pegar no sono. "É tempo de balanço!", pensava. "Espero que meus pais estejam contentes, sofreram tanto por minha causa, preocuparam-se tanto pelo meu futuro que me deixaram angustiado. Não consegui nada ainda, é verdade, mas o diploma representa, de todo modo, uma realização importante, principalmente para eles, que tinham medo de me ver marginalizado, o lanterninha, nessa sociedade dos primeiros da classe, dos eficientes... Mas, depois, devagarinho, viram que alcancei o grupo, soube me impor, combati com as mesmas armas, forte e lealmente, ombro a ombro com os melhores, e ainda não acabou. Coitados dos meus pais! Depositaram confiança em mim, e lhes mostrarei quanto será bem reposta. Chegará o dia em que farei com que se esqueçam de todas as preocupações, todas as ansiedades, e terão orgulho de mim".

Amós pensava e se exaltava; na cama não encontrava posição, e não conseguia dormir. Então, levantou-se, desceu as escadas e se sentou ao piano.

Todos dormiam, mas o som do piano não os acordaria, ele sabia muito bem disso porque muitas vezes se punha a tocar àquela hora, e seus pais já tinham se acostumado. Naquele momento, sentia-se feliz e satisfeito, a vida parecia-lhe sorrir e lhe mostrar seu lado melhor. Abriu a janela, deixando entrar um aroma de primavera, tépido e perfumado, que lhe pareceu o prenúncio de bons pressentimentos. Encheu os pulmões desse aroma e começou a tocar.

No dia seguinte, recebeu uma notícia ruim. Toledo tinha morrido, aquele homem conhecedor de cavalos, com quem aprendera a arte de amansá-los e adestrá-los, aquele homem extraordinário, cheio de vida e vigor, tinha sido derrubado por um mal incurável. Amós experimentou um sentimento de perda e um abatimento sincero invadiu seu coração. "Como podem morrer certos homens?", pensou, e ficou surpreso com seu pensamento. "E como as pessoas se esquecem rápido deles! Mas eu não me esquecerei dele! Não, não esquecerei nada daquilo que me ensinou!", continuou a pensar, abalado e comovido. Depois, lembrou-se dos dias que passara no coração da Maremma,[56] em meio aos cavalos, ao lado daquele vaqueiro franco e rude, que falava tudo o que sentia na alma. Por uns dez dias, levantara às cinco horas da manhã para se encontrar com Toledo no pequeno sítio no qual estavam os cavalos para amansar, e agora parecia que as coisas sem ele mudariam, porque homens daquela estirpe não passam em vão por esse mundo, e sempre deixam a marca da sua singular personalidade.

Amós se esqueceu por algumas horas de todos os acontecimentos do dia anterior. Em sua cabeça vinham lembranças do amigo falecido, sua voz lhe voltava aos ouvidos, com seus proverbiais motejos: "A terra para até os raios", para quem caía do cavalo, ou então: "Medo você não tem, mas é a coragem que lhe falta", para quem não decidia subir na sela.

Mas o homem, como é incapaz de se alegrar por muito tempo com qualquer coisa, da mesma forma combate e se impõe diante de

---

56 Assim é chamado o território situado no litoral do mar Tirreno, entre as regiões italianas da Toscana e do Lazio. (N. R. T.)

A música do silêncio

qualquer dor. Assim, o recém-formado naquela noite cedeu aos seus amigos, foi jantar com eles e, depois de alguns copos de vinho tinto do bom, aquele seu triste desconforto se transformou em uma cara lembrança, bem guardada na memória.

Nos dias seguintes, descansou e se distraiu um pouco, mesmo que a morte de Toledo e a tragédia ocorrida na Central Nuclear de Chernobyl voltassem sempre a sua memória, incomodando-o tanto, a ponto de fazê-lo decidir interromper logo as férias e começar a fazer algo de útil.

Contatou o bom Ettore e, aos poucos, começou a preparar o exame de Estado e, ao mesmo tempo, foi ao escritório de sua tia, a mesma que anos antes, por muito tempo e com muito carinho, hospedara-o, e ali fez suas primeiras experiências como jovem aspirante a procurador.

Nas horinhas de folga, porém, dedicava-se à música, escrevia canções, gravava-as e organizava idas para Milão ou Roma, junto às sedes de várias gravadoras, com a esperança de convencer algum produtor a lhe fazer um projeto. Secretamente sonhava de fato tornar-se um cantor de sucesso. Se todos, desde sempre, tinham pedido para que cantasse, se nas circunstâncias mais diversas sempre tinha que se sentar ao piano ou pegar o violão e tocar para não parecer mal--educado, tudo isso devia significar algo. Mas, os produtores musicais nunca achavam suas composições interessantes, nem seu jeito de cantar original. Amós se rebelava àqueles julgamentos, discutia vivamente, defendia-se, mas não conseguia nada, e às vezes acabava sendo petulante e prepotente, voltando para casa desiludido e amargurado, tanto quanto seus pais, que sofriam muito quando o viam tão deprimido e humilhado assim. Senhor Sandro fechava-se em si mesmo, limitando-se a dizer sempre a mesma coisa, sem se preocupar em parecer monótono; que bastaria uma aparição na televisão, em qualquer programa importante. Mostrava a televisão e, sorrindo, dizia, quase de cor:

— Bastaria poder entrar uma vez naquela caixinha ali e o negócio estaria feito!

Mas as portas dos estúdios televisivos pareciam hermeticamente fechadas para quem não tivesse já um contrato discográfico ou fosse conhecido do grande público.

De manhã, Amós ia ao Juizado e ao Tribunal como jovem estagiário, à tarde estudava ou escrevia mandados judiciais, contestações, mas, à noite, ia em algum bar tocar, e lá se sentia mais à vontade. Em suma, embora procurasse e tentasse de todas as formas, e com todas as suas forças, o tempo passava, e não conseguia decidir, de uma vez por todas, o caminho a seguir, enquanto seus pais pareciam cada vez mais preocupados e cansados. O jovem formado percebia que aguentavam firme e continuavam a se levantar às sete horas da manhã para ir trabalhar, para lhe dar a possibilidade de realizar os sonhos mais bizarros, e disso tudo se sentia a causa inocente. Tudo isso fazia o fazia sentir uma espécie de remorso, enquanto um sentimento de insatisfação, à medida que o tempo passava, tomava conta de si.

As inquietações antecedem sempre os problemas? Quem sabe! Geralmente é assim, ou assim pareceu a Amós, quando, uma manhã, por volta das onze horas, ouviu o telefone tocar e saiu correndo do escritório para atender. Era Luca, um caro amigo que queria lhe falar sobre algo delicado e urgente. Queria encontrá-lo, mas Amós implorou que lhe antecipasse, pelo menos, do que se tratava. Ele percebeu que seu amigo ficou sem graça, mas depois de alguma reticência decidiu lhe contar que tinha visto com seus próprios olhos Marica saindo de um prédio em Tirrenia com um sujeito que a enlaçava pela cintura. O pobre Amós sentiu o sangue subir-lhe à cabeça, e ficou com as pernas bambas. Agradeceu sinceramente o amigo, desligou, e ficou parado, com os cotovelos apoiados sobre a mesinha na qual estava o telefone. A notícia o deixara, de novo, abatido, mas não surpreso; no fundo, nunca tinha tido muitas ilusões sobre a fidelidade da namorada.

Todavia, dessa vez, devia acabar com tudo realmente, e rápido. Endireitou-se, discou o número de Marica e, sem enrolar com conversinhas fúteis, disse-lhe que já sabia de toda a verdade sobre suas reiteradas traições. Em seguida, comunicou-lhe que queria terminar para sempre aquela história. Marica não tentou se defender, pediu-lhe somente se podia vê-lo pelo menos uma última vez, e ele não conseguiu negar-lhe o encontro.

Dali a pouco, Marica estava na casa dele. Amós entrou no carro dela e juntos foram para o sítio de Poggioncino, e estacionaram o carro atrás do palheiro. Antes mesmo de começar a falar, a garota começou a chorar. Soluçando, pediu para ser perdoada, jurando-lhe que aquilo nunca mais aconteceria, mas ele, inflexível, replicou:

— E você acha que eu aceitaria a ideia de que pertenceu a outros enquanto era minha namorada, vinha à minha casa, relacionava-se com a minha família? Você acha que eu aguentaria encontrar com meus amigos que sabem de tudo de nós dois e continuar sendo o...

Nesse ponto, porém, parou, arrepiando-se só de pensar naquela palavra horrível, que causava tanto riso quando era usada em relação a outros. Depois de um longo silêncio, Amós voltou a falar:

— Em todo caso, não tenho raiva nenhuma de você. Não sou melhor do que você. Também a traí, aconteceu mais de uma vez, e nem sempre com a mesma pessoa. Como vê, essa história estava destinada a acabar!

— Mas eu posso perdoar tudo! – disse ela, no ápice do desespero. – Não quero nem saber com quem você me traiu!

Amós também estava com o coração despedaçado, mas as punhaladas da honra eram, naquele momento, mais fortes do que as do seu amor.

— Não quero mais falar sobre isso! – respondeu, abrindo a porta do carro para sair.

— Se quiser, podemos caminhar um pouco até ao rio – propôs a ela, apoiando-se na capota do carro.

A jovem enxugou os olhos, guardou o lencinho na bolsa e saiu. Aquela caminhada era a última esperança.

Pensando nisso, talvez, Marica deu o braço para Amós e, a passos lentos, começou a descer com ele pelo caminho que, contornando o bosque, levava aos grandes prados planos. Dali a pouco seriam ceifados, e o pai de Amós juntaria várias toneladas de bom feno.

A certa altura, pararam e se sentaram no chão.

— Mas, e o Lupo, você vai deixá-lo comigo? – perguntou Marica, lembrando-se do filhote de pastor alemão que Amós lhe tinha dado alguns meses atrás. Lupo, coitado, tinha problemas nas patas traseiras, por causa de uma displasia no quadril, e Marica tinha feito de tudo e dado todo seu carinho para que ele sarasse. Lembrando-se de tudo isso, ela ainda disse: – Posso ficar com ele?

– Claro – respondeu-lhe Amós, comovido e enternecido, virando-se rapidamente para esconder seu estado de ânimo. – Assim você se lembrará de mim quando fizer carinho nele! – acrescentou.

Em seguida, para se recompor daquele minuto de fraqueza, levantou-se e respirou profundamente.

Marica estava triste e pensativa. De repente, levantou a cabeça e disse:

– Tenho certeza de que, sem mim, dará tudo certo para você, os caminhos vão se abrir, como se fosse mágica, e seus sonhos logo se realizarão.

Amós sorriu tristemente.

– Não precisa exagerar! – disse em voz baixa, e do que Marica acabava de dizer entendeu que ela finalmente tinha se conformado. Então, pensou que era chegada a hora de ir embora e se despedir:

– Bom, vamos voltar. Não quero que fiquem preocupados, me procurando!

Marica também se levantou e, em silêncio, fizeram de volta o caminho sombreado, com o bosque à esquerda e o vale à direita, os prados, os campos, e, lá no fundo, a torrente Sterza quase completamente seca. O burburinho de uma lagartixa que corria na grama chamou a atenção de Amós, que se virou para escutar e depois apertou o passo. Nesse meio-tempo, um estranho pensamento veio a sua cabeça: "Talvez estas plantas nunca mais verão a gente junto, e isto por razões que não sei se defino como moral comum ou moral dos costumes; o fato é que, quando uma mulher trai seu homem, em muitos casos, ele a ama e a deseja mais do que nunca, e, mesmo assim, tem de se separar dela para sempre se não quiser perder a estima de si mesmo e dos outros. E pensar que as leis morais, as convenções humanas, as regras da sociedade são coisas que nascem e criam raízes para o bem do homem! Mas é bem verdade que cada sociedade, devido à própria estrutura e a muitos outros fatores, impõe suas leis morais; e depois, a exigência do progresso ou, mais simplesmente, de mudança, induz os mais inteligentes, os mais sensíveis, os mais ousados a infringi-las, mesmo sofrendo as consequências. Todavia, graças ao exemplo deles, aos poucos, as pessoas acabam achando normal aquilo que até pouco tempo julgariam absolutamente imoral".

Estava tão concentrado nesses pensamentos, que nem percebeu que já tinha chegado ao carro de Marica e, somente quando ela abriu a porta para que pudesse entrar, voltou à realidade. Sem dizer nada, sentou-se ao lado dela, fechou a porta e, depois de poucos minutos, encontrava-se sozinho no seu escritório. Como em outras vezes, agora também se sentiu triste e sozinho. Pegou um volume da estante de livros, uma coletânea de *Noturnos,* de Chopin, abriu-o e, depois de ter passado o dedo em algumas linhas, apoiou-o no suporte para partituras do piano, sentou-se e procurou um pouco de paz na música. Lia aquela partitura, mas as notas não faziam sentido musical na sua cabeça, que, contra sua vontade, estava ocupada com outros pensamentos; então, levantou-se e começou a andar de um lado para outro no escritório. Confessara a Marica as suas traições, mas percebeu que nunca as tinha assim considerado. Que estranho!

Agora, porém, tinha de impor a si mesmo um julgamento rigoroso: ou seu comportamento era inocente, e neste caso tinha de considerar inocente também aquele da sua ex-namorada, ou então tinha de se sentir culpado tanto quanto ela. O conceito segundo o qual uma mulher que se entrega só faz isso por amor, enquanto um homem consegue separar a esfera dos sentimentos daquela dos impulsos sexuais, pareceu-lhe ridículo e sem sentido, ainda que, no passado, já tivesse ouvido e compartilhado da mesma ideia. Durante sua vida, conhecera e frequentara, com efeito, garotas que pensavam e se comportavam exatamente como um coetâneo do mesmo sexo. Estava confuso, perdido em uma vastidão de ideias da qual não conseguia sair. Sentiu-se cansado e desmotivado; então, com a lentidão de um idoso, subiu as escadas, fechou-se no seu quarto, jogou-se na cama e adormeceu quase que imediatamente.

XXIII

epois de uma hora, Amós acordou com frio e de mau humor. Desceu as escadas e entrou na cozinha, onde seus pais estavam conversando em voz baixa; não conseguiu entender exatamente qual era o assunto, mas teve a impressão de que falavam dele. Isso o deprimiu ainda mais, e fez com que sentisse uma estranha aversão pelos pais. Então, deu meia-volta e foi para o salão, ligou o aparelho de som e, enquanto escutava música, começou a andar de um lado para o outro na sala e a pensar na ideia de ir morar sozinho.

"Um homem, na minha idade, deve ter a própria independência", pensava, "deve ser livre para fazer o que quiser, sem ser controlado por ninguém. Não precisa ser longe, basta ter um espaço próprio. Eu poderia, por exemplo, usufruir, quando precisasse, de um dos dois apartamentinhos em Poggioncino que meu pai acabou de arrumar. Logo estará pronta também a casa da frente..."

Amós referia-se à casa que o pai tinha começado a arrumar para quando se casasse. A reforma, porém, estava bem atrasada, tanto, que Amós suspeitara que o pai estivesse avançando devagar justamente porque não nunca tinha achado Marica a mulher certa para ele. Com poucas, concisas frases, senhor Sandro tinha já expressado seu ponto de vista, e não voltara mais ao assunto.

Agora, Amós era obrigado a reconhecer no pai uma admirável previdência que, se de um lado, o feria e o ofendia, de outro consolidava nele, se é que fosse necessário, sua estima por ele. Nesse momento, levava em seu coração a sensação, atormentada fazia tempo, de que o pai ainda pudesse protegê-lo, afastar para longe dele os perigos da vida, sensação que, naquele momento de triste desânimo, lhe abria um infantil vislumbre de esperança.

Enquanto esses sentimentos agitavam seu coração, de repente, sentiu necessidade de colocar seu pai a par deles. Correu para a máquina de escrever e, quase de uma vez só, começou a escrever: "É inútil discutir, nunca concordaremos. E não quero ter ilusões, trinta anos nos separam! Ou talvez exista em você o receio de não encontrar mais forças para estar ao meu lado se os obstáculos me detêm? Não se preocupe, escute. Terei problemas, afrontas infames, mas... nada vai me assustar, nada vai me corromper, nada no mundo me fará esquecer que posso vencer; e quero conseguir sozinho. Sei muito bem que é difícil para você justificar essa vontade de lutar e de desafiar o impossível. Você achará inacreditável, mas quanto mais penso, mais me dou conta do quanto me pareço com você, e você não tem ideia de como eu queria que a coragem nunca o abandonasse! Para tê-lo aqui ao meu lado e não desistir. Nunca!"

Amós faria com que aquela estranha carta chegasse ao pai depois de lhe dizer que tinha a intenção de começar a usar a casa do sítio. Além disso, aproveitando-se de um final de semana em que a família Bardi decidiu ir para Lido di Camaiore, disse que ficaria em casa, mas que dormiria em Poggiocino, no apartamento com a entrada pela parte da rua. Senhor Sandro não gostou muito, mas não foi contra seu desejo; assim, Amós pôde, em pouco tempo, realizar seu projeto de vida independente. Senhora Edi, por sua vez, aprovou aquela iniciativa, considerando-a útil ao filho, que, certamente, poderia se recuperar melhor e mais rápido da crise sentimental que o fazia sofrer e o deixava diferente do normal. Assim, antes de ir para a praia,

A música do silêncio

limpou e arrumou o apartamento, equipando-o com as coisas que faltavam e deixando para terminar o trabalho na sua volta.

Começou, assim, para Amós um período de despreocupação, que logo se transformou em desregramento, devassidão e excessos de todo tipo. Com ele estava sempre Cristiano, um jovem amigo, que tinha começado a faculdade fazia pouco tempo. De noite, iam juntos ao Chianni, onde Amós tocava até a meia-noite, e Cristiano o ajudava a montar e desmontar os instrumentos, e juntar os cabos. Depois, jantavam, junto com o dono do lugar, uma pessoa alegre e nascida para estar em companhia. O jantar durava até tarde da noite, com a garrafa de vinho na mesa que precisava ser esvaziada de qualquer jeito. Muitas vezes, acontecia de o grupo aumentar, e, então, Amós propunha terminarem a noite na sua casa. Desta forma, no meio da noite, todo aquele bando de desocupados, no qual sempre havia garotas animadas, ia para aquele buraco de poucos metros quadrados, no qual, porém, havia tudo de que precisavam: um fogão que funcionava perfeitamente, um banheiro e dois quartinhos decorados com duas belas camas de casal de ferro fundido. Ninguém precisava nem de mais nem de menos.

Quando todos voltavam para casa a fim de dormir, já era sempre dia feito. Acontecia, então, que os homens que se encontravam com Amós a caminho do trabalho no campo lhe perguntassem o que fazia acordado tão cedo. Ele, rindo, respondia que ainda não tinha sequer visto a cama.

Assim, Amós dormia pouco, e geralmente protelava o almoço. À tarde, selava os cavalos ou se ocupava do adestramento de algum potro de amigos ou conhecidos, porque aquela atividade cheia de riscos, que todos desaconselhavam e procuravam impedi-lo de fazer, era o modo mais claro de ele demonstrar toda sua audácia, sua capacidade de desafiar o impossível. Quando montava um potro pela primeira vez, de fato, formava-se sempre um pequeno público em volta do redondel para doma, e ele se sentia o personagem principal, sufocava o medo e, procurando fazer nos mínimos detalhes tudo o que tinha aprendido com Toledo, sentia-se realizado e orgulhoso de si. Eram aqueles os seus momentos de glória. Depois, corria para tomar banho e se preparar de novo para a noite, e, especialmente, para a noitada.

187

Em pouco tempo, os pais de Amós começaram a se preocupar com sua saúde e, talvez, também com sua reputação. A mãe o achava cada vez mais pálido e cansado, e, com todas aquelas mulheres que iam à casa dele, tinha medo que pegasse alguma doença venérea ou coisa pior... À noite, seus pais não conseguiam dormir, pensando que o filho pudesse estar andando de carro com Cristiano, cansado também, e talvez até um pouco alto...

Mas, sobre Amós, evidentemente, brilhava uma estrela, e seu anjo da guarda era realmente generoso e zeloso. Assim, ele caía do cavalo e não se machucava, vivia de modo dissoluto e, apesar de tudo isso, nada de grave lhe acontecia, não sabia fazer nada, mas todos gostavam dele...

Adriano, enquanto isso, encontrara emprego no banco, casara-se, já tinha uma filha e, todavia, toda sexta-feira ia à casa do amigo. Juntos escreviam músicas, depois iam para a cozinha e faziam pratos enormes de espaguete à carbonara. Amós tinha aprendido a bater o ovo, a fritar o alho com bacon[57] ou com *"guanciale"*,[58] quando o tinha na dispensa de casa. Os dois amigos faziam também longos discursos sobre a vida, a infância, o amor, conversavam e se entendiam com perfeição, bebiam o bom vinho da família e às vezes se permitiam um charuto toscano. Amós gostava de fumá-lo por inteiro, e só jogava fora quando não conseguia mais segurá-lo. Puxava a fumaça sem tragar, assoprava-a para fora da boca, mas o aroma o embriagava, ajudando-o a afastar mágoas e preocupações, receios e motivos de insatisfação.

Quanto mais fumava e bebia, mais ficava alegre e verborrágico, falava sobre si mesmo, dos seus sonhos e dos motivos pelos quais não se realizavam. Eram razões que tinham suas raízes na injustiça do

---

57 Em italiano, a palavra é *pancetta,* um produto tipicamente produzido e originado na Itália, similar ao bacon, ou toucinho. É feita de barriga de porco curada no sal, previamente salgada e temperada com pimenta, alho, noz-moscada e erva-doce, e seca por volta de três meses, sem ser defumada. As variedades de uma região italiana para outra são muitas. (N. T.)

58 *Guanciale* é um tipo de bacon não defumado italiano, com sabor mais pronunciado e textura bastante macia. É preparado com as bochechas do porco, daí seu nome, já que *guancia*, em italiano, significa "bochecha". Para fazê-lo, esfrega-se a carne da bochecha com sal e pimenta-do-reino e coloca-se para curar por três semanas. É um produto típico da Itália Central, principalmente da Úmbria e do Lácio, sem similares no Brasil. (N. T.)

A música do silêncio

mundo, nos acordos vergonhosos das pessoas dispostas a tudo para alcançar seus objetivos. Quando sua imaginação vinha à tona, falava em perfeita boa-fé, sem, todavia, conseguir se colocar em discussão, evidenciar as próprias lacunas, a própria preguiça, a própria superficialidade. Apesar de tudo isso, Adriano o escutava, paciente e compreensivo, encorajava-o, e Amós, de sua parte, achava-o honesto, tinha orgulho daquela estima, mesmo que lhe fosse penoso não conseguir transformar em realidade aquelas esperanças comuns.

Amós tinha colocado na cabeça que os produtores musicais eram todos obtusos e incapazes, que os diretores das redes de televisão eram todos corruptos, escravos do poder, dependentes dos políticos, e que, portanto, no âmbito musical era praticamente impossível uma carreira fundada nos antigos valores da honestidade, do talento, da vontade... Seu estado de exaltação era tal que não se dava conta minimamente da mediocridade e da futilidade daquelas considerações. Se tivesse parado para refletir um minuto, teria percebido que aqueles discursos são típicos dos que, por incapacidade ou preguiça, não chegam nunca em primeiro à reta de chegada.

Quando Adriano ia embora e ele ficava sozinho na sua casa, uma dúvida ou outra começava a atormentá-lo, e toda a euforia de antes se dissolvia, como um nevoeiro que se rende aos ardentes raios do sol. Amós então ia para a cama, procurava dormir logo, e pela manhã, depois de lavar o rosto com água fria, como tinha se acostumado a fazer na época do colégio, pensando novamente nas conversas da noite anterior, sentia pudor pelo modo como havia exposto suas frustrações, suas fragilidades, a parte menos nobre da sua índole.

Senhor Ettore continuava a ir todos os dias na casa do jovem amigo, sempre levando consigo alguns livros. Aquelas leituras eram sempre o ponto de partida para animadas discussões. Por isso, mesmo naquele período de debandada e de exageros, Ettore continuou a ser um mestre de vida particularmente importante para Amós. Sem querer bater de frente com seu impetuoso discípulo, Ettore, diariamente, o aconselhava a ter foco, não se deixar levar nunca por sonhos quiméricos, esperanças em vão, e o estimulava a não largar os estudos, com os quais poderia ter os próprios projetos de vida, e não seriam obstáculo para uma eventual carreira artística, se o destino quisesse assim...

Aquele comportamento incomodava muito Amós, todavia, tinha de aceitar a verdade, e mais uma vez reconhecer que Ettore tinha uma lucidez de raciocínio que ia muito além da dele, embora sentisse que crescia nele, dia após dia, mês após mês, um inexplicável sentimento de rebelião contra aquele destino adverso. Algo lhe dizia para não desistir, não entregar as armas, não dar a vitória àqueles que nele não acreditavam, e riam das suas ilusões. Assim, continuava a escrever músicas, cantar, fazer testes, mandar gravações para todos os lados na esperança de que alguém lhe desse crédito; e toda vez ouvia a mesma resposta: ser bom não é suficiente, é preciso mais originalidade, uma personalidade mais definida e identificável...

Amós rebelava-se, discutia, brigava, mas ao mesmo tempo entendia que tinha alguma coisa que não estava certa, que era preciso corrigir algo, melhorar. Então, tendo conhecido naquela época um jovem pianista, decidiu recomeçar as aulas de piano; ampliar seu conhecimento musical certamente o ajudaria.

Carlo, seu novo professor, a princípio, tinha recusado o compromisso, convencido de que Amós não se dedicaria com seriedade aos estudos clássicos, que requerem, de qualquer um, disciplina e sacrifício. Por fim, Amós insistira tanto, que Carlo decidira dar uma chance àquela experiência didática, e em pouco tempo deixara de lado suas dúvidas. Aliás, os dois tornaram-se amigos e estabeleceram uma ótima relação de colaboração, que ia muito além daquela que geralmente existe entre professor e aluno; cada vez mais, Carlo sentava-se ao piano para acompanhar Amós em alguma ária de ópera e, aos poucos, descobriram um entrosamento que foi crescendo rapidamente.

Nas primeiras vezes, foi difícil atuarem juntos, Carlo executava de um jeito muito esquemático, Amós, livre demais, mas, depois de um tempo, começaram a entrar em acordo. O ótimo pianista começou a se apaixonar pela ópera, e logo conseguiu seguir qualquer coisa, sem incertezas. Dotado de uma excepcional capacidade de executar à "primeira vista", arrumava a partitura do piano no suporte e tocava, para a felicidade de Amós que, finalmente, podia experimentar a própria

A música do silêncio

voz e suas qualidades interpretativas sem ser condicionado pelas execuções históricas, às quais tinha sempre de se sobrepor.

As aulas deram-lhe uma nova energia, um novo entusiasmo. Tendo adquirido uma carretinha, para poder carregar todo o equipamento eletrônico, prendia-a no gancho do *off-road* do pai e ia tocar onde quer que fosse, em bares noturnos, mas também em comemorações religiosas e populares das cidades, festas, casamentos, hotéis, restaurantes, praças... O pai o acompanhava, pacientemente, e juntos carregavam nas costas os pesados amplificadores, alto-falantes e teclados. Em seguida, Amós tinha de arrumar os fios, mas rapidamente tudo ficava pronto, e sobrava apenas o tempo de tirar o suor do rosto e começar a tocar e cantar por duas, três, e, às vezes, por quatro horas seguidas. No final, sentia-se satisfeito e tranquilo, parecia-lhe que aquela grande alegria era a contrapartida dos momentos de desregramento e devassidão que ainda estavam na sua cabeça e o inquietavam.

Em uma noite de verão, com Cristiano e Mário, um amigo da Sardenha com o qual tinha amizade fazia tempo, foi para o Boschetto, bar a céu aberto onde tocava com muito prazer por causa da companhia alegre e pelo ar fresco e puro que se respirava ali. Como sempre, montou seus instrumentos correndo e logo começou a trabalhar.

Eu não saberia dizer qual música estava cantando, quando Mário foi até ele e o interrompeu repentinamente, sacudindo-o pelas costas. Mário estava no auge da alegria, o que nele não era normal. Curvou-se até o ouvido do amigo e, prestando atenção para falar baixo a fim de que ninguém ouvisse pelo microfone, a poucos centímetros dali, disse-lhe:

– Tem duas mocinhas que querem te conhecer, e não são de se jogar fora...

Depois, interrompeu-se, e percebeu com o rabo do olho que as meninas já estavam nos degraus do palco montado para o pianista. Mário fez sinal para que subissem e as apresentou a Amós que, como quase sempre acontece nesses casos, nem entendeu os nomes e, estendendo a mão, disse algo gentil e prometeu que dali a pouco faria um intervalo e se sentaria um pouco com elas. As duas jovens se despediram e voltaram para seu lugar.

Passado um quarto de hora, mais ou menos, Amós estava sentado a uma mesa com outras quatro pessoas, e sorria feliz aos dois amigos e às duas garotas que tinha acabado de conhecer, sem saber quanto aquele encontro mudaria sua vida.

Logo percebeu que Claudia e Elena eram, realmente, duas garotas simpáticas e alegres, muito graciosas nas suas roupas de verão, que ressaltavam a pele escura, já bronzeada, e todo o frescor da pouca idade. Com uma ingênua sinceridade, confessaram que tinham apenas dezessete anos; Elena preparava-se para fazer naquele ano as provas finais do curso médio, enquanto Claudia, que frequentava o Científico, reclamou que tinha ainda dois anos de escola média. Ele gostava de escutar aquelas conversas um pouco infantis, de estudantes, risadas contidas, vozinhas claras e, com certo desembaraço, animava as conversas com pequenas perguntas e observações ou comentários condescendentes aos planos, às ideias delas... E aquelas conversas eram tão agradáveis, que não percebeu que tinha prolongado muito o intervalo; o proprietário aproximou-se da sua mesa, pegou uma cadeira e se sentou ao seu lado.

Amós entendeu e rapidamente se levantou. Mas o dono, com ar amigável, perguntou-lhe se não queria beber mais alguma coisa antes de voltar ao trabalho. Em seguida, como viu que Amós se recusou, sentiu-se no dever de dizer duas palavras gentis para as jovens:

– Toque alguma coisa para todos, mas faça logo outro intervalo e volte aqui com elas, que vale a pena! – e, rindo, apontou para as garotas que, para dizer a verdade, não estavam nem aí para ele e se sentiam incomodadas na sua presença.

Enquanto Amós tocava, Mário, que tinha ficado sentado, fez algumas perguntas para tentar entender quais eram os interesses das duas simpáticas estudantes. Amós, assim que acabou, comentou com Mário do seu espanto em ver que tinha passado tanto tempo com duas garotas tão jovens, que pareciam colegiais castas e ingênuas, mocinhas de família, que, além do mais, dificilmente se interessariam por pessoas da idade deles e, principalmente, com aquela fama. Ainda por cima, precisava levar em conta que o pai de Elena era um advogado conhecido!

A música do silêncio

– Dá até cadeia! – disse Amós, rindo para Mário, que não concordava de jeito algum com ele.

Entretanto, Amós, na verdade, dizia algumas coisas e pensava outras, e não via a hora de voltar a se sentar naquela mesa, na qual, um pouco antes, a companhia de Elena e Claudia, a transparência delas, sua conversa simples e direta, seus rostos limpos e sem maquiagem tinham dado a sensação de água fresca em boca ressecada de sede. Quando, porém, saiu do palco direto para a mesa que tinha deixado a contragosto uma hora antes, foi obrigado a falar com outras pessoas que queriam cumprimentá-lo ou pedir para tocar sua música favorita; depois, o proprietário o levou até o bar para apresentá-lo a algumas pessoas que fazia questão de que o conhecessem. O pobre músico estava impaciente, mas era obrigado a ficar ali, gentil como sempre, sabendo muito bem da importância que as relações públicas têm em qualquer tipo de trabalho.

Nesse ínterim, Mário não tinha perdido as esperanças e, enquanto continuava seu interrogatório às duas novas amigas, percebeu que Elena ficara fascinada por Amós, pela sua voz, mas não só por causa dela. Então, de repente, levantou-se, correu ao encontro do amigo e, pedindo desculpas a todos pela brusca intromissão, pegou-o pelo braço, colocou-o de lado e, caindo na risada, disse-lhe com seu sotaque sardo e sua voz forte:

– Eu sempre te disse que de mulheres você não entende absolutamente nada! Mas nada mesmo!

Amós sorriu, cheio de curiosidade, e Mário não o deixou esperando muito:

– Não estamos tão velhos assim! E você, principalmente, acho que tem boas chances, de verdade.

Amós, então, programou para o dia seguinte um passeio na praia, e convidou Claudia e Elena. Quando o grupo chegou à praia de Cecina, Amós deu o braço para Elena e com ela se afastou do resto da turma, falando-lhe em um tom um pouco mais sério do da noite anterior. Pediu para que contasse algo sobre ela, do seu jeito, dos seus sonhos; depois, foi a vez de ele traçar uma espécie de autorretrato. Falava, e nunca, como naquele momento, sentira necessidade de se descrever de um modo honesto, exagerando mais nos seus defeitos e redimensionando suas qualidades. Sentia que Elena via nele um homem forte e corajoso, percebia nele seu olhar doce e bom, um olhar do qual, talvez, nem se sentia digno, sobretudo quando pensava no seu passado recente, na sua libertinagem desenfreada, naquela imperdoável devassidão pela qual agora se envergonhava. Passo a passo, porém, tinha a sensação de que alguma coisa dentro dele estava mudando.

Como o sol muito forte queimava sua pele, ambos molharam a cabeça e as costas, depois procuraram um pouco de sombra e, quando se deitaram na areia, um perto do outro, perceberam que não eram mais dois estranhos, mas, sim, dois seres criados para viver juntos. Seus lábios se uniram assim em um beijo, que para ambos representava a mais doce promessa de felicidade e de paz, a despeito de tudo, da diferença de idade, das diferentes experiências de vida, do modo tão distante de julgar as coisas... Elena estava atraída pela maturidade de Amós, sua segurança, sua presença física; já Amós estava enternecido pela sua fragilidade, seus medos, seu pouco conhecimento do mundo, suas espontâneas e ingênuas risadas. Ao lado daquela jovem, que não procurava protegê-lo, nem ser sua mãe, mas que lhe pedia, na verdade, para ser guiada, aconselhada, defendida, formada segundo aquele ideal de mulher que ambos pareciam ter, Amós se sentiu, talvez pela primeira vez, o homem que, no fundo, tinha sempre procurado ser, mas nunca tinha sido.

XXIV

Depois de alguns dias, Elena foi para Lajatico pela primeira vez. Amós estava tão ansioso para lhe mostrar seus lugares queridos, aos quais todas as lembranças mais bonitas da sua infância e da sua juventude se vinculavam, que decidiu levá-la primeiro à sua cidade, apesar do sol ardente do começo da tarde e o ar quase que irrespirável de final de verão.

Deram uma volta a pé na praça e entraram em um bar, na esquina da rua Garibaldi, para se refazer com um copo de água gelada. Naquele momento, todos os olhares dos clientes sentados nas mesinhas bebendo ou jogando cartas fixaram-se em Elena, que ninguém conhecia e nunca tinha visto. Para ela, que obviamente percebeu logo, pareceu até que todos, que antes falavam em voz alta, de repente tivessem abaixado o tom, mas aquilo tinha durado poucos segundos, depois tudo voltou ao normal.

Amós, que conversando com Elena um pouco antes tinha falado justamente da curiosidade dos moradores das cidades pequenas, ficou feliz com o efeito que aquela sua insignificante observação tinha feito na sua jovem companheira. Ela, de fato, chegou mais perto dele e, sorrindo, lhe disse:

– Mais uma vez você tinha razão, e eu te amo por isso também, porque você tem sempre razão! Porque você conhece o mundo como ninguém...!

Em seguida saíram e, indo pela rua Garibaldi, depois de alguns passos atravessaram a rua e entraram no parque, onde encontraram um banco livre à sombra de uma das altas azinheiras. Estavam cansados e muito acalorados, mas felizes por estar juntos, ali ou em qualquer outro lugar.

Depois de um longo silêncio, de repente, Elena se dirigiu a Amós:

– Quero estar sempre com você! Sempre.

Amós sorriu e a beijou.

– Então, quer ficar comigo nesta noite também, preparar alguma coisa para o jantar, por exemplo, e... – perguntou-lhe Amós, para quem aquela tarde parecia realmente muito curta.

– Claro! Mas o que digo em casa?

– Nisso a gente pensa depois – disse ele, animado com a ideia de estar à noite com Elena. Finalmente ficariam os dois sozinhos, na grande casa paterna, e seria uma amostra daquela felicidade futura prometida, que ambos desejavam e na qual já começavam a acreditar.

– Então, vá comprar alguma coisa. Olha, lá na praça há duas mercearias, basta escolher – continuou Amós, pegando a carteira e dando algum dinheiro para Elena.

Naquele momento, ela ficou indecisa, mas depois se decidiu, levantou-se e sem pressa foi para a praça.

Sozinho, Amós deitou no banco com um braço embaixo da cabeça e outro abandonado pelo corpo, fechou os olhos e se deixou num estado de prostração no qual a realidade e a imaginação começaram a se misturar e a se confundir, lutando pelo predomínio da sua mente. Seguindo Elena com seu pensamento, viu-a caminhar, olhar dos lados, cruzar olhares das pessoas, ficar vermelha, sem jeito, confundir-se e depois procurar a mercearia. Mas, de repente, ouviu sua voz que o chamava, então se levantou e foi até ela, acompanhando-a até a porta.

– Espero você aqui – disse-lhe, encostando-se à parede com as mãos atrás das costas.

A música do silêncio

Tendo finalmente entrado, Elena parou no meio do armazém para dar uma olhada e pôr em ordem as ideias. Talvez fosse a primeira vez que fazia compras sem a ajuda da mãe ou a companhia de alguém.

Amós estava pensando nisso quando, da porta de entrada, saiu com pressa sua garota de antes, Carla, uma estudante de um povoado não muito longe da sua cidadezinha, esperta e atrevida, com a qual tinha tido um caso rápido. Eles tinham terminado um mês antes, por vontade de Amós, que achou que ela estivesse muito mais interessada nas suas condições econômicas do que em sua pessoa. Amós, agora, não tinha nada contra ela, a não ser pelo fato de ter sido um pouco grosseira com Elena.

Depois de alguns minutos, a porta de vidro da loja se abriu novamente e de dentro saiu Gaia, com uma sacola cheia de compras. Vindo na sua direção, passou na frente dele, cumprimentou-o distraidamente, e foi embora.

Amós estava absorvido em seus pensamentos quando, de dentro daquele pequeno supermercado, chegou até seus ouvidos uma voz feminina que, em tom irritado, dizia em voz alta:

– Desculpe, mas este aqui eu tinha separado para mim! Sinto muito, mas você tem de pegar outro!

Ah, aquele sotaque emiliano era inconfundível! Mas será que era ela mesma? Amós, apurando os ouvidos, reconhecera uma outra paixão sua, uma garota que tinha namorado um verão inteiro. No entanto, tinha se mostrado tão falsa e oportunista, que ele ficou muito descontente e amargurado com ela. O que tinha ido fazer lá em Lajatico? Queria talvez alguma coisa com ele, ou estava brava com Elena, que, timidamente, lhe tinha pedido desculpas e dado sabe-se lá o quê? Enquanto se fazia essas perguntas, sua ex também saiu e foi embora sem sequer se dignar a olhar para ele. "Melhor assim", pensou ele.

Então, entrou na mercearia, recebido alegremente pela caixa, que logo chamou a atenção de Elena:

– Olhe, moça, talvez a estejam procurando.

Elena se virou e foi ao encontro de Amós, mas, nesse momento, outra voz bem conhecida dele quase fez com que estremecesse; era

Marica, que lhe mandava um rápido cumprimento, saindo ela também carregada de coisas.

"Que estranho", pensou ele. "Por que todas juntas logo aqui?" Elena foi até ele com um saquinho no qual tinha arrumado e cuidava zelosamente de três linguiças:

– Eram as últimas – disse-lhe. – Tinha uma moça antes de mim que comprou todas as outras, sobraram somente estas, sozinhas, esperando alguém que as escolhesse, e eu as peguei. Eram as menores, mas podem ser as melhores! Não é?

Amós ficou comovido, sorriu e acariciou seus longos cabelos soltos sobre os ombros. Ela acrescentou:

– Vou procurar mais alguma coisa, volto logo, me espere aqui – e foi para um balcão atrás do qual estava uma vendedora de meia--idade, magra e de baixa estatura, com um aspecto doentio e trejeitos nervosos, que ora cortava o pão, ora arrumava os pedaços de *focaccia*[59] e os pedaços triangulares de *schiacciata*[60] ao azeite de oliva recheados com presunto. Elena pediu-lhe um pouco de presunto, e a mulher embrulhou cinco ou seis fatias; mas, quando voltou para perto de Amós, Elena lhe pareceu triste.

– O que foi? – perguntou-lhe.

Ela, em voz baixa, um pouco chateada, respondeu:

– A mulher, ali do balcão, me embrulhou um presunto gordo demais, que uma moça antes de mim não tinha querido. Mas eu...

Amós sentiu uma alegria e uma ternura que transbordavam do seu coração. Queria consolá-la, dizer-lhe que presunto gordo é muito melhor, mas não conseguiu. "De onde vem tanta doçura feminina?", pensou. "Como poderei não contaminar uma inocência tão rara? Vou me casar com ela, estarei sempre ao seu lado, e vou lutar por ela, para que possa ser feliz ao meu lado e orgulhosa de mim".

---

59 *Focaccia* é uma massa de origem italiana (da Ligúria), achatada (com no máximo 2 cm de altura) e macia, geralmente coberta com sal grosso, azeite e alecrim ou outros ingredientes, com uma crosta crocante e dourada devido à grande quantidade de azeite de oliva, cozida no forno. Há quem use, em português, a tradução de "fogaça". (N. T.)

60 *Schiacciata* é um tipo de *focaccia* fina, típica da região da Toscana, na Itália, cozida no forno e coberta ou recheada com ingredientes diversos: azeite de oliva, sal, ervas, azeitonas pretas, verduras etc., se salgada; uvas passas, por exemplo, quando doce. (N. T.)

A música do silêncio

Estava feliz, exultante e cheio de boas intenções. Mas, de repente, aconteceu algo que cortou bruscamente o curso dos seus pensamentos. Um estranho calor no rosto o estremeceu abruptamente e o obrigou a acordar. Será que tinha adormecido tão profundamente e tido aquele estranhíssimo sonho? Era isso, não podia acreditar. Elena tinha voltado e, encontrando-o adormecido, tinha coberto seu rosto com as mãos por brincadeira, como costumava fazer quando Amós parecia estar triste, porque sabia que embaixo das suas mãos o sorriso voltava a iluminar seu rosto. Também desta vez Elena tinha levantado as mãos para ver se ele tinha acordado, e, em seguida, abaixando-se, apertara forte seus lábios nos do seu namorado. Aquele beijo, colocando um ponto final na atividade onírica de Amós, tinha também selado um segredo, uma inconsciente e comprometedora decisão. Como acontece às vezes, o sonho lhe deixara claro tudo aquilo que percebera, inconscientemente, do seu jovem amor. Misturando fatos, sensações, experiências passadas e recentes, convicções, emoções, lembranças agradáveis e dolorosas, e tudo o mais, havia trazido clareza, de certo modo, ao seu coração e sua mente, e, de fato, não mudou de opinião quando acordou completamente. "Casarei com ela", pensou, com a mesma intensidade de quem se prepara para fazer um voto, e, em seu coração, sentiu-se feliz.

À noite, no jantar, Amós pensou novamente no seu sonho. De qualquer modo, em relação às namoradas que tinha tido até então, algumas das quais, no sonho, tinham aparecido de repente na sua frente como em negativos de um filme antigo, Elena era certamente a mais verdadeira, a mais carinhosa, a mais apaixonada, a que mais se aproximava dos seus ideais de uma companheira. Depois, como geralmente acontece com quem permanece inquieto por um sonho, Amós passou aquela noite como que dando continuidade ao sonho, e escolheu justamente aquela ocasião para apertar Elena entre seus braços e lhe dizer pela primeira vez e inconscientemente:

– Te amo!

Alguns dias depois, sentado no banquinho do piano atrás do teclado e de todas as outras parafernálias eletrônicas, Amós tocava e se sentia inexplicavelmente triste. Naquela noite, estavam com ele seus pais e Elena, mas o lugar, que lhe parecia um galpão desolado, e o mau tempo que fazia lá fora o deixavam realmente de péssimo humor. Mas havia também talvez outra razão mais séria e mais profunda, uma questão não resolvida que gerava forte inquietação em Amós. O que seria dele, e da família que dali a pouco formaria, se não se esforçasse para realizar alguma coisa de mais seguro, de mais concreto que não aquela aleatória atividade de pianista em pianos-bares, que no fundo, bem no fundo, não lhe dava grandes satisfações nem razoáveis garantias? Essas incertezas, que parecia ler no pensamento de seus pais também, de modo cada vez mais evidente, faziam-no sofrer, e o deixavam triste e hipocondríaco, tocava e cantava músicas melancólicas, e não via a hora de acabar.

Elena, que da mesa com os futuros sogros não tirava os olhos dele, percebeu sua inquietação e foi se sentar ao seu lado. Amós, então, parou de cantar e, continuando a dedilhar sem vontade, começou a conversar com ela e a fazer planos, e, quase sem perceber, perguntou se ela já se sentia pronta para o casamento. Elena ficou surpresa e feliz ao mesmo tempo, tão feliz, que seu entusiasmo juvenil tornou-se daquele momento em diante incontrolável.

Entretanto, quanto mais aumentavam o entusiasmo e a ansiedade de Elena em usar o vestido de noiva e começar uma nova vida, mais se acentuavam as dúvidas de Amós, dúvidas que não diziam respeito, de jeito algum, à pessoa dela, mas, sim, às reais possibilidades de ele sustentar sua nova família e dispor de todos os meios necessários para torná-la autônoma e feliz. Elena demonstrava bom-senso e boa vontade, e prometia estar disposta a qualquer sacrifício, mas ele não queria correr o risco de fracassar sentimentalmente por causa de futuros problemas econômicos, ou, pior, por causa da própria incapacidade de se realizar graças a um trabalho estável e gratificante. E pensava: formaria uma família somente quando tivesse certeza de ter força material, além da moral, para formá-la, sem ter de recorrer à ajuda paterna, o que, para ele, seria a pior das humilhações.

Decidiu conversar com Elena sobre tudo isso, mas ela não o entendia, ou não queria entendê-lo; por outro lado, uma mulher apaixonada sente-se atraída pelo casamento, como um peso é atraído em direção ao chão por causa da força da gravidade. Amós, que já tinha uma ideia a respeito disso de forma indireta, agora o sentia na

A música do silêncio

própria pele. Foi assim que esse comportamento de Elena, de certo modo justificável, que a Amós parecia, porém, como uma forma de incompreensão, foi a primeira e única causa de acaloradas discussões, cada vez mais desgastantes para Amós. Elena as provocava sempre do mesmo jeito, com a mesmíssima frase que fazia com que ele risse muito, mesmo quando deveria ter ficado sério:

– Mas, quando vamos ficar sempre juntos?

A partir daquela sua pergunta, feita com ar triste e monótono, ele procurava se defender, dizendo:

– Pronto! De novo! E agora não vamos começar tudo de novo, por favor!

Porém, ela, como se não tivesse escutado, começava a expor seus próprios motivos com um entusiasmo e uma determinação que sempre o surpreendiam.

E assim passou-se um ano inteiro. Elena foi aprovada no exame final da escola, sem louvores nem reprovação, e logo depois, para não ficar sem fazer nada, decidiu ajudar sua irmã que tinha aberto fazia pouco tempo uma pequena joalheria, na qual criava e fazia joias originais.

Em pouco tempo, Elena aprendeu a desenhar seus modelos, a fundir os metais preciosos, usar o torno, a máquina de furar, a trefiladora, o laminador, a estender e dobrar finíssimas placas de ouro e de prata. Eram atividades que, se de um lado a deixavam muito cansada, colocando à prova sua paciência e boa vontade, por outro, faziam-na sentir-se feliz e realizada, permitindo-lhe, sobretudo, contestar em Amós aquele seu incompreensível e incurável sentimento de incerteza no futuro no qual ele depositava sua reticência ao casamento.

– Eu tenho um trabalho. Se as coisas não acontecerem como você espera – dizia-lhe sempre –, então nos contentaremos com o pouco que eu conseguir tirar da minha atividade. Por que você se preocupa tanto?

Mas Amós procurava ganhar tempo e, enquanto isso, empenhava-se na esperança de conseguir, de um jeito ou de outro, traçar um caminho, qualquer que fosse. Já não tinha mais muitas ilusões. Elena queria de todo modo se casar e, além disso, ele mesmo começava a ficar de certo modo sem jeito com os pais, que o metralhavam todos os dias com repreensões, conselhos, atenções supérfluas, avisos e tudo o mais. Amós sentia, assim, necessidade de fazer sua vida, traçar seus próprios caminhos, experimentando um mal-estar com o qual não se preocupava, considerando-o normal. Todavia, um dia, depois de uma discussão familiar um pouco mais exaltada do que o normal, de repente ficou pensativo e disse aos pais:

– Tu, homem, deixarás teu pai e tua mãe.

Em seguida, afastou-se, com ar satisfeito, como o de um juiz que acabava de pronunciar uma sentença da qual está especialmente orgulhoso, ou de um oráculo que revelava a mais fatídica das previsões.

Enquanto isso, sua vida continuava a transcorrer monótona e tranquila, apesar de seus cada vez mais frequentes insucessos em encontrar uma gravadora que se interessasse concretamente por um projeto no qual ele acreditava firmemente. Se, desde que era criança, todos imploravam para que cantasse, e ele, tímido e relutante, esquivava-se, mas depois cedia, convencendo-se aos poucos de que aquele era seu destino, por que então justamente os do ramo continuavam insensíveis ao seu canto, às suas qualidades interpretativas, àquele entusiasmo que sempre comovia a todos? Se somente lhe tivessem concedido um pouco de confiança, ele os teria surpreendido, teria dado tudo de si mesmo, e os resultados teriam sido surpreendentes.

Amós tinha certeza disso, mas, toda vez ouvia as mesmas respostas: que cantava bem, era muito bom, sem dúvida, mas isso não era suficiente; que não tinha nada de novo naquilo que fazia; que o mercado atravessava um momento de crise e era necessário algo de novo, de mais original e de mais moderno. A isso acrescentava-se toda espécie de julgamentos, aos quais, aliás, não podia se furtar, recebendo-os com a resignação de quem está bem acostumado a ser julgado, aconselhado, desiludido, como se todos fossem naturalmente mais capazes do que ele para encontrar uma solução para os seus problemas, individualizar e eliminar as causas dos seus fracassos, afastar dele riscos e dificuldades. Apesar de tudo isso, Amós sabia que não era do tipo que se desencoraja tão facilmente; lembrava-se de ter recusado o pequeno trenó e pedido os esquis sob os olhares amedrontados ou sem graça dos pais e amigos; lembrava-se de ter convencido seu amigo Sérgio a pedalar atrás dele no conjunto com

A música do silêncio

que o pai o presenteara; e lembrava-se de ter montado cavalos difíceis contra o parecer negativo dos ditos experts, ou seja, daqueles que, saltando do cavalo, sacudiam a cabeça com ar de quem sabe que não é fácil e, dando a impressão de querer, prudentemente, evitar acidentes, desaconselhavam-no a andar naquele animal, muito nervoso para um cavaleiro menos habilidoso do que eles. Amós lembrava-se também do dia em que seus pais tentaram fazer com que desistisse de ir à patinação com seu irmão, quando, a despeito de qualquer medo racional pela sua segurança, tinha dado tudo certo para ele, enquanto Alberto, caindo, tinha quebrado um braço.

Lembrava-se disso e de muitas outras coisas das quais tinha aprendido que, como dizem os ingleses *"the only thing to fear is the fear itself"* e que *"where is a will there is a way"*.[61] Ele tinha certeza de que não havia nada a temer, sentia-se cheio de boa vontade e tinha confiança no futuro. Sabia que nada vinha de graça, sem esforço e sem um pouco de sorte, mas sentia-se pronto para qualquer sacrifício, a qualquer preço. Em sua vida tinha vencido obstáculos aparentemente insuperáveis, quando lhe tinha sido dada a oportunidade de tentar; agora, porém, estava retido justamente no caminho para o qual sempre tinha sido impulsionado. No mundo da ópera, parecia que não devia nem pensar, por causa dos mil problemas ligados à impossibilidade de ver as cenas, os movimentos, a batuta do diretor, os gestos da encenação, problemas aparentemente insuperáveis. Mas Amós acreditava que isso também podia ser enfrentado e superado; sabia que viver na convicção significa considerar possível tudo aquilo que na aparência parece impossível... Mas, quem o apoiaria naquele empreendimento? Quem se interessaria a se arriscar por ele com o único objetivo de demonstrar que nada é impossível nesse mundo, e que, onde existe vontade, há uma saída? Ninguém!

Com o comportamento de sempre, que Amós já conhecia bem, todos o desaconselhariam paternalmente. E, sobre as possibilidades de vencer essa batalha, sentia-se muito pessimista; por outro lado,

---

61 "A única coisa a temer é o próprio medo" e "Onde há força de vontade, há um caminho". (N. R. T.)

já tinha experimentado na própria pele quanto era inútil e doloroso empreender batalhas já perdidas desde o início.

Esta era talvez a razão primeira das suas reiteradas tentativas no mundo da canção que, de resto, não pareciam, até aquele momento, surtir melhores efeitos.

XXV

Embora seus sonhos se dissipassem um após o outro, Amós continuava a se esforçar para alcançar os próprios objetivos. Todavia, alguma coisa nele estava mudando.

Com a intenção de se preparar bem para o exame do Estado, tinha se inscrito em um curso pós-universitário e, nos momentos livres, continuava a gravar músicas, enviar fitas, tocar em bares. Entretanto, a concorrência estava cada vez mais acirrada, e sempre mais barata, principalmente por causa da introdução do uso do computador e das bases musicais, com as quais os músicos podiam simplesmente cantarolar.

Amós tinha plena noção de que não podia mais confiar naquela atividade, e sabia que o tempo não jogava a seu favor; não tinha mais vinte anos, portanto, não podia criar grandes ilusões. Apesar disso, ao invés de ficar exasperado, vencido ou, pelo menos, seriamente preocupado, uma calma, uma serenidade, uma energia nova o deixavam seguro de si e o fortaleciam cada dia mais, e a ideia de fazer todo o possível, procurando com todas as suas forças melhorar por meio do estudo e do trabalho diário, o deixava em paz com a própria consciência.

"Depois da tempestade vem a bonança", dissera-lhe Ettore por diversas vezes, e havia algo de inexplicável, de indecifrável, em que Amós fundava sua plena convicção de que, dali a pouco, lhe apareceria um raio de sol entre as nuvens. Nesse meio-tempo, reconhecia com sincera admiração o sucesso dos outros, até no campo musical, e ria de quem, com medo de ferir sua sensibilidade de artista sem sucesso e em busca da sorte, tentava diminuí-los.

Assim a vida lhe parecia mais simples e bela. Sentia-se mais leve e livre, mais aberto e disponível, e começou a clarear suas ideias. Avaliando com mais calma suas canções, deu-se conta de que, de fato, lhes faltava originalidade e, talvez, também energia. Eram criações de um autor aplicado, digamos, corretas gramaticalmente, e nada mais. No seu canto, além de tudo, faltava garra; podia-se dizer que era agradável no timbre, mas eram evidentes as tensões e distorções que, no final das contas, nem a ele mesmo deixavam satisfeito.

O que fazer, então? Um dia, tendo terminado seu trabalho, o afinador convidou Amós a experimentar o piano. Ele se sentou, executou indiferentemente alguma escala e alguns acordes; em seguida, após ter modulado em si bemol maior, começou a tocar a *Ave Maria* de Schubert. Com receio das dificuldades da mão esquerda, à qual a partitura confia inteiramente a responsabilidade do acompanhamento, nos últimos acordes da introdução decidiu deixar à sua voz a tarefa de executar a linha de canto. O afiador apoiou-se com os cotovelos no piano para escutar.

Ao final da interpretação, Amós, repentinamente, levantou-se do banquinho e, sorrindo, elogiou o trabalho de afinação e convidou o jovem a deixar os instrumentos e ir com ele à cozinha para tomar um café. O afinador estava pensativo, talvez procurando alguma coisa para dizer sobre a execução da música, algum cumprimento?

Amós não queria que ficasse assim sem jeito; então, ele veio ao seu encontro e lhe disse:

– Perdoe a minha sinceridade, mas acho que tenho o dever de lhe dizer que com a voz que tem você poderia conseguir resultados muito maiores se tivesse aulas com um bom professor de canto.

Amós ficou muito surpreso, nunca ninguém, em todos aqueles anos, tinha tornado a falar sobre a questão de estudar canto; desde que

A música do silêncio

também tinha parado de pensar em uma carreira teatral, nem ele mesmo tinha levado em consideração a hipótese de ter aulas com um professor. Agora, porém, aquela inesperada, imparcial consideração, que lhe tinha parecido honesta e sincera, fez com que refletisse a respeito.

– Eu conheço um professor excepcional – continuou o afinador, experiente e aposentado, que recentemente voltou para Prato, sua cidade. Trabalhou a vida toda ao lado dos maiores cantores dos últimos cinquenta anos e agora dá aulas particulares. Se quiser, posso levá-lo à casa dele, tenho mesmo de ir até lá para afinar o piano.

Amós continuava quieto.

– Pense nisso – concluiu o afinador.

E Amós, que andava para lá e para cá pelo cômodo, de repente parou e lhe disse:

– Se ficar para almoçar comigo, voltamos a falar sobre isso.

– Está bem, eu fico.

Alguns dias depois, Amós viajava de carro com a mãe em direção a Prato. Tendo estacionado o carro na praça *Mercatale*, foram a pé até a praça da Catedral. Quando lá chegaram, a poucos passos da entrada da igreja, à direita deles, Amós segurou sua mãe pelo braço, arrebatado por uma música suave, que logo reconhecera como o célebre *Adágio* de Albinoni. A senhora, porém, estava com pressa, sentia-se irrequieta e tremia também pelo frio daqueles dias antes do Natal e as rajadas de vento gélido, que lhe castigavam o rosto. Tendo atravessado a praça, pegaram a rua Magnolfi, mantendo-se à esquerda, e, a poucos passos, encontraram a casa do professor Bettarini. Subiram quatro lances de escada e tocaram a campainha. Quem os recebeu foi uma senhora gentil, vestida de modo simples, mas com gosto; era a esposa do professor. Mais tarde, Amós soube que tinha sido uma cantora de ópera e que agora colaborava com o marido nas aulas.

Após as apresentações e as formalidades, a senhora levou os novos hóspedes para o escritório, um cômodo bem espaçoso com o piano ao centro, alguns sofás, uma bela escrivaninha cheia de papéis, estantes lotadas de livros e partituras, e uma divisória sobre a qual estavam bibelôs de bronze e de prata: um centauro, uma quimera e outras figuras mitológicas nas quais Amós, sinceramente, não prestou muita atenção.

Ao entrar, o professor se levantou da poltrona com certa agilidade e lhe estendeu a mão. Em seguida, inclinando levemente a cabeça, apresentou-se à senhora Bardi. Era um senhor alto e magro, no qual se viam traços de uma antiga beleza que ainda não tinham desaparecido por completo.

Amós explicou resumidamente as razões da sua visita, insinuando, de leve, suas esperanças. O respeitável professor o ouviu pacientemente, e em seguida sentou-se ao piano.

– O que você quer que escutemos?

Amós fingiu pensar um pouco e respondeu:

– A ária da *Tosca*. Pode ser?

– Qual delas? – perguntou-lhe o professor, sorrindo amavelmente pela informação insuficiente.

– A segunda, ou, melhor dizendo, a última – apressou-se Amós em particularizar, e o professor, sem nem procurar a partitura, começou a tocar aquelas conhecidíssimas notas, escritas por Puccini para o clarinete.

Amós cantou aquela ária como sabia e como podia, deu tudo de si e, depois do último acorde, apoiou-se ao piano, já nervoso pelo modo como seria julgado. Naqueles breves instantes entendeu que, finalmente, ouviria uma opinião honesta, competente, talvez definitiva sobre sua voz, e pensou que, se fosse negativa, então se resignaria. Até que enfim alguém lhe diria a verdade.

O professor assumiu aquela expressão solene e começou a falar em tom cerimonioso e vaticinador que possuem alguns homens quando têm de anunciar juízos, sentenças ou conselhos muito esperados.

– Você tem uma voz de ouro, meu filho!. Só que... – fez uma longa pausa e continuou: – Só que, cantando, você faz exatamente o contrário daquilo que deveria fazer. O estudo não só exaltaria todas as suas qualidades de interpretação, mas também acabaria completamente com a fadiga, reforçaria sua voz, ou seja, o deixaria em condições de cantar bem. De fato, devo-lhe dizer francamente, aquilo que você faz agora pode parecer surpreendente para quem não conhece música, mas para os ouvidos de um especialista, não há como não perceber os defeitos...

A música do silêncio

Amós escutava com muita atenção. Nunca ninguém tinha falado com ele assim. "Estamos bem", pensou. De qualquer forma, não tinha escolha.

Resumindo, o que o professor quisera lhe dizer era: assim não está bom, mas um jeito para deixá-lo bom existe, basta que você queira.

"E eu quero", decretou Amós consigo mesmo.

Com seu jeito ativo e arrojado de ser, e de forma espontânea, senhora Bardi, que tinha chegado às mesmas conclusões do filho, tratou da remuneração das aulas, dos dias e dos horários. Em seguida, convencida de ter feito a coisa certa, despediu-se e saiu. Nos dias seguintes, Amós ouviu falar pela primeira vez de emprego correto da respiração, apoio, diafragma, fluência, impostação de voz, cores, toque, sons fixos ou muito vibrantes e de mil outras coisas que lhe revelaram novos e amplos horizontes. Entretanto, tinha pressa, e o professor o repreendia de querer antecipar o tempo, falava-lhe dos riscos que derivavam do uso errado, assim como do abuso da voz, da escolha errada de repertório. Passo a passo, introduzia-o em um mundo que, se por um lado o fascinava, fazendo-o voltar no tempo com as sensações inesquecíveis das primeiras músicas, por outro o intimidava e amedrontava.

Como um adolescente que está prestes a viver sua primeira experiência amorosa, Amós desejava, mas não ousava acreditar naquilo por completo, esforçava-se com todas as suas energias, mas não encontrava a naturalidade e a habilidade necessárias. Por isso foi-lhe necessário um tempo antes de conseguir cantar sem levantar os ombros nem esticar todos os músculos do pescoço, assim permanecendo com a cabeça bem firme. No entanto, quando esses objetivos foram alcançados, percebeu que tinha dado somente os primeiros passos; o importante do trabalho ainda tinha de ser feito.

O estudo do canto também impôs a Amós um novo estilo de vida. Acreditando que deveria tentar de tudo, parou de beber o bom vinho que seu pai fazia e se sujeitou a uma dieta ferrenha, parecida com a dos atletas. E, assim, antes de tudo, sentiu-se melhor, mais jovem e ágil, tanto no corpo quanto na mente.

Faltava ainda um último sacrifício, que para ele seria o mais difícil de suportar, e que, no momento, decidiu evitar. Consistia em conseguir se manter no mais absoluto silêncio nos dias das apresentações, sobre o que tinha ouvido falar, mas sempre considerado como mais uma das tantas lendas sobre os mais célebres cantores de ópera do nosso século. Mais à frente, porém, render-se-ia de bom grado também a esta espécie de castigo, para ter certeza de ter feito todo o possível pela própria voz, aquela voz que, dia após dia, se tornava para ele uma espécie de último porto seguro, no qual, a essa altura, colocava todas as suas esperanças.

Da voz, agora, dependia também seu humor, e momentos de exaltação se alternavam com outros de consternação ou desconfiança.

Quando cantava demais, a ponto de ficar afônico, rapidamente sentia-se tomado por um medo que o irritava; dúvidas o invadiam, e em sua cabeça tomavam a forma de melancólicos pressentimentos e tristes arrependimentos.

Ele não pretendia, de forma alguma, se tornar um dos tantos iludidos ou desajustados que, vítimas nem sempre inocentes dos próprios sonhos, assim como de uma perigosa avaliação exagerada de si mesmos e das suas qualidades artísticas, frequentemente acabam por estragar a própria existência e a dos que estão a sua volta.

Tudo, porém, se resolvia, porque sua voz, depois de um adequado período de descanso, reencontrava seu brilho, sua elasticidade, e o moral de Amós voltava a subir.

Um dia, saindo de casa para ir à aula, Amós encontrou-se com seu pai na porta, despediu-se e lhe disse:

– Tenha paciência, meu pai, ainda um pouco mais! Esta, eu prometo, será a última tentativa.

Depois, no carro, começou a pensar na possibilidade de fazer algum curso profissionalizante e trabalhar, talvez como massagista, ou prestar algum concurso, para conseguir um emprego como telefonista em um banco ou em algum outro órgão. Faria qualquer coisa para encontrar uma ocupação que o sustentasse, a fim de que conseguisse parar de viver à custa do pai.

Mas, em uma noite, já tarde, recebeu um rápido telefonema que reacendeu em seu coração todas as antigas esperanças. Uma gravadora de Modena, na qual um tempo antes realizara um trabalho idealizado e financiado por ele mesmo, agora o convidava com urgência para

A música do silêncio

cantar junto com um famosíssimo artista italiano. Tratava-se de uma música nova, um dueto entre um tenor e uma estrela do rock.

Era um teste apenas, mas seria ouvido por pessoas importantes no mundo da discografia e, se o projeto desse certo, Amós, quem sabe, talvez fosse convidado para executar uma parte em algum concerto, tendo finalmente a possibilidade de se mostrar para os especialistas.

Na manhã seguinte foi cedo para Modena. Com ele estavam a mãe, que nessas ocasiões nunca o abandonava, e Pierpaolo, um novo amigo, que há algum tempo o ajudava no modesto estúdio de gravação que Amós tinha montado na sua casa.

Em Modena, foi recebido gentilmente e acomodado em um pequeno escritório. Logo percebeu uma grande agitação; pessoas entravam e saíam, falando sem parar, mas em voz baixa, sobre os trabalhos que estavam sendo feitos no estúdio, onde alguns dos mais importantes músicos do mundo, guiados por um dos artistas mais amados pelo grande público, estavam preparando um álbum musical, destinado a se transformar em sucesso internacional. Amós deixou-se levar por aquela estranha atmosfera, na qual tudo parecia secreto e maravilhoso. Para se mostrar ativo, cheio de zelo, pediu à primeira pessoa que passou por perto a partitura da música, para poder estudá-la bem antes de estar diante do microfone. Sentia-se um pouco agitado, mas feliz. Parecia-lhe quase um sonho tudo aquilo.

O jovem, a quem tinha se dirigido, sorriu amavelmente:

– Acho que não tem uma partitura, mas não se preocupe, daqui a pouco ele vai vir aqui, pessoalmente, e a ensinará a você.

Amós ficou, para falar a verdade, um pouco admirado, mas naquele momento não tinha tempo nem vontade de pensar muito; enquanto isso, alguém lhe levou um café e começou uma animada conversa, durante a qual ninguém disfarçava o próprio entusiasmo e excitação. Senhora Bardi recomendava calma a todos, mas via-se claramente que era a mais ansiosa e feliz; ela, que sempre teve esperança, e, mais do que ninguém, acreditara nas qualidades do filho e o ajudara a realizar seus sonhos, que, antes e mais do que todos, sofrera pelos seus insucessos, pelo tempo que passava implacável, sem levar a Amós nada de bom. Pois bem, ela agora aconselhava calma, sem poder servir de exemplo para ninguém.

De repente, alguém bateu na porta, que se abriu e uma voz masculina com um forte sotaque emiliano anunciou com certa solenidade:

– Está chegando!

Atrás dele ouviram-se passos, o jovem que estava na porta se afastou e no cômodo entraram três ou quatro pessoas. Dentre elas estava justamente ele, Zucchero,[62] o roqueiro italiano mais conhecido e admirado em todo o mundo.

Pierpaolo apertou um braço de Amós, cochichando: "É agora!". Tudo foi muito rápido e simples. Amós cantou com entusiasmo e paixão; depois se despediu, agradeceu e foi liberado.

Na volta, Amós e seus dois companheiros de viagem sonhavam de olhos abertos com o que poderia acontecer a partir daquela singular experiência. Amós não acreditava em nada do que ele mesmo dizia ou que ouvia dizer, mas fingia acreditar em tudo; aliás, fazia força para acreditar naquilo, devido às tantas desilusões e frustrações que tinham acontecido até aquele momento...

Não via a hora de chegar em casa e contar tudo ao pai, aquele seu pai carinhoso, tão calado e introvertido, que, porém, faria de tudo, podem ter certeza, para realizar os sonhos do seu filho.

Por alguns dias Amós não soube nada do teste, e esforçava-se para se convencer a ficar tranquilo e sereno, não esperar nada de especial. Na verdade, sua ansiedade, a cada dia que passava, ficava mais evidente. Era possível que ninguém notasse, nem mesmo naquela ocasião? Mas, uma tarde, enquanto vestia um roupão depois de uma ducha quente, deu um salto ao ouvir o toque do telefone. Parou para escutar e ouviu a voz da sua querida avó que, com jeito de quem não tinha entendido bem, dizia:

– Já vou chamá-lo, espere um minuto!

Depois, ouviu que o chamava em voz alta, e correu para atender. Era uma voz masculina que nunca tinha ouvido antes, com um sotaque de Bolonha.

---

62 Nome artístico de Adelmo Fornaciari, nascido em Reggio Emilia, em 25 de setembro de 1955, compositor e músico italiano. (N. T.)

A música do silêncio

– É o Michele que está falando – apresentou-se cordialmente, sem acrescentar mais nada.

Mas nem era necessário, pois Amós tinha ouvido falar muito dele nos últimos dias, e logo identificou o conhecido Michele Torpedine, empresário de vários artistas, dentre eles Zucchero. Em seguida, com uma gravidade que naquele momento não conseguiu entender, aquele senhor do outro lado do telefone lhe perguntou:

– Queria saber, e é muito importante que me diga com certeza, se você está livre, absolutamente livre, ou seja, sem contratos.

Amós apressou-se em dizer que sim.

– Então – continuou o seu interlocutor –, aconselho que você não assine acordo de nenhum tipo antes da minha volta e de um encontro nosso. Provavelmente no céu uma estrela se acendeu e começou a brilhar para você!

Amós estava impaciente, queria saber mais, e tentou mais de uma vez interromper aquele simpático desconhecido que falava da Filadélfia, do outro lado do oceano, e que, apesar da distância, parecia tão próximo. Sem dar espaço para Amós, com uma rapidez que às vezes deixava seu discurso quase incompreensível, aquela voz lhe explicou que tivera um encontro com o mais célebre dos tenores do nosso tempo, o maestro Pavarotti, que, para Amós, como para muitos apaixonados por ópera, representava uma lenda viva. Parecia que o mestre, tendo escutado com grande interesse a voz daquele jovem tenor toscano, tinha feito avaliações extremamente positivas sobre ela; até, continuava a contar Michele, não quis acreditar na história de que Amós fosse um simples e desconhecido pianista de piano-bar de uma pequena cidade. Aliás, Pavarotti quase se irritara, porque pensava que Michele estivesse brincando, como se ele não soubesse distinguir, melhor do que ninguém, um bom tenor de uma voz qualquer... Michele disse também outras coisas, mas Amós nem ouviu. Ao final da conversa, Amós o cumprimentou e agradeceu, depois, com um aperto na garganta, foi correndo dar a boa notícia aos seus pais, encontrando a mãe no jardim com Elena, trabalhando tranquilamente.

Contou tudo depressa, no auge da felicidade, que não conseguia conter, depois, para dividir com alguém do jeito mais concreto possível sua alegria, disse para Elena:

– E se tudo estiver mesmo certo assim, então pode começar a pensar na data do nosso casamento!

Diante daquelas palavras, as duas mulheres, que até agora escutavam a história quase que distraidamente, enquanto trabalhavam, no mesmo instante pararam de vez e foram para perto dele, ambas animadas por sentimentos e preocupações diferentes. A mãe lhe fez perguntas certeiras a respeito da conversa ao telefone com Michele, aquela eminência parda sobre a qual tanto se falava ultimamente na casa dos Bardi e da qual, na sua cabeça, podia depender todo o futuro musical de Amós.

Elena, por sua vez, escutou a conversa distraidamente; depois, timidamente levou o assunto para o que poderia acontecer dali a pouco tempo, perguntando com delicadeza para Amós qual seria, na sua opinião, o melhor período do ano para o casamento. Amós ficou incerto. De repente, sentiu-se como o cavaleiro que um momento antes solta as rédeas do seu cavalo para deixá-lo livre, na condição mais natural para enfrentar um obstáculo.

Ele sabia do perigo de voltar atrás na decisão, só que, como o cavaleiro inseguro, não conseguia nem atiçar o cavalo com os apoios necessários, os calcanhares, a voz, com uma participação do corpo todo, e diria até mesmo a mente...

Mas o bom cavalo que conhece seu trabalho e não teme o obstáculo já sabe o que tem de fazer; assim, no decorrer da noite, Elena venceu a resistência de Amós e juntos marcaram para o dia 27 de junho do ano seguinte a data do casamento.

XXVI

Os meses seguintes transcorreram freneticamente entre os preparativos para o casamento e os trabalhos de reforma da velha casa de fazenda toscana da família, na qual os noivos iriam morar. Ao mesmo tempo, Amós ocupara-se com as aulas de canto, as de piano e as incríveis tentativas inúteis de falar com Michele e induzi-lo a um acordo que daria início a sua carreira.

Mas Michele estava inacessível, escorregadio como uma enguia; conseguia escapar de Amós toda vez que se imaginava tê-lo em suas mãos. Se procurava por ele no escritório, as secretárias lhe diziam que não tinha chegado ou que estava em alguma reunião; se ousava ligar, e isso acontecia raramente, no telefone celular, e ele por acaso atendia, toda vez a linha caía ou Michele dizia estar ocupado, prometendo retornar a ligação em cinco minutos; neste caso, Amós ficava esperando ansiosamente durante toda a tarde, depois, desanimado e mortificado, esforçava-se em encontrar alguma desculpa plausível para Michele, o que acabava sendo difícil, porque ignorava as regras que fazem parte do trabalho de um empresário do mundo do espetáculo.

Para Amós, foi um período muito árduo, mas pelo menos havia uma esperança concreta para perseguir.

Todavia, o dia do casamento se aproximava rapidamente, e as preocupações em relação a como sustentaria sua nova família aumentavam e o deixavam nervoso.

Aceitou, então, cantar em um concerto, especialmente organizado para ele em um pequeno, mas adorável, teatro, situado perto da sua casa. Carlo o acompanharia ao piano. Seria o primeiro e verdadeiro concerto lírico para Amós, e ele sabia dos riscos; seu professor tinha sido enfaticamente contrário, mas ele tinha necessidade de se medir consigo mesmo, de dar um sentido a sua existência.

Quando se viu no camarim, pela primeira vez sentiu-se invadido por uma sensação de pânico. Queria fugir, fingir um mal-estar ou quem sabe passar mal realmente, para poder recusar o compromisso. Mas àquela altura estava tudo pronto, o pequeno teatro lotado, completamente invadido pelos amigos da música vindos de diferentes lugares vizinhos e sempre sedentos por vozes de tenor, tão raras hoje em dia. Amós então tomou fôlego e decidiu entrar.

Cantou, ou melhor, gritou com toda voz que tinha, tanto que, lá para o final do concerto, quase ficou afônico, mas driblou o impossível e, até que Deus decidisse, aquela tortura terminou.

Voltou para seu camarim e se sentou tranquilamente, sem saber o que dali a pouco lhe aconteceria; uma experiência penosa, à qual, pensou em seguida, deveria se acostumar. Bateram à porta. Carlo, que estava com ele, foi abrir, e, em um minuto, aquela pequena salinha estava repleta de gente. Alguém, silenciosamente, deu-lhe a mão e saiu; outros, pareceu a Amós, falaram disso e daquilo. Um sujeito sisudo, de meia-idade e estatura média, aproximou-se dele e perguntou:

— O que você achou da sua exibição?

O tom sarcástico da pergunta sugeriu a Amós uma resposta prudente:

— Não sou eu quem deve julgar, mas, sim, quem está sentado ouvindo!

O homem deu-lhe um tapinha nas costas e lhe disse:

— Estude ainda mais, e muito, antes de cantar em público, caso contrário, acabará com a sua carreira!

A música do silêncio

Uma expressão de dor e humilhação se fez sobre o rosto de Amós, que, entretanto, reagiu com presença de espírito:

– Seguirei seu conselho.

Em seguida, em meio ao turbilhão de seus pensamentos e sentimentos, ouviu uma voz que lhe disse:

– O timbre, em todo caso, é muito bonito!

Era o presidente de uma associação de amigos da música de uma cidade vizinha. Quisera dizer algo apenas para consolá-lo, ou tinha falado com honestidade? Amós não sossegava. Agora, as dúvidas mais uma vez o atormentavam e ele ficava triste, como um cachorro que apanhou do seu dono. "Começar tudo de novo!", pensava na volta. De fato, tudo ainda tinha de ser feito. Aquele pequeno passo devia lhe servir de aviso; o caminho que esperava percorrer não seria simples nem feliz, mas incrivelmente árduo, cheio de ciladas, decepções, inextricáveis problemas de interesses sujos entre partes constantemente em conflito entre si...

Mas Amós deixou para trás aquela sua sofrida experiência, e a partir do dia seguinte retomou seu caminho. Seu professor de canto o repreendeu duramente, ameaçando-o até mesmo de largar o compromisso que assumira se repetisse um erro do tipo. O inexperiente cantor prometeu, contudo, ser mais prudente no futuro. Nesse ínterim, intensificou os encontros com Carlo, com o qual melhorava a técnica de piano e exercitava a voz. Carlo, um pouco mais novo do que ele, gostava muito do seu trabalho e, especialmente, amava a música, para a qual era, indiscutivelmente, bastante dado. Afeiçoara-se a Amós e, com o passar do tempo, descobriram juntos que tinham, além da paixão pela arte em geral, muitas outras coisas em comum: ambos gostavam da boa cozinha e do bom vinho, do esporte e da amizade, enquanto nenhum dos dois tinha o vício de fumar, de jogar, e muito menos se sentiam atraídos pelos falsos paraísos dos entorpecentes ou coisas parecidas. Na verdade, amavam a vida e, juntos, a viviam intensamente, enquanto ela transcorria agradavelmente no final das contas. Se ainda não era uma amizade, aquela entre Amós e Carlo era, com certeza, o que se pode definir como uma rara forma de afinidade. Entendiam-se imediatamente e se davam muito bem, sem motivo algum para, como se diz, se conformar com o inevitável, e, assim, o tempo lhes mostraria quanto é verdadeiro o provérbio que diz: "Quem encontra um amigo, encontra um tesouro".

Graças ao cuidado e à paciência de Carlo, Amós, em pouquíssimo tempo, fez muitos progressos nos estudos de piano, muito mais além de qualquer previsão otimista do professor. Estudava com uma energia que surpreendia a si mesmo, sem saber que tanta determinação tivesse origem em um desespero inconsciente misturado à raiva; é o que sentem alguns atletas quando, próximos do objetivo, percebem que estão ainda um pouco em desvantagem em relação ao adversário e temem a derrota, quase inevitável àquela altura.

Do estudo, de qualquer modo, tirava um sentimento de satisfação e de calma; quando se sentia mental e fisicamente cansado, parecia que estava em paz com sua consciência.

Ettore o encorajava, dizendo-lhe, às vezes, palavras de aprovação, com as quais ficava orgulhoso. No entanto, o tempo passava, e o dia do seu casamento já estava chegando.

Concordando com Elena, Amós decidira que o ritual religioso seria na igreja de Lajatico, na sua igreja; em seguida, a festa para os parentes e amigos seria no grande salão da casa Bardi. Desde o início, dissera que queria uma cerimônia simples, não muito cara, mas, dia após dia, a lista dos convidados ia inevitavelmente aumentando, porque, se até o último momento tinha tentado adiar ao máximo a decisão daquela fatídica data, agora que não tinha mais o que fazer queria perto dele, naquela ocasião, todos os seus amigos e todas as pessoas de quem gostava. Não sabia explicar por que, mas não resistia à tentação de acrescentar alguns nomes à lista dos convidados.

Nesse ínterim, do estúdio no qual gravara a música de Zucchero, naquele lugar em que todas as suas esperanças se reacenderam, chegavam telefonemas que deixavam Amós com o coração na mão: ora parecia que o maestro Pavarotti se recusava a cantar música popular e indicava Amós para o seu lugar; ora parecia que tinha mudado de ideia. No final, o mestre tinha aceitado. Para Amós, portanto, sobrava a esperança de substituí-lo nos concertos de Zucchero, nos quais, com certeza, o mestre não se exibiria.

Amós estava muito magoado, entretanto, um pensamento o ajudava: quem sabe se, no final das contas, aquela enésima desilusão não poderia, de repente, ser um verdadeiro golpe de sorte, uma vantagem! O fato de se apresentar cantando uma música que ficou famosa graças à interpretação de um artista tão importante com o maestro Pavarotti, o mais célebre tenor do seu tempo, a figura mais carismática no mundo da ópera, não provocaria comentários, comparações, dos quais ele teria tudo a seu favor. Esta ideia não o consolava por inteiro, mas diminuía sua dor.

"Vê-se que é assim que tem de ser", pensava consigo, "então, que seja!". E à sua cabeça vinham os versos de Dante: "Que assim foi posto lá aonde tudo o que se quer se pode, e tem valia".[63]

Uma manhã, Amós foi para Bologna com o pai na tentativa de encontrar Michele. Estava decidido a esperar por ele na porta do seu escritório até que lhe fossem concedidos alguns minutos do seu precioso tempo. Ao chegar, uma secretária o recebeu gentilmente: Michele, inacreditavelmente estava lá, trancado no seu escritório, envolvido em uma reunião muito importante, mas com certeza o receberia. Esperou com paciência. Estava tão nervoso, que todas as horas que esperou lhe pareceram somente um minuto. De repente, uma porta se abriu e Michele, sem demora, foi ao seu encontro.

–Até que enfim consigo me encontrar com o senhor! – disse Amós, sorrindo feliz.

– É mesmo – respondeu Michele. – Estamos correndo, como sempre, mas em especial neste período, com o lançamento do disco de Zucchero... Mas, não se preocupe, daremos um jeito para os nossos projetos, farei o possível para mandá-lo numa turnê. Infelizmente agora tenho de ir para o aeroporto, porque já estou atrasado.

Michele deu uma olhada rápida no relógio, depois pegou a mão de Amós e, apertando-a, acrescentou:

– Foi um prazer conhecê-lo, com certeza nos veremos em breve.

---

63 Tradução em português de *Vuolsi così colà dove si puote ciò che si vuole e più non dimandare* (in BRITO, E. F. *A insaciável sede de saber na Comédia de Dante*. Dissertação de Mestrado. São Paulo: USP, 2010). É uma expressão célebre emprestada da *Divina Commedia* de Dante Alighieri, no Inferno, canto III, pronunciada por Virgílio, guia de Dante na viagem para o além, para acalmar Caronte e outros espíritos infernais que protestam pela passagem dos dois visitantes. (N. T.)

Deu a mão respeitosamente para o Senhor Bardi, que não tinha tido tempo de dizer uma só palavra.

– Desculpem-me! – disse ainda, em seguida pegou uma jaqueta impermeável pendurada no cabideiro e desceu rapidamente as escadas.

Amós e o pai ficaram parados, sem acreditar. Tantos quilômetros, um dia inteiro, e tudo tinha se resolvido assim. Era verdade mesmo? E não se podia fazer mais nada?

Despediram-se das secretárias e saíram lentamente, com a derrota estampada no rosto. No caminho de volta, falaram pouco, cada um com seus pensamentos, procurando, inutilmente, se aquietar.

No auge do desânimo, Amós pensou em Elena, que o esperava em casa, e para quem pouco interessavam o resultado daquela viagem, as promessas de Michele, a indiferença dos produtores, porque o aceitava assim como era, com as virtudes que conhecia e os defeitos que não conseguia perceber. Logo se iniciaria uma série de encontros para a preparação do casamento com o padre Carlo, o pároco de Lajatico; e, como um cravo com outro se tira, aquele pensamento tomou conta por inteiro da cabeça de Amós, provocando novos motivos para se preocupar, uma leve ansiedade, parecida com uma dor. Elena, de fato, aceitava dizer-se religiosa, mas seu pai lhe incutira um anticlericalismo, uma aversão por todas as manifestações exteriores do culto que, sem se tornar para ela uma doutrina, era, todavia, algo bem evidente. Durante o noivado, Amós, na casa de Elena, tinha se envolvido em várias discussões sobre o assunto, todas, é claro, respeitando as ideias dos outros, mas cada uma mais animada e agitada do que a outra.

Repensando sobre isso, Amós estava convencido de que não tinha conseguido provocar na namorada nem ao menos uma sombra de dúvida. Aquele era um senão de uma devoção quase absoluta que Elena tinha demonstrado por ele desde os primeiros encontros.

"Como poderei fazê-la entender a necessidade, a importância e a alegria de curvar as razões do intelecto àquelas da fé? E se a ela se curvaram as engenhosidades mais racionais, os cérebros mais distintos da humanidade inteira, como e por que empregar e desperdiçar nossa mísera inteligência em reproduzir a incoerência de comportamento dos ministros da igreja, a futilidade das funções religiosas, em ridicularizar a credulidade dos simples, ao invés de se dedicar a um ato de

A música do silêncio

humildade intelectual e professar aquela pobreza de espírito que Jesus de Nazaré nos aconselha no *Sermão da Montanha*? Elena é uma jovem simples, dez vezes, mil vezes melhor do que eu! Eu, sei disso, sou um homem sem virtudes, que as persegue com todas as suas forças e não as alcança nunca, porque não são suficientes, e que se atormenta pela própria incapacidade de ser aquilo que queria ser. Esta, talvez, seja a razão pela qual não consigo convencê-la."

Amós estava tão entretido com seus pensamentos que nem percebeu que já havia chegado em casa. Estava tão irritado que, ao invés de se sentar à mesa para o jantar, telefonou para Adriano.

– Acabei de chegar, e queria falar com você. Pode vir até aqui?

Adriano pegou o carro e em menos de meia-hora estava lá. Então, Amós gastou algumas poucas palavras sobre o seu dia, achando insuportável e chato ter de contar ao amigo aquele seu outro fracasso, e demorou-se, ao contrário, nos pensamentos que o perturbaram na última parte da viagem de volta.

Foi com o amigo para o salão, começou a andar de lá para cá, murmurando algo, tomado por uma agitação febril. Adriano sentou-se em um sofá e começou a escutá-lo, pacientemente.

– Daqui a poucos dias, levarei ao altar uma mulher que me ama. Nós dois estamos de acordo, mas, na igreja, ela estará ao meu lado como no teatro, quando a levei pela primeira vez para fazê-la descobrir e amar o mundo da ópera. Ela vai escutar o padre distraidamente, fará o sinal da cruz, rezará o *Credo*, o *Pai Nosso*, talvez tomará a Comunhão, sem acreditar, porém, no mistério da eucaristia, e fará tudo isso por mim, só para me deixar feliz, enquanto eu estou tomado por dúvidas, uma aflição enorme que está acabando comigo, e já nem sei mais o que é certo e o que não é.

Parou um instante. Adriano estava calado, provavelmente, mais do que uma resposta para o amigo, procurava um jeito de confortá-lo.

– De qualquer forma – recomeçou Amós –, Elena não nega a existência de Deus, talvez do seu jeito, até o procure –, quem sabe! Talvez esteja mais perto dele do que de mim... – depois, sentando-se ao lado de Adriano, sorrindo, acrescentou: – Seja o que Deus quiser! É o que resta dizer!

Quando a família Bardi foi para o andar de cima, os dois jovens saíram do salão e foram para a cozinha, fecharam a porta para não atrapalhar; em seguida, esquecendo-se do mau humor, Amós tornou a ser o cozinheiro que naquelas situações adorava ser e, logo, um fumegante macarrão à carbonara foi servido. Abriu uma garrafa de vinho tinto e, entre um copo e outro, a conversa ficou fluente e leve.

Quando Adriano foi embora, tarde da noite, Amós foi para o quarto, tirou depressa a roupa e se deitou na cama, imerso em seus pensamentos. Havia algo na sua vida que o deixava inquieto, insatisfeito, algo que não tinha nada a ver com seus fracassos no campo do trabalho, um indecifrável sentimento de confusão espiritual que o atordoava, uma falta de solução para todos os seus problemas existenciais.

"A vida passa", pensava Amós no silêncio do seu quarto, "um dia após o outro, sem nos dar tempo para entender seu sentido, sem chance de recurso, assim, sem uma razão, pelo menos aparente, talvez a gente seja livre para julgá-la, amá-la ou condená-la, deixar-se sufocar pelos remorsos ou se consumir por vãos arrependimentos! Mas isso, o que significa? A única coisa certa, aquela que nunca o abandona, que pode ajudá-lo a viver quando a escuta, e que o dispensa quando a ignora, é a consciência, a única coisa que distingue o homem dos outros seres vivos e o aproxima de Deus; somente ela confere razão a essa vida antes mesmo de ser vivida, somente ela enobrece uma existência, escavando como uma relha o rastro que testemunha, permanece e se expõe ao julgamento das gerações futuras e à lembrança querida deles. Oh, doce encanto, oh, secreta felicidade, oh, paraíso, o dom de uma consciência imaculada, que eu não tenho!".

Expressava-se confusamente assim, incentivado pela companhia do seu amigo mais querido e um pouco excitado por causa do vinho; depois, seus pensamentos se confundiram, perderam-se em uma névoa cada vez mais densa, e logo adormeceu profundamente.

XXVII

tempo voa, e voou também para Amós e para sua família, todos ocupados, organizando e preparando tudo para o dia 27 de junho, já tão próximo. Naquele dia, bastante significativo, que cada um, quando é o protagonista, vive com o espírito de quem alcança a linha de chegada de um importante objetivo, o jovem, que dali a pouco estaria casado, acordou por último na casa paterna, que a partir daquela noite abandonaria. Calmo e descansado, levantou-se, arrumou-se sem pressa e, quando saiu do quarto e foi para baixo, era quase hora do almoço. Mas, naquele dia, ninguém lhe disse nada, ao contrário, todos ficaram felizes em vê-lo tão tranquilo e descontraído. Depois de comer algo frugal, percebeu ao seu redor emergir uma certa agitação, que dali a pouco se transformou em confusão, depois afobação, pelo menos assim lhe pareceu. Ele, ao invés, parecia agir impulsionado por uma vontade desconectada da sua, como um robô, ou melhor, como um animal no meio do bando que, por razões desconhecidas, vai em certa direção, corre, diminui, para depois começar de novo com todos os outros, e tudo sem saber por quê. Em alguns momentos, sentia-se ridículo, em outros, era capaz de se colocar inteiramente no papel do protagonista, que naquele dia era dele, e ao qual, mais do que a qualquer outro, se confia toda a responsabilidade do bom êxito da festa.

Quando o convenceram de que estava na hora, foi se arrumar. Colocou o traje adquirido para aquela ocasião, e, assim que ficou pronto, sem muita cerimônia, sentou-se no carro com os pais e foi para a igreja de Lajatico. Assim que chegou, foi procurar o padre Carlo, que estava na sacristia.

– Quero me confessar – disse, decidido.

O pároco pediu a todos que saíssem e, ao invés de levá-lo para o confessionário, sentou-se ao seu lado, convidando-o a abrir seu coração, arrependido pelos remorsos, e sua alma, pelo pecado. Foi uma conversa rápida, mas intensa, durante a qual Amós, fazendo um esforço para vencer a resistência, o embaraço e o orgulho, quase de uma vez só disse tudo o que achava que tinha de dizer. Depois, tendo recebido a absolvição, voltou para a igreja para se certificar pessoalmente de que os músicos tivessem chegado, que os amigos com as máquinas fotográficas e as filmadoras estivessem à vontade e não amolassem o padre, e que, em resumo, tudo estivesse bem. Por fim, procurou Adriano, que tinha aceitado ser seu padrinho.

Elena não se atrasou. Às cinco horas da tarde em ponto estava na frente da igreja. Amós foi ao seu encontro, deu-lhe a mão e juntos, com o rosto radiante daquela felicidade especial que enche o coração dos apaixonados que estão prestes a coroar seu sonho de amor, ou, mais realisticamente, seu projeto comum de vida, ao som das notas musicais da *Marcha Nupcial*, de Mendelssohn, passaram pela porta da igreja e chegaram ao altar, seguidos pelo cortejo alegre dos parentes e amigos.

– Eu, Elena, te recebo, Amós, como meu legítimo esposo e te prometo ser fiel, na alegria e na tristeza, na saúde e na doença...

Amós ouviu aquelas palavras que saíam da boca de Elena, estremeceu, e um leve sorriso torceu seus lábios. Um estranho pensamento passou pela sua cabeça de repente: quem sabe se sua noiva já tinha avaliado o peso daquela promessa que ele mesmo teria de pronunciar em voz alta dali a poucos instantes! Por que era preciso fazer aquela promessa solene, tão difícil de manter?

A música do silêncio

Mas a voz dela, segura e tranquila, talvez um pouco emocionada, que o interior da igreja deixava misteriosamente mais profunda e séria, aquela voz, tão familiar para ele, continuava:

– ... e de amar-te e respeitar-te, todos os dias da minha vida!

Amós procurou apagar aqueles pensamentos fora de hora da sua cabeça e, para que conseguisse mais facilmente, concentrou-se no som da sua própria voz, para que não parecesse banal e falso. Assim, em tom sério, mas simples, sem ênfase, quase apressadamente, também fez a sua promessa. Terminada a frase, sentiu uma leve tontura, um repentino atordoamento, Adriano sacudiu-lhe levemente o braço, Elena sorriu, e ele se acalmou. Na saída da igreja, os noivos ficaram espantados com a quantidade de gente da cidade, conhecidos e curiosos que tinham se juntado para vê-los, e foi preciso um bom tempo para que conseguissem chegar até o carro.

Como Amós sempre quisera, a festa foi organizada na casa dos pais, naquela casa onde crescera e da qual tanto gostava. Os parentes e os amigos mais queridos, todos, estavam lá, e cada um fez o que pôde para que tudo saísse da melhor maneira possível. Verano, o confeiteiro, desde sempre amigo de Amós, preparara para a data um bolo maravilhoso, com vários andares, o último com merengue, o doce preferido do noivo, e mais delícias nas outras partes. Luca e Giorgio tinham preparado um verdadeiro e próprio show pirotécnico, enquanto alguns vizinhos serviam as mesas.

A festa durou até tarde da noite. Tendo se despedido dos últimos convidados, os noivos finalmente entraram em casa, onde tinham decidido passar a noite de núpcias. Elena estava feliz, e, entrando em seu novo quarto, quase comovida, tentou encontrar as palavras certas para descrever toda sua alegria, mas não conseguiu, limitando-se a dizer:

– Tudo do jeito que eu tinha sonhado!

No dia seguinte, partiram para uma rápida viagem de núpcias, um cruzeiro pelo Mediterrâneo, com parada na Espanha e na Tunísia, voltando pela Itália, visitando Palermo e Nápoles, e, por fim, chegando em Gênova, de onde tinham saído. A viagem foi, para ambos, muito interessante e excitante, porque nenhum dos dois tinha subido em um navio antes; além disso, Amós adorava o mar aberto, o mistério daquela quantidade imensa de água, daquele espaço infinito no qual até a fantasia se perde e migra peregrina...

À noite, ficava na sacada da suíte, apoiava os cotovelos no parapeito e ficava ali por horas, absorvido em seus pensamentos, respeitando aquele ar limpo, que o inebriava e entorpecia. Quando desembarcavam, antes de tudo, procurava um telefone para ter notícias de seus pais e de Michele, que lhe prometera fazer de tudo para levá-lo em uma turnê com Zucchero. Era aquela a única coisa que esperava, a que mais desejava. Quando, porém, telefonou de Nápoles na esperança de receber alguma boa notícia, a voz já conhecida de uma das secretárias de Michele o informou que, para o momento, estava tudo suspenso. Zucchero tinha decidido lançar o vídeo do seu dueto com o maestro Pavarotti, e não mais regravá-lo ao vivo. A moça lhe dizia para não telefonar mais, e que, se surgissem novidades, ela mesma telefonaria para informá-lo.

Amós viu o mundo desabar sobre ele e fechou-se em um silêncio melancólico, que também entristeceu Elena, que não conseguiu consolá-lo de maneira alguma. Tampouco serviram as palavras de conforto e otimismo do pai e do sogro, que foram até Gênova buscar os recém-casados para levá-los para a casa no campo. Não houve o que fazer, e até mesmo na sua casa, com seus amigos, continuava pensativo e triste.

Elena saía supercedo pela manhã para ir trabalhar, e voltava na hora do jantar. Ele ficava sozinho, não comia direito, estudava piano, canto, ficava com Ettore, que ia encontrá-lo todos os dias e juntos liam algo. Ettore parecia muito tranquilo para Amós, que achava aquilo estranho. "Mas será possível que ele não tem nada a dizer diante da situação em que me encontro?", pensava, e não sossegava.

Passou quase um ano inteiro naquele estado, continuando a fazer as mesmas coisas. Mas, dia após dia, a perplexidade deu lugar à resignação, a resignação à paz, e esta última lhe devolveu, devagar, a energia, a vontade de fazer algo, a confiança em si mesmo e no próximo. Chegou o inverno. Amós estava muito preocupado com a ideia de ter de recorrer ao pai para dar conta das necessidades da família. Portanto, assim que Elena ia trabalhar, imediatamente desligava o aquecedor e colocava mais uma blusa de lã. Fazia todo tipo de

A música do silêncio

economia, impondo-a a si mesmo como uma disciplina, e esse novo rigor na vida lhe concedeu uma força, uma capacidade de aplicação e sacrifício que nunca experimentara antes.

Elena queria um filho, e falava disso cada vez com mais frequência. Amós, para dizer a verdade, nunca tinha tido muita propensão para crianças, todavia, a ideia de um filho também afagava sua imaginação, mas, como podia colocar no mundo uma criatura, sem antes ter criado as condições necessárias para garantir-lhe uma vida livre e rica de oportunidades? Logo, adiava sempre, procurando dissuadir Elena daquele seu propósito, que a cada dia se tornava uma ideia fixa, como já havia acontecido com o casamento.

Passava sozinho dias inteiros, e foi naquele período que conseguiu se impor o silêncio como disciplina indispensável para um cantor. Todos os nomes mais famosos do nosso século no mundo da ópera o praticaram, e ele não queria ser exceção.

As primeiras tentativas foram muito difíceis, principalmente quando se obrigava a ficar calado no meio das pessoas, pois, quando estava sozinho, o silêncio tinha uma voz que, além de não cansá-lo nunca, acalmava-o e lhe dava uma sensação de bem-estar.

O fato de não poder dar sua opinião, de ter de aguentar as conversas dos outros sem poder rebater e se exprimir, era-lhe verdadeiro castigo. Porém, as primeiras críticas severas que recebeu, as primeiras desilusões, o medo cada vez mais concreto de ver desaparecerem definitivamente os próprios objetivos, deixavam-no ainda mais forte e determinado.

Todavia, ninguém entendia a necessidade daquela esquisitice, e, assim, ao invés de incentivo, encontrava nos outros somente exortações hilariantes para desistir. Por este motivo, passava de bom grado a maior parte do seu tempo na mais absoluta solidão, entre as paredes da sua casa, onde a voz daquele silêncio afagava seu espírito e lhe dizia em tom tranquilizador: "Procure dar o melhor de si, ser honesto ao avaliar você mesmo e os outros, ouça sua consciência e vá em frente sem se desesperar, porque a boa vontade e o espírito de sacrifício, no final, sempre compensam!".

Amós andava de um lado para o outro no seu quarto e sorria com a ideia da simplicidade quase infantil daqueles conceitos: "São coisas que nos dizia nossa boa mestra, que me aconselhava a avó quando eu era criança, que me repetia sempre a moça do catecismo...". Mas a voz o socorria ainda e o advertia: "Há mais verdade nestas palavras que para você parecem banais do que naquelas que poderá encontrar nos discursos obscuros e grandiloquentes dos políticos, naqueles desordenados e abstratos dos burocratas, naqueles presunçosos e fátuos dos homens da ciência ou, pior, nas sentenças cínicas e sinistras dos homens da lei...".

Em uma carta endereçada ao seu professor de canto, Amós escreveu: "Não sei como agradecê-lo por ter me recomendado enfaticamente a disciplina do silêncio; ela ajuda com certeza a voz, mas mais ainda a alma, que aprende a se conhecer melhor, quando estou sozinho, e entende melhor os outros, quando ruidosamente derramam uns para os outros rios de palavras. Quantas coisas inúteis, quantos absurdos e bobagens são ditos durante uma conversa qualquer, e quantas coisas importantes, ao contrário, se perdem, por causa de uma injustificável indiferença às razões do interlocutor, embora devida ao medo de não ter dito o bastante ou de não ter sido suficientemente convincente! Quantas coisas aprendi, professor, e quantas surpresas me reservará no futuro a música do silêncio!".

Do estudo do canto e do desenvolvimento da própria voz, Amós recebia enormes satisfações, que de uma maneira ou de outra equilibravam todas as inquietações devidas àquilo que não conseguia realizar. Quando alguém o convidava para sair do isolamento, para se distrair um pouco, sorrindo, respondia que estava muito feliz com a própria existência, que não tinha necessidade de nada, e pensava consigo mesmo: "O valor do artista é inversamente proporcional ao tamanho das suas necessidades, das suas exigências e dos seus desejos, porque o artista verdadeiro se nutre basicamente da própria arte, que por si só é suficiente para deixá-lo feliz e completamente satisfeito".

Além do mais, a que lhe serviria enriquecer-se? Amós acreditava que, na sua busca desenfreada pela riqueza, um homem começa, é verdade, a possuir o indispensável, depois o útil, e finalmente o supérfluo, mas não se contenta; assim, o dinheiro se torna, primeiro, perigoso, e depois até nocivo, se não para si mesmo, que, geralmente, não tem

A música do silêncio

nem tempo para gastá-lo, para os membros da sua família com certeza, principalmente os mais jovens.

Até que enfim terminou aquele inverno, que para ele foi um dos mais longos e frios. Nesse ínterim, como tinha prometido a si mesmo, terminara o estudo da famosa *Sonata em ré menor* de Bach transcrita para o piano por Busoni. Era um resultado surpreendente, embora a interpretação ainda lhe saísse bem distante da perfeição. Com o início da primavera, decidiu conceder-se um parêntese romântico, estudando, finalmente, o *Noturno n. 3* de Liszt, mais conhecido pelo grande público como *Sonho de Amor*. Dedicou-se a ele plenamente, com alegria e paixão. Em pouco tempo o decorou, e depois se ateve ao aperfeiçoamento dos trechos mais complicados.

Um dia, quando estava absorto, estudando uma cadência, ouviu o telefone tocar. Daquela interrupção, definitivamente, não precisava. Levantou-se a contragosto, mas foi atender rapidamente, como sempre fazia, e não acreditou em seus ouvidos quando reconheceu a voz de Michele.

– Tenho uma boa notícia para lhe dar – disse-lhe rapidamente. – Desta vez acho que consegui; prepare-se para viajar lá pelo final de maio para uma turnê inteiramente italiana nos mais importantes estádios de futebol.

Amós ficou sem palavras; acreditar, não acreditar! Melhor não! Mas telefonou imediatamente à esposa, depois aos pais, não conseguindo conter o entusiasmo.

Entretanto, de repente um pensamento o abateu, como uma farpa envenenada. Justamente naquele período haveria um importante curso de canto, sob a direção de uma célebre soprano italiana, que tinha confiado nele e veementemente o convidara para participar de suas aulas. E então, o que fazer? Do que abrir mão? Qual sádico destino perseverava tanto contra ele? Eram as primeiras chances, as únicas realmente importantes para sua carreira, e, de cara, era obrigado a renunciar a uma delas.

Desesperadamente, Amós pensou em Ettore para lhe dar um conselho, mas, depois, conhecendo-o bem, já imaginava a resposta. "Nesses casos", dir-lhe-ia, "o melhor conselho que se pode dar é não aceitar conselhos de ninguém". Então, chamou o pai e, com calma, expôs-lhe o problema. Senhor Bardi deu um suspiro, parecendo estar desconfortável com aquela situação, e disse:

— Eu acho, Amós, que você tem de decidir sozinho, porque ninguém vai querer ficar com a responsabilidade de dizer o que você deve fazer. Nos momentos decisivos, cada um está sozinho consigo mesmo.

Dito isso, passou uma mão em seus cabelos, gesto que encheu o coração de Amós de ternura.

Agora não pensava mais em si mesmo, mas no pai, que daria o sangue para vê-lo feliz e realizado. "Coitado do papai!", pensou, e sentiu necessidade de consolá-lo:

— Bom, veja, melhor duas oportunidades do que nenhuma!

Depois, continuando a refletir consigo mesmo, Amós pensou: "E se eu não vencer essa batalha, obrigarei meu pai a trabalhar até quando tiver forças para fazê-lo. Não! Isto não é justo! Se desta vez também não der certo, vou procurar um trabalho qualquer, telefonista, massagista, prestarei um concurso no banco, mas esta situação tem de acabar a todo custo!".

As mulheres, temos de admitir, muitas vezes conseguem ser mais práticas e ativas do que os homens. Assim, a senhora Bardi e Elena concordaram, sem hesitar, em aconselhar a Amós que deveria optar pela proposta de Michele, porque daria frutos certos e imediatos, e não havia nem comparação entre uma e outra, que custava dinheiro e só traria promessas. Aflito e mortificado, resolveu, então, telefonar à famosa cantora para lhe comunicar sua decisão de partir para aquela aventura, sem disfarçar nenhuma das razões que o tinham levado a tomar aquela direção. A senhora, um pouco contrariada, em tom de reprovação, listou-lhe as oportunidades que, a seu ver, ele perderia para sempre; mas, no fim, resignou-se, e com um pouco de indiferença se despediu.

Os dias passavam, e, para Amós, que tinha pavor de qualquer mudança de ideia, pareciam eternos. Uma cantata no teatro da sua cidade o distanciava ainda da partida, e, mais uma vez, pensou no pior. Na hora dos ensaios, Amós, sem querer, caiu do palco, indo parar na primeira fila das poltronas, mas por sorte sofreu apenas leves contusões. No dia seguinte, junto com Elena, tão feliz quanto incrédulo, foi para

A música do silêncio

Bassano del Grappa, onde, pela primeira vez, duetaria com Zucchero naquela que seria a parte mais importante do show.

Para Amós, tinha sido deixada a parte mais conhecida pelo público, graças à interpretação magistral do mais ilustre dos tenores do mundo. Como reagiriam os quase quinze mil pagantes àquele ingrato confronto?

Era isso o que, morrendo de medo, se perguntava o pobre Amós, antes de aparecer na ribalta, sentado ao piano, em uma plataforma semimóvel. Mas as pessoas quase sempre gostam de novidades, assim, as primeiras notas trementes do desconhecido tenor foram recebidas com uma verdadeira ovação. Ao final da música, o público parecia literalmente enlouquecido. Quinze mil vozes ensurdecedoras gritavam, encobrindo até mesmo o volume exagerado dos enormes amplificadores, e, no dia seguinte, na página dedicada aos espetáculos de um conhecido jornal, aparecia em título destinado a ficar marcado na memória da família Bardi inteira: *Amós Bardi não nos deixa ficar com saudades do mestre Pavarotti*. Emocionado e comovido até quase às lágrimas, Amós tinha vencido sua primeira e verdadeira batalha.

XXVIII

lgo estava acontecendo no céu, sem dúvida, que agia em favor de Amós. No entanto, sem saber e incrédulo, continuava como sempre seu caminho, agora feito de princípios bem arraigados e de dúvidas intrincadas às quais se apegara tanto, que as preferia ao invés de qualquer enganosa certeza; um caminho também de esperanças, porém somente e exclusivamente baseadas em sua própria vontade, capacidade e espírito de sacrifício.

A turnê de Zucchero foi um verdadeiro sucesso. Amós descia do palco, toda noite, seguido por uma ovação ensurdecedora, que o enchia de alegria e quase o embriagava; depois, no camarim, encontrava-se com Elena, também feliz e incrédula. Em pouco menos de um mês, juntos percorreram a Itália de norte a sul, em um ônibus cheio de músicos e bagagens, sem sequer o conforto do ar-condicionado. E, no entanto, Amós parecia estar superbem, espantava-se até com o mau humor dos colegas que sofriam com o calor que lhes tirava o ânimo e os deixava nervosos. Para ele, era como se estivesse em um sonho, aliás, às vezes, tinha medo de acordar, de repente, na cama da sua casa, com os problemas corriqueiros. Mas, ao contrário, estava realmente ali, e ainda era pago com uma quantia que certamente seria suficiente para os gastos do ano inteiro. Sentia-se invadido por uma energia inesgotável, da qual ele mesmo se admirava. Tinha sempre vontade de fazer algo, de manter boas relações com os companheiros de viagem; nunca tinha sono, e de madrugada ficava pensando na estranha relação entre seu passado e seu futuro, procurava indagar seu destino, e não se perdoava por tê-lo tachado negativamente até então. Porém, tinha tido paciência, não perdera a coragem nem o otimismo. Talvez por isso o destino começava a recompensá-lo justamente agora?

O verão estava realmente muito quente; às vezes, levantava-se da cama e abria a geladeira, depois, vencendo a tentação, fechava-a e tomava um copo de água da torneira do banheiro, e continuava com suas elucubrações noturnas.

"Quanto fui injusto!", pensava. "Não estava contente com a minha vida, enquanto ela me preservava de todos os perigos, me deixava longe das vitórias fáceis, que não só não pagam, mas também custam caro. Que idiota fui".

Em pouco tempo, todos se afeiçoaram a ele. Zucchero mesmo, mais de uma vez, o convidou para jantar e, em uma das suas participações em um programa televisivo com altíssima audiência, não resistiu ao tímido pedido de Amós para deixá-lo substituir o tecladista, que ficou doente justamente um dia antes. Zucchero pensou um pouco, e decidiu, além disso, apresentar a mesma música que nos concertos tinha cantado em dueto com Amós. Assim, pela primeira vez, as portas da televisão se abriram para ele; era isto que seu pai tinha sempre esperado, e do que Michele precisava para entender se Amós era, e o quanto, fotogênico e, para usar um expressão do meio, se "faria sucesso na tela".

Também naquela circunstância a música fez um sucesso além do esperado, e todos assim reconheceram, especialmente quando, no dia seguinte, os jornais estamparam o índice de audiência, que, durante a passagem de Zucchero e do seu jovem amigo, tinha tido uma alta absolutamente imprevisível.

Faltando poucos dias para terminar a turnê, Amós recebeu uma notícia que o deixou completamente louco de alegria e agitação. Em Torino, no *Circolo della Stampa*, seria oferecido um curso de canto

A música do silêncio

com o famoso tenor Franco Corelli... Era verdade? Seria possível que ele próprio, pessoalmente, se apresentasse aos alunos e lhes falasse sobre canto? Não podia acreditar, no entanto, seus pais, pelo telefone, assim confirmaram. Haveria uma seleção, composta por um júri de especialistas, e depois o maestro se apresentaria. Absolutamente convencido, feliz e impaciente, pediu aos pais que fizessem sua inscrição, e se preparou psicologicamente para enfrentar todos os obstáculos que se interporiam entre ele e o homem que, com sua voz, mais e melhor do que qualquer outro tinha lhe falado ao coração e o levado às lágrimas.

O último dia da turnê, talvez o mais emocionante para Amós, foi no estádio municipal de Florença, finalmente na sua Toscana. Todos os amigos foram, e havia muita gente da sua cidade e arredores que não conhecia, mas que lhe era, de todo modo, muito querida. No camarim, com os outros componentes do grupo, o coração batia-lhe forte. Quando chegou ao palco, no meio de toda aquela algazarra, ouviu seu nome pronunciado aos berros.

Alguém queria de todo jeito demonstrar-lhe seu afeto e se aproximar dele. No final do concerto, pôde finalmente abraçar a família, que não via desde sua partida, e naquela mesma noite voltou para casa, mas apenas por um dia. Teve somente tempo para refazer as malas e foi para Turim, sem sua esposa, pela primeira vez desde o dia do seu casamento, para economizar na viagem. Chegou a Turim à noite, junto com o pai, que partiria no dia seguinte, e foi para um pequeno convento de freiras, no qual um amigo tinha encontrado lugar para ele. O quartinho era pequeno e simples, muito diferente daqueles dos grandes hotéis em que tinha ficado durante a turnê, mas aquilo não importava, só pensava na hora em que se encontraria com o maestro, e isto lhe bastava.

De manhã, quando o pai foi embora, foi com os outros aspirantes ao curso para o *Circolo della Stampa,* onde faria a primeira prova. Tinha decidido permanecer lá, como ouvinte, mesmo que fosse dispensado; escutaria, de qualquer modo, as palavras do maestro Corelli e seus preciosos conselhos. Quando chegou sua vez, entrou na grande sala, com a tensão estampada no rosto, apoiou-se no piano e, sem demora, executou a célebre ária extraída da *Arlesiana*[64] de Francesco Cilea, *O lamento de Federico.*

Ao final da sua primeira audição, saiu da sala com a cabeça baixa, acompanhado pelo pianista, e dispôs-se a esperar com calma o resultado. Dos quase cem inscritos, somente doze jovens cantores teriam a oportunidade de fazer aquele curso; uma redução drástica, que terminou naquela mesma noite.

Amós sentiu uma alegria irreprimível quando ouviu do presidente da comissão julgadora seu nome entre os que tinham sido admitidos. O maestro Corelli chegou alguns dias depois, de trem. Amós e um colega de curso, no auge da impaciência, foram encontrá-lo na estação. O maestro e a esposa foram os últimos a descer do trem, ou pelo menos assim lhe pareceu, e, quando finalmente pôde estar diante dele e lhe dar a mão, pensou por um segundo que estivesse sonhando. Colocadas as malas do maestro no táxi, os dois jovens estudantes se despediram cordialmente e correram para o *Circolo della Stampa*, onde, dali a pouco, começaria a primeira aula de um dos mais admirados cantores do século.

Quando o maestro Corelli entrou na grande sala, repleta de apaixonados pela música, jornalistas, fotógrafos e jovens cantores, um estrepitoso aplauso o acompanhou até seu lugar no balcão nobre perto do piano. O maestro rapidamente atravessou a sala, apoiou-se ao piano e fez um breve cumprimento. Não houve discursos introdutórios, via-se que estava sem jeito, e que preferiria estar em qualquer outro lugar menos ali, sob os olhares atentos de todas aquelas pessoas, que, ao contrário, aguardavam suas palavras, impacientes para escutá-lo.

– Quem quer cantar primeiro? – perguntou o maestro em um tom seco.

Fez-se um longo silêncio. Todos olharam Amós, sabendo de seu amor e admiração pelo maestro Corelli e sua estranha capacidade de imitá-lo, mas Amós não se mexeu; ao contrário, encolheu-se o quanto pôde. Então, uma jovem sentada na primeira fila se levantou e

---

64 Ópera lírica em três atos, escrita por Francesco Cilea (1866–1950) e libreto de Leopoldo Marenco, do drama homônimo de Alphonse Daudet. Arlesiana é a jovem de Arles, cidade francesa, pela qual o protagonista da trama, Federico, é apaixonado. (N. T.)

A música do silêncio

firmemente se dirigiu ao piano, fez uma saudação, e disse que cantaria uma ária de Puccini extraída de *La Rondine*;[65] apresentou a música ao pianista e começou. A execução era insegura, a voz parecia pequena, não homogênea e muito forçada, especialmente nas notas agudas.

Quando ela terminou, Corelli pareceu perplexo e hesitante:

– A senhorita tem um professor de canto?

A jovem assentiu.

– E cobra-lhe ainda um professor assim? – acrescentou Corelli, com o olhar fixo no chão, como que falando consigo mesmo.

Os olhos da jovem encheram-se de lágrimas, e ela correu para se sentar, cobrindo o rosto.

O maestro ficou visivelmente mortificado, com certeza arrependera-se do que tinha acabado de dizer, mas agora não havia mais nada a fazer. Assim, para disfarçar o próprio estado de ânimo, deu um suspiro e disse:

– Gostaria de ouvir um tenor.

O companheiro de Amós, que pouco antes estava com ele na estação e agora sentava-se ao seu lado, puxou-o por um braço e o empurrou para a frente. Ele se esquivou, mas o maestro Corelli viu a cena, reconheceu-o e pediu que se levantasse. Amós obedeceu, e, com o coração na garganta, deu dois passos e se apoiou ao piano. Confusamente disse que executaria a ária de *Rodolfo* de *La Bohème*,[66] de Giacomo Puccini, e logo ouviu um som no qual reconheceu, a custo, a primeira nota da ária. Como em um conto de fadas, encontrava-se agora cantando diante do seu ídolo, e sentia-se perdido. Cantou sem saber o que estava fazendo, e, quando terminou, ficou surpreso pelo silêncio da sala, que o despertou como um grito violento acorda um homem bem no meio do sono. Passaram-se segundos, que para Amós pareceram horas. O maestro se aproximou dele lentamente, colocou uma mão em seu ombro e disse:

---

65 Em português. "A andorinha". Ópera em três atos de Giacomo Puccini, com libreto de Giuseppe Adami. (N. T.)

66 Ópera lírica em quatro atos de Giacomo Puccini, com libreto de Luigi Illica e Giuseppe Giacosa, inspirado no romance de Henri Murger, intitulado *Scènes de la vie de bohème*. (N. T.)

Andrea Bocelli

– A voz é muito bonita, sabe... Acho que poderei lhe dar alguma sugestáo útil.

Amós escutava sem acreditar; agora tinha readquirido o domínio de si e estava em condições de raciocinar com alguma calma. Agradeceu com voz trêmula, depois pediu com educação permissáo para sair um pouco, estava com a camisa encharcada de suor e precisava beber um pouco de água fresca, mas feliz por ter passado na prova, sentindo-se agora a salvo. Correu para o banheiro, tirou a camisa, torceu-a bem, e tornou a vesti-la; estava vergonhosamente amassada, mas, o que podia fazer? Bebeu um gole de água e voltou, sem chamar a atenção, para a sala, onde prudentemente ocupou seu lugar.

Corelli estava falando alguma coisa, mas quando o viu, parou e o chamou para perto, convidando-o a executar novamente a sua ária. Desta vez, porém, a cada frase o interrompia e falava de canto, dava rápidos exemplos, pedia-lhe que repetisse esta ou aquela frase com os recursos técnicos e interpretativos que ele mesmo lhe sugeria, e isso assim foi até o término da aula. No final, Amós estava acabado, mas feliz.

Na saída, senhora Corelli veio ao seu encontro e o parabenizou, o que o encorajou a lhe pedir explicitamente se podia se encontrar com o maestro na sua casa, depois do curso, para ter aulas particulares com ele. Deste modo, Amós teria também a possibilidade de instaurar um contato humano que para ele era extremamente importante. A senhora, sem demora, deu-lhe certeza a respeito da boa impressão causada no marido, que certamente ficaria feliz em lhe dar aulas pessoalmente.

O curso terminou com um concerto dos cinco melhores alunos. Amós executou a mesma ária, que naqueles dias tinha aprofundado muito com seu ídolo, e, no dia seguinte, um jornal de Turim publicou uma entrevista dada pelo maestro Corelli sobre suas impressões em relação ao nível dos alunos do curso e outras considerações sobre o canto lírico. O maestro declarava-se satisfeito pelo interesse daqueles jovens cantores, e que tinha ficado particularmente impressionado com um tenor de nome Amós, que, durante sua execução, lhe tinha dado arrepios, porque era dotado de uma voz repleta de *páthos*, doce e triste, que comove o público. Amós não acreditava no que ouvia quando um colega de curso, pouco antes de ir embora, leu para ele

A música do silêncio

aquele artigo. Como uma criança, arrancou o jornal da mão do colega, apertou-o junto ao peito e jurou a si mesmo guardá-lo para sempre.

Em pouquíssimo tempo, sua vida tinha se transformado radicalmente. Daquela existência monótona e solitária à qual se tinha passivamente adequado, passava, de uma hora para outra, a uma vida movimentada e cheia de emoções.

De qualquer maneira, ele era ainda jovem, voluntarioso, cheio de energia e entusiasmo, e o turbilhão de acontecimentos não o preocupava, regenerava-o mais, ou, para ser mais preciso, deixava explícito tudo aquilo que até aquele momento tinha ficado implícito no seu modo de ser e de se impor em relação aos outros.

Assim que chegou em casa, encontrou uma mensagem de Michele, que o convidava a ir no dia seguinte para Milão para um encontro com uma gravadora que, depois do sucesso na turnê do Zucchero, demonstrara forte interesse por ele. Havia então a possibilidade concreta de se chegar finalmente a um acordo que previsse um efetivo compromisso entre as partes para realizar um projeto interessante. Amós, naturalmente, não precisou de mais palavras, e foi com o pai e Elena para Milão, onde teve oportunidade de se encontrar com o presidente da empresa, que já tentara entrar em contato com ele, mas sem sucesso.

Colocaram-no em um escritório que lhe pareceu grande e iluminado. A presidenta, uma senhora de meia-idade muito distinta e desinibida, o convidou a se sentar, fez-lhe logo vários elogios, contando-lhe sobre sua sensação quando ouvira pela primeira vez a sua voz quente e expressiva, que lhe dera arrepios e a convencera de que deveria, de todo modo, tentar fazer alguma coisa para que aquela voz se tornasse patrimônio de todos. Ela estava pronta para começar a trabalhar imediatamente; falara com os compositores com os quais trabalhava habitualmente, e já tinha uma canção pronta para ele, uma música extraordinária com a qual, na sua opinião, Amós poderia se apresentar no Festival de Sanremo. Ele sorriu e cobriu o rosto para esconder a própria emoção. Quantas tentativas, esperanças perdidas, humilhações, e agora, de repente, alguém tinha virado a página?

Desde sempre, gostava de se definir um otimista, mas ainda não estava acostumado a acreditar em tanta sorte, nem queria. Ele gostou da música e, além do mais, pareceu bem adequada a sua voz, e pouco depois a gravou, com um resultado que surpreendeu a todos. Michele também estava supercontente, finalmente um agente musical tinha lhe dado crédito, e não via a hora de mostrar a todos aqueles que tinham batido a porta na sua cara que mais uma vez tinha razão, com seu faro infalível e seu zelo. Além disso, o entusiasmo da gravadora era contagioso até para um experiente no ramo como era Michele.

Em pouquíssimo tempo tudo foi acertado, as dificuldades resolvidas, até as de natureza contratual, sempre tão difíceis; a gravadora, como sempre acontece nesses casos, impôs suas regras.

Por seu lado, Amós, fazendo um esforço consigo mesmo, abrindo exceção a todos os seus princípios e a tudo o que tinha aprendido no curso de longos anos de estudo e de sacrifício, de alguma forma se permitiu ceder, porque aquela aventura, que acabava de começar, nada mais era do que um grande jogo, que não devia ser levado muito a sério.

Em novembro daquele ano, em Sanremo, entre as novas propostas que se apresentavam para participar do festival, por incrível que pareça, estava também Amós, que, no meio de toda aquela confusão, de todas aquelas pessoas agitadíssimas e sonhadoras, não se sentia à vontade, permanecendo no seu canto, geralmente trancado no seu quarto de hotel com a mulher Elena, que não o abandonava um segundo, tentando acalmá-lo com cuidados afetuosos.

Todavia, estava tenso e inexplicavelmente introvertido, temia, sobretudo, o voto do júri popular, quase inteiramente composto por jovens. O que pensariam eles, acostumados a escutar gêneros musicais mais modernos e barulhentos, da sua voz calma e polida e do seu jeito meio antigo de cantar? Mas, no silêncio da noite, aqueles medos eram enfrentados e derrotados pela sensação, difícil de justificar racionalmente, de estar a salvo de qualquer risco, de navegar em um mar tranquilo, impulsionado por um bom vento em direção ao seu objetivo.

Os concorrentes eram convidados a interpretar uma faixa editada e conhecida. Assim, Amós não teve dúvida em relação à escolha, cantaria a música que tanta sorte tinha lhe trazido até aquele momento, executando tanto a parte de Zucchero quanto a do tenor, conhecida

A música do silêncio

do público graças à voz do maestro Pavarotti. Com certeza a surpresa, pelo menos, existiria, e a extrema flexibilidade da sua voz poderia impressionar positivamente os jurados. Já durante os ensaios da tarde, todos tinham notado a reação dos presentes com a exibição de Amós, fazendo-o se sentir mais relaxado.

À noite, foi um dos últimos a se apresentar. O público já estava bastante farto de música, vozes, novos rostos, e quase nem ligou quando ele entrou no palco, escutando até mesmo com distração sua apresentação, depois de alguém fazer chacota quando o conhecidíssimo apresentador anunciou que Amós interpretaria, sozinho, tanto a parte de Zucchero quanto a de Pavarotti. Em seguida, a orquestra começou, e logo depois a voz de Amós ressoou na sala, forte e completa; então, todos, surpresos e curiosos, ficaram em silêncio para escutá-lo. Poucos compassos depois, e logo o intérprete mudou de registro; a sua voz mudou completamente de timbre e de intenção, enquanto na sala um furacão de aplausos se elevou espontâneo e irreprimível. Enquanto isso, em uma salinha reservada de um hotel próximo ao teatro, Michele com seus colaboradores e alguns amigos acompanhavam o espetáculo pela televisão, prendendo a respiração. Alguns estavam com lágrimas nos olhos, outros as seguravam a custo, e Stefano, um dos mais entusiasmados apoiadores de Amós, quase passou mal. Ao final da apresentação, o público inteiro se levantou e submergiu as últimas notas da orquestra com aplausos e gritos delirantes. Tinha conseguido. Amós convenceu-se disso, e, sinceramente, não se preocupou muito com o resultado final dos jurados.

Três meses antes do início do festival, retomou a vida de sempre, somente com um pouco mais de dinamismo; agora sentia que lutava por uma oportunidade concreta, e não mais por uma remota esperança de sucesso. Um novo vigor o invadiu, e uma confiança incomum em si mesmo tomou conta dele, tanto que lhe deu a estranha sensação de que, a partir daquele momento, tudo o que começasse a fazer daria certo.

Mas, como explicar essa repentina mudança de tendência na própria vida? Razões explícitas, racionalmente compreensíveis, não existiam, ou, pelo menos Amós não as encontrava. Dali a poucos dias, começou a gravar seu primeiro disco em um estúdio de Bolonha. Não tinha sido fácil descobrir canções adequadas a sua voz, mas algum material tinha sido encontrado. Ele se dedicou inteiramente a isso e, em pouco tempo, foi possível ter uma ideia bem precisa do que seria aquele álbum decisivo para sua carreira.

Certo dia, enquanto ensaiava uma música no piano, um industrial de Reggio Emilia, amigo do dono do estúdio, apareceu ali por acaso, ouviu uma voz ao longe, parou para escutar, e ficou como que hipnotizado por aquele som que chegava aos seus ouvidos pela primeira vez. Quis saber de quem se tratava, e soube que era um jovem cantor de nome Amós, inscrito no festival de Sanremo na categoria Novas Propostas, que estava gravando seu primeiro disco. Senhor Monti, homem de excepcionais capacidades empresariais, inteligente e instintivo, também generoso e sensível à arte, com a rapidez de um raio, sem nem pedir para conhecer pessoalmente o artista que o impressionara tanto, solicitou ao amigo que convencesse aquele jovem talento a se apresentar em um concerto no teatro de Reggio Emilia, sua cidade, com o apoio de uma boa orquestra e de um diretor talentoso. Ele mesmo arcaria com todos os gastos, além da organização do evento em cada detalhe, e naquele dia não se falou mais nisso. Cantar com o acompanhamento de uma orquestra em um teatro tradicional era tudo com que Amós sempre sonhara e esperara. Senhor Monti teve bastante trabalho com aquele seu empreendimento extravagante; tinham-lhe advertido que nenhum tenor famoso conseguiria levar para o teatro mais do que trezentos espectadores, imagine então um cantorzinho desconhecido do interior que se preparava para participar do festival... Mas ele não era o tipo de homem que volta atrás; sorrindo, garantiu que para aquele concerto os ingressos se esgotariam, e, convidando por sua conta amigos e conhecidos, colaboradores, empregados e operários das suas empresas para ouvir aquela que ele definia já, sem medo, como a voz mais linda jamais ouvida, manteve sua promessa de lotação completa, que naquele teatro não se via fazia tempo. Graças àquela sua extraordinária capacidade de persuasão, foram todos, sem hesitação. Resumindo, o teatro estava com suas fileiras repletas, para alegria do senhor Monti e desespero de quem tinha duvidado do bom resultado de um de seus projetos.

A música do silêncio

Estava tudo pronto, enquanto Amós, fechado em seu camarim, tomado pelo pânico, vocalizava e tinha a impressão de não estar na sua melhor condição vocal. Suas mãos estavam geladas, e suava frio diante do olhar cheio de apreensão de Elena e o desesperado e impotente da sua mãe. Mas, de repente, bateram na porta, e uma voz se espalhou pelo corredor:

– Em cena.

Amós foi para a coxia com as pernas que quase não o mantinham em pé, depois, começou a cantar, e deu, com certeza, o melhor de si. O público o acolheu com carinho e simpatia, mas sua voz ainda não era sustentada por um diafragma de aço e por uma técnica sólida; assim, no final do concerto, apesar dos aplausos e os apertos de mão, Amós teve a nítida sensação de que a coisas não tinham saído conforme ele e seu bondoso amigo, senhor Monti, tinham tanto desejado.

XXIX

Em um piscar de olhos fevereiro chegou. Os preparativos para a partida fervilhavam sem parar na casa da família Bardi, até que, em uma bela manhã, chegou em Poggioncino um carro, enviado pela produtora musical para acompanhar Amós e Elena até Roma, onde ele participaria de uma importante transmissão televisiva antes do festival. Naquela manhã, a família estava toda reunida, como nas grandes ocasiões. Senhor Bardi esperou o filho, que desceu as escadas com sua mala e uma mochila; ajudou-o a arrumar a bagagem no porta-malas do carro, depois o abraçou com tão intensa emoção que o impressionou. A mãe, ao contrário, provavelmente mais comovida do que o marido, preferiu fazer o papel da mulher valente, que não se deixa envolver pelos acontecimentos, nem mesmo quando são extraordinários; assim, cumprimentou o casal com alegria contida. Amós conhecia bem aquele comportamento, e sentiu ternura por ela. "Pobre mãe!", pensou. "Vai saber o que sente neste momento e como se esforça para me dar coragem!"

Então, para vencer a emoção, entrou no carro rapidamente, fechou a porta e procurou se distrair arrumando a posição do banco.

Em Roma, não houve tempo de deixar as malas no hotel, nem de se refrescar um pouco, e, assim, o motorista logo levou o casal Bardi para o bairro Parioli, até o teatro, e se despediu. Uma moça os levou até o camarim, colocou à disposição água mineral, ofereceu um café, depois explicou que, dali a pouco, chamariam Amós para a maquiagem. E assim foi.

– Por que essa cara estranha? – perguntou a maquiadora para Amós, que, evidentemente, mal suportava toda aquela animada atividade na pele do seu rosto, o cheiro dos cosméticos, aqueles pós grudentos, e isto levando-se em conta que ela tinha sido chamada somente para dar um pouco de cor, algo bem leve!

– Nada, não é nada não! Não se preocupe! – respondeu Amós, sorrindo. – É que não estou acostumado, e, para dizer a verdade, envergonho-me um pouco.

Finalmente a cortina se levantou e o apresentador começou a chamar os convidados. Quando chegou sua vez, Amós se levantou e, ao convite do apresentador, cantou uma canção do seu primeiro disco. Tratava-se da versão italiana de um velho sucesso sul-americano, uma melodia simples e de fácil memorização à qual ele acrescentava toda sua paixão e jovial energia. O público explodiu em um aplauso estrepitoso antes mesmo que a execução terminasse.

Sentado na plateia, em uma poltrona das últimas filas, Michele não acreditava no que via, e confessava a si mesmo que não sabia dar uma explicação lógica a resultado tão impressionante.

No final do programa, outro carro esperava por Amós e Elena para levá-los até a estação Termini. Um motorista bem avantajado, tanto que respirava com dificuldade, provocando certa aflição, lhes disse que se apressassem para não correr o risco de perder o trem. Era um tipo alegre e conversador, quis saber tudo sobre os programas do cantor, prometendo acompanhar o festival na televisão e torcer por ele.

Amós sorria, mas tinha outra coisa em mente. Na estação, compraram as passagens e correram para a plataforma, onde o trem já estava quase saindo. Com a mochila nas costas e as passagens nas mãos, procuraram encontrar rapidamente o vagão-leito no qual passariam a noite. Amós, para ir mais rápido, queria pedir informação, mas estava tudo deserto, e o prédio da estação distante, atrás deles.

A música do silêncio

O trem era tão comprido que era desencorajadora a ideia de percorrê-lo por inteiro e, naquele momento de cansaço e nervosismo, teve a sensação de estar perdido e de correr ao encontro de um vagão como se estivesse correndo ao encontro do destino, sozinho e indefeso.

Até que, por fim, os dois desorientados viajantes encontraram seus lugares. Estavam com tanto calor, que o ar dentro do trem lhes pareceu irrespirável. Colocaram as malas no lugar, e Amós se deitou rapidamente no beliche. Mesmo sendo pequeno para o seu corpo, devido ao cansaço pareceu-lhe bastante confortável. Elena se deitou na cama de baixo, e os dois se calaram, não porque não tinham o que dizer, ao contrário, talvez tivessem muito, muitas sensações para tentar entender, e o silêncio era a linguagem mais direta e eficaz para exprimir aquilo que, com palavras, acaba sendo banal e inadequado. O silêncio é música, e desta, ambos estavam precisando.

Amós tentou dormir, mas estava muito agitado; lembranças vinham-lhe à mente, ouvia vozes próximas e distantes no tempo, frases que o encorajavam, que o ofendiam, o amedrontavam, manifestações de afeto e de compaixão, e tinha a estranha sensação de estar indo em direção a um lugar do qual daria a todos uma resposta, mas não sabia se sairia vencido ou vencedor. O orgulho pessoal lutava a todo vapor contra o bom-senso, e ele ouvia novamente a voz de Ettore que o advertia: "As coisas nunca devem ser levadas tão a sério!".

Enquanto isso, o trem seguia lentamente, com seu ruído monótono, e, dentro do vagão, ninguém falava mais nada.

O condutor já tinha passado, aconselhando os viajantes a fechar à chave a cabine, antes de adormecer, para evitar na chegada desagradáveis surpresas.

O trem parava muito, e Amós ainda estava acordado quando ouviu um alto-falante anunciar, no meio daquela noite de inverno, fria e chuvosa, a estação de Pisa. "Poderia descer aqui, na minha cidade, e decidir eu mesmo o rumo que quero dar a minha vida! Por que estou sentindo que não tenho forças para fazer isso? Por que estou sorrindo dessa ideia e fico parado, encolhido nesta cama, e deixo que me levem para lá, onde decidiram que devo ir?" O trem partiu novamente, quase que imediatamente. Então, virou-se para o outro lado. Um cansaço repentino finalmente tomou conta dele, fechou os olhos e dormiu.

247

XXX

uando o trem parou na estação de Sanremo, Amós e Elena foram os primeiros a sair do vagão. Fora, fazia um sol lindo e uma brisa amena de mar apagou definitivamente dos seus rostos os últimos sinais de sono e preguiça. A madrugada, o frio, aquele sentimento melancólico de solidão e desconforto, tudo, agora, ficava para trás.

O trem já estava partindo quando uma senhora com aparência juvenil e jovial foi ao encontro deles, cumprimentando-os alegremente. Era Delfina, funcionária da gravadora que tinha a tarefa de assistir Amós durante o festival, organizando seu dia de trabalho cheio de compromissos.

— Você tem apenas o tempo de deixar as malas e se refrescar rapidamente. Logo começarão as entrevistas pelo rádio, três, me parece, e, em seguida, quatro encontros com a imprensa – disse Delfina, rindo, satisfeita do próprio trabalho.

Amós estava radiante de alegria. Todas aquelas coisas para fazer eram uma bênção, quisera Deus tivessem sido mais! Sentia-se muito bem, em plena forma, e não se deixaria abater diante de nada. A prova que todos esperavam dele estava para acontecer, o sonho da sua vida, ou, melhor, o que todos o incentivaram a sonhar desde criança estava para se realizar. Tinha plena consciência disso, e, mesmo assim, sentia-se tranquilo, respirava profundamente aquele ar salobro e se preparava para cumprir da melhor forma possível seu dever. Sem que soubesse, todos já falavam dele como o provável vencedor do festival, mas ninguém dentre os experts acreditava seriamente no seu sucesso discográfico.

– Ele causará certo alvoroço no auditório – dizia-se –, mas não vai vender um só disco".

Só a senhora Caterina realmente acreditava nele, só ela, que, como presidente, tinha se desdobrado para convencer, antes de tudo, seus colaboradores, defendendo o projeto com unhas e dentes e seu temperamento apaixonado e obstinado de ex-artista. Ela, junto com Michele, tinha feito todo o possível; agora, cruzavam os dedos e esperavam para ver no que daria.

Amós, nesse meio-tempo trabalhava e, aos poucos, se tornava conhecido, não somente como cantor, mas também como um homem que se esforça para dar o melhor de si, sem precisar fingir nem se esconder atrás das barreiras inúteis da obviedade e banalidade. Além do mais, era um produto do campo, fruto daquela educação rústica que graças a Ettore tinha se enraizado ainda mais profundamente nele.

Aos jornalistas respondia sempre o que realmente pensava, porque era o caminho mais fácil e certo. Durante uma entrevista coletiva, um deles pediu a palavra e criticou fortemente a categoria Novas Propostas, da qual, na sua opinião, não tinha saído nada de novo, nada de realmente original, e pediu a cada um dos participantes que justificassem de alguma forma a própria participação naquela manifestação, que era, com toda certeza, a mais importante no âmbito da grade de programação das rádios e emissoras de televisão. Era, sem dúvida, uma provocação, uma pergunta embaraçosa à qual todos responderam com dificuldade e certo incômodo. Quando foi a sua vez, Amós disse, calmamente:

– Para falar a verdade, sempre me preocupei em cortejar o belo, em vez de me deixar prostituir pelas lisonjas do novo...

Não tinha ainda completado seu pensamento, quando um aplauso estrepitoso se levantou para cumprimentar sua defesa eficaz.

A música do silêncio

No dia seguinte, quase todos os jornais italianos, que anualmente, nos dias do festival, dedicam grande espaço àquela manifestação melodiosa mais popular, traziam a frase de Amós; um deles apresentava, na página dos espetáculos, o título: *Bardi responde: poucas palavras e já é um personagem.*

Para um famoso jornalista, que na televisão começou a criticar duramente o festival, a pobreza dos conteúdos das músicas, citando entre outros até o caso de Amós, respondeu:

– Quem sabe, talvez tenha razão; em todo caso, há pessoas que fazem, outras criticam, e eu prefiro arriscar junto com as que fazem.

Entretanto, respirava-se a tensão, que aumentava por toda parte. Amós, curioso, tentava entender e, ao mesmo tempo, ficar de lado. As pessoas estavam todas excessivamente nervosas ou generosas e disponíveis demais, ou então conversadeiras, ou silenciosas ao extremo, mas, em todo caso, sempre excessivas. Cada um, obviamente, procurava se conter, parecer calmo e seguro de si, mas cada gesto, cada fala, traíam um indisfarçável estado de nervosismo. Falava-se somente do festival, das suas fofocas, dos bastidores, como se nada mais fosse importante no mundo. Amós entendia perfeitamente aquele exagero, e de certa forma ria daquilo tudo, mas, lenta e inevitavelmente, também se sentia envolvido, preso em uma cilada, contaminado por aquela atmosfera incandescente. Então, trancava-se em seu quarto e procurava pensar em outra coisa, exatamente o que Ettore lhe sugerira fazer.

Como será que ele vivia a aventura do seu jovem amigo? Em Lajatico, com certeza, continuava a seguir a vida de sempre, calmo e imperturbável. Desde que tinha partido, Amós não falara mais com ele; bom sinal, pois significava que Ettore confiava nele.

Amós, ainda assim, ficava imaginando sobre o que Ettore estava pensando, e aquela viagem mental o acalmava, deixando-o seguro, enquanto o tempo passava e se aproximava o dia da final, aquele fatídico último sábado de fevereiro, quando mais de vinte milhões de telespectadores se sentam na frente da TV e ficam ali, grudados, até o final do espetáculo. E todos ouviriam a sua voz, o veriam e julgariam. E eram, justamente, aqueles vinte milhões que decidiriam em poucos minutos seu destino, ele sabia muito bem disso, mas procurava pensar em outra coisa.

Na sexta-feira, chegaram a Sanremo seus pais e tios; entre eles também o tio que o acompanhara ao palco naquele dia inesquecível da margarida de ouro. Os amigos mais queridos, ao contrário, tinham preferido ficar em casa e acompanhar o festival pela televisão. Amós pensava muito neles, e sabia, sentia que estavam com ele, sofriam e torciam do seu lado; Adriano e Verano, com certeza, ficariam diante da pequena tela, e seus corações bateriam mais forte, e na sua cidade também, em Lajatico, todos torceriam por ele. Em La Sterza, de fato, em um galpão industrial, havia sido montada uma tela gigante, com centenas de cadeiras.

Amós não sabia de nada disso, mas seu coração batia mais forte só de pensar que todos estavam espiritualmente perto dele, tremiam e sofriam com ele. Nos outros não pensou nem um pouco; aqueles que brincaram com suas aspirações, suas tentativas que não deram certo, ou, até mesmo, procuraram desencorajá-lo. Com estes não perdeu um minuto sequer do seu tempo, convencido como estava da necessidade de pensar sempre de modo positivo, principalmente naqueles momentos tão importantes.

Finalmente o sábado chegou. Amós passou o dia todo sozinho, trancado no seu quarto, no mais rigoroso silêncio. Quando Delfina foi chamá-lo, ficou espantada de encontrá-lo, pelo menos aparentemente, tão distante do clima que se vivia fora do seu quarto. Amós sequer tinha ligado a TV para acompanhar o andamento do programa, que já tinha iniciado fazia mais de uma hora. Já se fazia tarde, e era preciso correr para o teatro sem demora; um táxi os esperava na porta do hotel. Ele foi atrás com Elena, e Delfina se sentou na frente e logo deu as indicações para o motorista. No caminho, um trânsito infernal. As pessoas estavam apinhadas nas calçadas, desejosas de ver os artistas de perto, e gritavam quando achavam que tinham visto um deles dentro dos luxuosos carros que por ali passavam.

Ao descer do táxi, Amós abriu caminho pela multidão que ainda não o conhecia bem e foi para o camarim. Teve apenas tempo de fazer alguns *vocalises* e logo chegou sua vez. Elena estava ao seu lado, e apertava com força seu braço. Do outro lado estava a senhora Caterina, muito emocionada: depois de todas as lutas travadas para defender aquele projeto, objetivamente um pouco fora da norma, dos padrões comerciais do momento, a também se preparava para viver aqueles minutos, sem conseguir a calma que tanto desejava. Elena não dizia nada, e deglutia, tentando engolir aquele nó na garganta que a sufocava. Quando ouviu o nome de Amós e percebeu que tinha de deixá-lo ir, de repente um pensamento veio a sua mente: "Sempre fiquei ao seu lado, amei você, e estou pronta para o que der e vier por você! Mas, o que posso fazer agora, a não ser ficar aqui e esperar por você, sofrendo? Agora está tudo em suas mãos, vá, o que tiver de ser será. Vá, meu amor!".

Sentada, ou melhor, encolhida em um assento das primeiras filas, senhora Bardi sentia quase o mesmo que sentia a nora. Em casos como esses, o amor conjugal e o materno têm muitos elementos em comum, ambos são dolorosos e absolutamente sinceros. Senhora Bardi também teve uma sensação angustiante de impotência no segundo em que seus olhos abraçaram o filho, que se sentava ao piano e suavemente apoiava os dedos no teclado. Gostaria de ter ajeitado seus cabelos e a gola da sua camisa, talvez abrir um botão do casaco, dizer-lhe para ficar com a cabeça mais alta, que mantivesse a calma; então, uma pequena, mas intensa oração tomou por alguns segundos sua atenção. Cerrou os punhos, mordeu os lábios, depois, abandonou-se na poltrona, imóvel, como que sem forças nem vontade. Somente o olhar permaneceu luminoso, obstinadamente fixo naquele ponto, no qual seus grandes e bons olhos pareciam projetar lampejos de esperança, alegria, medo, paixão e nervosismo.

Amós, entretanto, começava a cantar com o entusiasmo de sempre, com aquele espírito de identificação que o tornava singularmente verdadeiro. Cantava, e só pensava em dar o melhor de si. Começou a estrofe quase que timidamente, com delicadeza, mas, na incisa, procurou na própria voz toda força e calor que podia produzir, e o efeito foi imediato: da plateia ergueu-se, de súbito, uma explosão de aplausos. Elena e a senhora Caterina, em pé, atrás dos bastidores, acompanhavam por uma tela de TV a exibição do herói, e não tiravam os olhos daquela imagem com medo de não conseguir conter aquela emoção tão forte.

Amós, já calmo e seguro, colocava em cada palavra uma cor e uma energia que até mesmo a ele surpreendiam, fazendo com que alcançasse a mudança de tonalidade de modo tão estonteante, que provocou na sala um incontrolável entusiasmo; ouviram-se então gritos de aclamação, alguns se levantavam e, no agudo final, que o diretor achou muito longo, todos estavam em pé. Os aplausos e os gritos eram ensurdecedores, muitos estavam com os olhos cheios de lágrimas, e o apresentador não conseguia tomar as rédeas da situação.

Na coxia, Amós logo encontrou Elena que, sem lhe dizer quase nada, foi para o camarim, mas, nas escadas, parou de repente, agarrou com as duas mãos as abas da jaqueta aberta de Amós, escondeu o rosto e caiu no choro. Caterina, que vinha atrás deles, viu a cena. Continuando em sua direção, alcançou as escadas, passou a mão nos cabelos do seu novo artista, mas não parou, talvez para não atrapalhar aquele momento de íntima comoção familiar que tinha algo de romântico e raro, principalmente nos dias de hoje.

Um pouco mais tarde, Amós foi levado, junto com todos os outros concorrentes, a outro andar, onde esperariam o resultado final da votação. Entrava-se por um corredor estreito, em cujas paredes laterais se abriam numerosas portas de pequenas salas, uma para cada concorrente.

Na sua, Amós encontrou apenas uma cadeira. Sentou-se e colocou Elena no colo. Através da divisória de compensado chegou até Amós a música de um violão; era o vizinho que tocava para passar o tempo e afastar a tensão, que obviamente crescia a cada minuto. Mas não havia nada para se fazer e, principalmente, nada a dizer. Cada palavra parecia inútil e ridícula. Vez por outra ouvia-se algum grito de aclamação, mas era só alarme falso. Pouco tempo se passou, mas a todos pareceu uma eternidade.

De repente, bateram na porta de Amós. Era Bárbara, colega de Delfina, que trabalhava na mesma gravadora.

– Venha – chamou-o, sorrindo. – Temos de subir imediatamente.

– Por quê? – perguntou Amós, espantado e impaciente.

– Mas, como?! Você não sabe de nada? – disse, sem acreditar.

– Não, rebateu Amós. Disseram que era para eu esperar aqui, cinco ou dez minutos, mas já se passaram...

Bárbara o interrompeu:

– Você venceu, Amós! Você venceu, e ninguém disse nada? Precisa ir rápido lá para cima, pediram-me que viesse buscá-lo!

A música do silêncio

Amós achou que estivesse sonhando. Ficou um pouco tonto e confuso, e não encontrou nada para dizer, refazendo-se em seguida:

— Então vamos — disse tranquilamente.

Todos os outros concorrentes estavam ao redor dele, mas Amós não quis perturbar ninguém com manifestações bobas da sua imensa alegria. Pegou o braço de Bárbara e se encaminhou para as escadas, seguido por Elena. Todos lhe davam a mão e o parabenizavam.

No andar de cima, foi parado por cronistas dos três noticiários mais importantes:

— Uma pergunta no calor da emoção! Bardi, o que se sente nesses momentos? Em quem se pensa?

— O que se sente? — respondeu Amós. — Não sei explicar, mas meu pensamento vai para todos os amigos, para todos aqueles que dividem comigo essa grande alegria; para eles que estão fisicamente distantes, mas espiritualmente próximos a mim...

Milhões de espectadores estavam grudados na televisão e esperavam ansiosamente para conhecer o nome do vencedor. No meio da confusão, Amós pareceu ouvir o apresentador, que dizia:

— Em décimo lugar...

Tentou ouvir, mas não conseguiu entender o nome do décimo classificado. Abriu caminho com dificuldade em meio às pessoas para se aproximar da entrada dos bastidores, entreabriu uma cortina pesada e se adiantou um pouco. Agora estava nos bastidores e, dali, a voz do apresentador chegava claramente.

— Em sétimo lugar... — fez uma pausa para aumentar a espera e eletrizar o público.

Amós pensou nos pais, que certamente não sabiam ainda de nada e naquele momento sofriam muito, lutando entre a esperança e o medo, mas não podia fazer nada por eles, imaginando-os afundados nas poltronas, com a testa cheia de suor e as mãos geladas, a garganta seca e lágrimas nos olhos... Senhor Bardi, em vez disso, levantara-se e tinha ido ficar em pé, apoiado na parede, no fundo do teatro, e assim esperava, com as mãos atrás das costas, evitando os olhares, que naquele momento estavam dirigidos para o palco.

Depois de ter anunciado o terceiro classificado, o apresentador, há muito neste ofício, ficou em silêncio. Fez-se uma longa pausa, em seguida, ele chamou a assistente e lhe pediu que adivinhasse o vencedor, enquanto um grupo de técnicos corria para arrastar o piano até onde estava quando Amós se apresentara. Senhor Bardi viu toda aquela movimentação e sentiu-se um pouco tranquilizado: depois do anúncio, o vencedor com certeza repetiria a música, portanto, se assim fosse, o vencedor devia ser justamente seu filho. Ficou um pouco atordoado por um segundo, mas finalmente o nome de Amós ecoou por toda a sala, e uma autêntica e ensurdecedora ovação chegou da plateia. Senhor Bardi ameaçou aplaudir com os outros, mas virou-se para a parede, como que procurando uma saída, desejando estar sozinho consigo mesmo para desfrutar daquele momento que parecia inacreditável, mas, que, sim, era verdadeiro, absolutamente verdadeiro. Tantas lutas, tantas desilusões, tantas preocupações com o futuro daquele filho que, a seu ver, tinha nascido para cantar, mas não conseguia encontrar o caminho para traduzir sua grande paixão em uma atividade da qual tiraria o necessário para viver! E, justamente quando estava perdendo as últimas esperanças, tudo tinha acontecido como que por encanto! Naquele exato momento, em pé, a plateia estava aclamando Amós vencedor do festival da música italiana. Era de enlouquecer tanta felicidade. Mas, vendo a parede na sua frente, senhor Sandro voltou a si e foi à procura da esposa. Àquela altura, nem era possível saber onde ela tinha ido parar. Um homem se aproximou dele, e, depois de tê-lo observado com atenção, colocou a mão em seu braço e lhe disse:

– Se não me engano, o senhor é o pai! – indicando Amós ao lado do piano. Senhor Bardi concordou, meio sem graça. – Parabéns! Meu nome é Angelo, sou cabeleireiro e penteei seu filho nesses dias, já gosto dele como se fosse meu melhor amigo.

Amós, no palco, agradecia a todos que tinham trabalhado com ele, e elogiava seus colegas, menos afortunados que ele naquele momento. Cantou novamente sua música sob o entusiasmo geral, e depois posou para os fotógrafos. Passou quase uma hora inteira, antes que conseguisse abraçar seus pais e amigos, mesmo que só por alguns minutos. Mal teve tempo de comer alguma coisa, e imediatamente foi mandado para os vários estúdios das rádios, preparados para a ocasião, a fim de dar mais e mais entrevistas, até às cinco horas da

A música do silêncio

madrugada. Algumas aparições na televisão à tarde do dia seguinte, e depois, finalmente em casa, encontrou uma grande e verdadeira surpresa. Quando chegou com o carro do pai aos arredores da ponte do rio Sterza, um cartaz enorme saudava sua volta: "Obrigada, Amós, por ter colocado todos em pé em Sanremo". E, para além da ponte, uma multidão nunca vista naquele lugar deteve o automóvel. A pequena cidade inteira estava reunida para receber e abraçar seu novo herói. Todos pegavam nele, o abraçavam, diziam palavras confusas, enquanto Sérgio, seu bom amigo de infância, forte como um campeão de luta greco-romana, o protegia dos mais entusiasmados. Foi uma manifestação realmente comovente, impossível de esquecer, uma demonstração de afeto, que só quem tem a sorte de viver nos pequenos centros pode entender. Amós, desnecessário dizer, estava infinitamente feliz; mas tinha plena consciência de que, na verdade, tudo tinha começado, mas nada ainda tinha realmente acontecido.

XXXI

Por algum tempo, Amós teve medo de acordar daquele sonho maravilhoso e se encontrar na cama com os problemas de sempre e as dificuldades aparentemente insuperáveis que enfrentara durante muito tempo. Na realidade, muitas coisas tinham mudado na sua vida em muito pouco tempo. Agora, todos falavam dele, alguns se vangloriavam de uma amizade que, na verdade, nunca tinha acontecido, ou contavam episódios, dos quais tinham sido protagonistas junto com Amós, que eram somente fruto da vã imaginação. Amós achava tudo aquilo divertido, e frequentemente ria muito, até quase às lágrimas. Muitos problemas práticos, pelo menos os mais urgentes, tinham sido esquecidos em razão daquele inesperado e incrível acontecimento do qual saíra vencedor e verdadeiro protagonista; sua vida particular, porém, se tornava a cada dia mais de domínio público, o véu que a protegia sempre mais inconsistente, o que fazia com que Amós sofresse, assim também com o comportamento dos seus vizinhos e conhecidos, que não mais conseguiam manter com ele a naturalidade de sempre. Agora sentia-se continuadamente observado, e por vezes reverenciado de forma irracional. Não que houvesse falsidade em relação

a ele, faltava, porém, a espontaneidade com a qual estava acostumado e da qual não conseguia abrir mão. Às vezes, tinha a sensação de
que alguma coisa incompreensível o deixava diferente aos olhos das
pessoas, e, em seu íntimo, esperava que o tempo fizesse que a normalidade voltasse. Por outro lado, os compromissos que o levavam para
longe de casa e da sua gente aumentavam dia após dia.

Elena ia com ele para quase todos os lugares, feliz, e ao mesmo
tempo preocupada por causa daquela repentina mudança de hábitos.
Amós procurava tranquilizá-la, dizendo-lhe que o casamento trazia
serenidade, o bem mais precioso, que cada um deve defender a todo
custo. Uma noite, voltando para casa, após um longo dia de trabalho,
ao lado de Carlo, encontrou sua mulher esperando por ele na frente
da casa. Junho já chegara, e lá fora estava muito gostoso, mas lhe pareceu um pouco estranho aquele zelo insólito. Elena estava particularmente alegre, levou-o para dentro da casa de braços dados e só quando
fechou a porta, com ar de quem não encontra as palavras certas para
começar a falar algo ou fazer uma confidência, revelou ao marido
que estava esperando um bebê. Estava feliz, radiante, como nunca
a vira antes. Da cozinha vinha um cheiro que dava água na boca, e
havia até uma garrafa de champanhe na geladeira, para comemorar
dignamente aquele acontecimento extraordinário. Do seu jeito, Amós
também ficou feliz, mas principalmente por sua mulher. Na verdade,
nunca tivera um grande amor pelas crianças, ainda mais por recém-
-nascidos; com certeza amaria seus filhos, mas não conseguia imaginar
como e quanto, e tinha curiosidade em passar por aquela experiência
que, sabia muito bem, muda a vida de qualquer um. Seja como for,
a felicidade de Elena era contagiante, e Amós nunca hesitou, desde
o momento em que ela começou a envolvê-lo nos seus mil pequenos
projetos: a arrumação do quartinho, os objetos a comprar, as pequenas modificações na casa para dar segurança ao nascituro.

Amós, enquanto isso, preparava-se para debutar no teatro, no
papel de Macduff em *Macbeth*,[67] de Giuseppe Verdi. Seria no teatro

---

67 Ópera em quatro atos escrita por Giuseppe Verdi, com libreto de Francesco Maria Piave, baseada na
obra homônima de William Shakespeare, cuja estreia se deu em Florença, em 1847. (N. T.)

A música do silêncio

da sua cidade, o que lhe dava muita satisfação; parecia-lhe, sabe-se lá por que, um sinal do destino e, especialmente, um autêntico desafio em relação àqueles céticos que tinham afirmado repetidamente, sem titubeio, que seria impossível para um cego a carreira teatral. E ele se lembrava das palavras de Goethe: "Viver no mundo ideal é tratar o impossível como se fosse possível".[68] Estudou com dedicação, e quando começaram os ensaios, logo se fez estimar graças a sua aplicação; era sempre o primeiro a chegar e o último a sair, escutava os conselhos e fazia de tudo para agradar ao regente, ao diretor, e não ser um problema para os colegas.

Os ingressos se esgotaram, e um clima de afeição, e de certo modo de reconhecimento, criou-se em torno dele, que se sentia, por razões óbvias, emocionado e cheio de responsabilidades. No pesado traje de lá de guerreiro, trancado no camarim para fazer *vocalises*, poucos minutos antes do início da obra já estava encharcado de suor. Era setembro, e ainda fazia calor. O teatro estava completamente lotado. Seu papel não era grande coisa, mas parecia-lhe, em momentos como aqueles, de uma dificuldade insuperável. Sabia que tinha de prestar muita atenção à respiração dos colegas para não errar os ataques dos *concertati*,[69] que não podia se permitir distrações; calma e máxima concentração eram, portanto, indispensáveis para não fazer nenhum papelão em cena. Sabia muito bem disso, e sentia toda a responsabilidade daquele debute, mas tinha certeza de uma coisa: no fundo da sua alma estavam todos aqueles pedidos de justiça, indispensáveis para se identificar completamente e representar do jeito mais passível de se crer no papel de herói que, no final, consegue fazer o bem vencer

---

68 Em italiano, *Vivere nell'idea significa considerare l'impossibile come se fosse possibile*. A tradução em português foi extraída de GOETHE, *Spruche in Prosa*, Werke, Ed. WEIMAR, XLII, p. 142, citado por E. CASSIRER, Yale University Press, 1944 (ed. ut. *Essai Vhomme*, trad. N. MASSA, Paris: Minuit, p. 92), in FERON, O. *As cavernas da Modernidade*. Lisboa: CFUL, 2011. (N. T.)

69 *Concertato* (ou peça *concertata*), na música dramática, é um termo italiano que designa um trecho de uma ópera na qual os personagens e o coro entrelaçam suas linhas vocais em forma polifônica. Geralmente, os *concertati* da ópera italiana são colocados, de preferência, no final do ato intermediário, mais raramente no fim de um quadro ou da ópera. Origina-se da palavra italiana "concerto", que significa "tocar junto" – de onde vem *concertato*: "no estilo de um concerto". No uso moderno, o termo é quase sempre usado como adjetivo; por exemplo: "esta peça está em estilo concertato". Disponível em: <http://pt.wikipedia.org/wiki/Concertato>. (N. R. T.)

o mal. Era um papel que amava sem restrição, e o público logo o entendeu. Quando entrou em cena, rodeado por três bailarinas, que representavam as tristes lembranças de um pai cujos filhos tinham sido trucidados pelas mãos de um tirano sem piedade, naquele momento de máxima tensão interpretativa, Amós pensou em seu filho, que estava para nascer, e ficou muito emocionado. Na sua voz havia toda a tristeza de um homem que sofreu, e lutou muito, e, ao final da ária, antes ainda que a voz se dissipasse, sufocada pela emoção, uma ovação ensurdecedora ergueu-se do teatro para selar o sucesso daquele empreendimento. Até alguns meses antes, tocava nos pianos--bares, para ouvidos distraídos. Refletiu rapidamente sobre isso e um sentimento de pura gratidão surgiu em seu coração.

Naquele mesmo período, foi convidado pelo maestro Pavarotti para participar de um espetáculo televisivo no qual deveriam duetar. O convite tinha chegado à noite, por telefone. Amós já estava dormindo, quando, de repente, o toque do telefone o fizera se sobressaltar; do outro lado do aparelho uma voz dissera-lhe:

– Boa noite, quem fala é Luciano Pavarotti.

De início, ainda com sono, pensou que fosse uma brincadeira, mas, depois, reconheceu o timbre inconfundível da voz do mais famoso tenor do mundo, e não pôde fazer nada mais além de levar em consideração aquela circunstância que parecia inacreditável. Só alguns anos antes, ao final de um concerto, tentara se aproximar do maestro para lhe dar a mão e parabenizá-lo, mas não conseguira, os seguranças não deixaram que passasse.

Como era possível tudo isso, e por qual razão? Agora fazia essas perguntas a si mesmo, mas continuava em frente, sem se preocupar com o cansaço e o desconforto que aquela repentina mudança de costumes e imprevisto distanciamento das próprias coisas inevitavelmente lhe provocavam.

No começo de outubro, foi convidado pela gravadora a ir ao estúdio, em Bolonha, para a gravação do novo álbum. Amós estava realmente preocupado com a escolha das músicas. Sabia que era absolutamente necessário ter pelo menos uma faixa daquelas que entram direto no coração das pessoas, e se aquele disco não fosse um sucesso, todo aquele trabalho feito até então não teria servido para nada. Por

A música do silêncio

outro lado, o que fazer? A produção de discos tem seu tempo, os acordos têm de ser respeitados, e ele não podia fazer outra coisa a não ser gravar, dar tudo de si, e esperar.

Mas as surpresas daquele ano ainda não tinham terminado. Por volta da metade do mês de dezembro, de fato, foi convidado a participar de um concerto de Natal na sala Nervi do Vaticano.

Era uma grande honra exibir-se naquele lugar, ao lado de cantores famosos de todo o mundo, um reconhecimento enorme. Também naquela circunstância deu o melhor de si, e o público que lotava a sala foi-lhe extraordinariamente caloroso.

Poucos dias depois, Elena e Amós foram sozinhos para Estocolmo, onde ele participaria de um concerto de final de ano; uma experiência inesquecível. Os problemas começaram logo que saíram do aeroporto, por causa da dificuldade de comunicação; Amós sabia pouco o inglês, e parecia que seus anfitriões também não o conheciam muito bem, o que não era de espantar, nem falavam uma palavra sequer em italiano. Assim, tudo era difícil e cansativo, até as coisas mais simples, embora todos fossem muito gentis e amáveis. Além disso, fazia muito frio, e Amós estava preocupado com a saúde de Elena, grávida já de sete meses, com um barrigão. Pensava na Itália, nos seus amigos reunidos para comemorar juntos o último dia do ano, e sentia-se triste e sozinho, como raramente tinha lhe acontecido antes; tanto, que na noite do concerto, trancado no seu camarim, teve vontade de chorar, mas envergonhou-se da sua fraqueza, criou coragem e foi para o palco, embora seu semblante parecesse mais com o de um condenado do que de um artista em ascensão.

Voltou para a Itália, feliz como um estudante, e logo começou a trabalhar. O festival estava chegando, era o risco que Amós tinha de correr, mesmo sem querer. A faixa que já havia gravado era, sem dúvida, interessante, fora dos padrões e da moda, mas, a seu ver, muito refinada, elegante até, e não tinha aquela força de impacto que era necessária em situações como aquelas, nas quais tudo acontece em um átimo de tempo.

– Esta música – dizia a Michele e a Caterina – é adequada para uma competição que se disputa em distância, enquanto seria preciso uma feita para uma competição que se faz em percursos breves...

Andrea Bocelli

– Mas não temos nada melhor – diziam-lhe eles –, e, além do mais, a faixa é muito bonita, você tem de acreditar nela e defendê-la com unhas e dentes. Por outro lado, não podemos ficar só olhando, não podemos perder uma oportunidade como esta.

Então, Amós se conformou. Pensou que talvez as coisas tivessem de ser assim, e era inútil remar contra a maré. Melhor nadar naquela mesma direção, prestando atenção para evitar acidentes de percurso. E assim fez. Foi para Sanremo, com frio e chuva, em uma manhã de fevereiro, com um carro enviado para Poggiocino justamente para levá-lo à cidade das flores. Exatamente com um ano antes, mas desta vez foi sem a família. Elena, de fato, tinha achado melhor ficar em casa com medo de dar à luz em um hospital em um lugar onde não conhecia ninguém. Amós gostaria de tê-la levado consigo. Pelas suas contas, daria tempo de ir e voltar antes do feliz acontecimento, mas não fez qualquer objeção. Recomendou-lhe somente que não corresse riscos e nunca ficasse sozinha, por nenhuma razão do mundo, e então se despediu.

A estada em Sanremo foi, desde o começo, agradável e menos cansativa do que o previsto. Estavam com ele Adriano, Pierpaolo, um jovem músico com o qual Amós tinha boas relações, e seus pais. Cantou na noite do dia 21 de fevereiro. Deu tudo de si, mas a concentração, sem dúvida, não foi como das outras vezes; e, a música, como já sabia, não era daquelas que tocam imediatamente o público, e o resultado da votação não o classificou nem entre os dez primeiros. Tinha acontecido o que Amós temera. Em primeiro lugar, na classificação provisória, tinha ficado uma jovem cantora, ela também sob a produção de Michele. Amós sabia as consequências daquela situação. Michele com certeza voltaria sua atenção para aquele novo projeto, deixando-o de lado. Era terrível. Tudo podia desmoronar de uma hora para outra e acabar; e então teria de começar tudo do início, para alegria dos depreciadores, daqueles que durante o ano tiveram de morder a língua por ter falado muito cedo. Quantas coisas ruins falariam sobre ele! Com um sorriso nos lábios, os caluniadores levantariam a voz: "Eu sempre disse que não daria em nada, que era só sorte...". Todos esses pensamentos passavam pela cabeça de Amós e o angustiavam, enquanto, de fato, Michele não aparecia mais. A

A música do silêncio

situação era, portanto, realmente crítica; Amós estava abatido, mas não desistira de lutar de forma alguma. Por outro lado, o que poderia fazer àquela altura, a não ser tentar remediar uma situação aparentemente comprometida? Foi para seu quarto e pediu para não ser incomodado por nenhum motivo.

Tinha que descansar, não pensar em nada, a fim de reencontrar a calma. O que Ettore lhe sugeriria nessa hora? As coisas voltariam mesmo a ser como antes? É realmente esmagador o peso de uma derrota? Entretido com aqueles tristes pensamentos, adormeceu lentamente.

De repente, um barulho o acordou, assustando-o, e então ouviu a voz da sua mãe. "Por que me acordaram?" Uma expressão de decepção estampou-se no seu rosto, e já ia dizer alguma coisa indelicada quando ouviu novamente sua mãe, que lhe dizia:

– Nasceu, nasceu! Tudo bem, está tudo bem! – sobressaltado, Amós sentou-se na cama. – Fique calmo, já disse que está tudo bem! Elena passa bem. Vá descansar e não se preocupe com nada. Desculpe-me, mas eu tinha que contar agora – deu um beijo no filho e saiu do quarto, fechando a porta.

Amós não conseguiu dormir de novo. Um número sem fim de pensamentos vinha-lhe à cabeça. Uma nova vida tinha vindo ao mundo para crescer na sua casa, e como seria aquela criança? Era a primeira vez que tinha uma curiosidade do tipo.

Percebeu que não conseguiria de forma alguma esperar o fim do festival para conhecer seu filho, e, além do mais, estava sentindo um pouco de remorso por não estar ao lado da mulher naquela hora tão importante para um casal. Sabe-se lá quanto ela havia sofrido, e quanto lhe tinha feito falta, acostumada com ele sempre ao seu lado...

De repente, lembrou-se do festival e sentiu como uma pontada no coração, já que seu lugar na classificação era realmente desesperador. Que papelão estava fazendo, justamente naquele momento no qual teria de honrar com um grande resultado o nascimento do primeiro filho. Uma tristeza profunda o envolveu, e que ninguém lhe dissesse para ficar alegre, pois aquele feliz acontecimento era muito mais importante do que a vitória em um festival... Ah, como eram falsos aqueles discursos! Um pai deve ser exemplo para o filho, deve lutar para vencer, pois, em cada empreendimento, todo mundo deve dar o melhor de si, oferecendo ao próximo um modelo de retidão moral; de fato, somente assim, a vitória de um se torna para todos uma conquista.

Mas, justamente por causa disso, era preciso encontrar os meios de colocar de lado todas aquelas elucubrações e empregar todas as forças nos compromissos existentes. Assim, procurando em si mesmo calma, preparou-se como na noite anterior e subiu ao palco, motivado e cheio de boas intenções.

Entretanto, seu lugar na classificação não melhorou em nada. Estava num restaurante, na mesa com seus pais, quando lhe levaram os resultados da votação. No mesmo momento, sentiu um nó no estômago, parou de comer, e disse ao seu pai:

– Tenho de ir ver Elena de qualquer jeito, tenho dois dias livres, não posso ficar aqui...

Senhor Bardi percebeu que seria inútil tentar fazê-lo mudar de ideia. No fundo, seu desejo era legítimo, e concordou em ir com ele até o hospital de Volterra, onde Elena tinha dado à luz e ficaria ainda por alguns dias.

Durante a viagem, Amós não abriu a boca. Uma aflição tomava conta dele, e não fazia nada para acabar com ela. Tinha medo de não amar seu filho, de ficar indiferente ao primeiro contato físico com aquela criatura que tinha acabado de vir ao mundo, e estava aflito com a ideia de desagradar Elena, por quem sentia uma nova ternura e gratidão.

Quando passou pela porta do quarto com duas camas, no meio das quais estava o bercinho, sentiu seu coração batendo forte. Tomou fôlego, como se fosse para entrar em cena, e entrou. Entendia bem a razão daquele coração batendo forte, mas não conseguia controlar.

Aproximou-se da cama de Elena e a abraçou com timidez, temendo machucá-la. Deitada naquela cama de hospital, ela parecia frágil; perguntou sobre sua saúde; então, lembrou-se do bebê e, fazendo força para demonstrar um interesse que na verdade não tinha, aproximou-se do berço e, com cuidado, procurou o recém-nascido. O pequenino dormia tranquilamente. O medo de acordá-lo poderia ser uma ótima desculpa para adiar aquele primeiro contato, mas uma estranha curiosidade venceu todas as suas hesitações. Esticou as mãos

A música do silêncio

e, com uma delicadeza que não sabia que tinha, levantou o filho e o levou ao peito.

Sentiu um cheiro levemente adocicado, tênue, mas bem marcado, o cheiro dos recém-nascidos, que se espalhou ao seu redor. Amós respirou aquele cheiro profundamente, e pela primeira vez na vida ficou como que embriagado; tocou de leve com os lábios o rosto do bebê e, quando decidiu dizer algo, percebeu que estava sozinho com sua mulher naquele pequeno quarto de hospital. Os outros tinham saído para não atrapalhar a manifestação daquele complexo emaranhado de sensações e sentimentos que no interior do núcleo familiar são os mais íntimos, os mais profundos e indeléveis.

Naqueles breves instantes, entendeu que um sentimento novo, uma nova forma de amor tinha se enraizado no seu coração de modo profundo e indestrutível. Tudo tinha acontecido de forma rápida e surpreendente, e agora sentia-se uma pessoa nova, que reconquistava, justamente naquela situação, a capacidade de dar a cada coisa seu justo valor, e agora colocava no degrau mais alto da sua escala hierárquica aquela criatura, aparentemente frágil e insignificante, da qual era pai e pela qual, sem dúvida alguma, já seria capaz de dar a própria vida.

O médico-chefe consentiu-lhe passar a noite ao lado de Elena, e aquele lhe pareceu um favor digno de eterna gratidão. Despediu-se do pai e, com o pequenino nos braços, deitou-se na cama livre, prometendo a Elena recolocá-lo no berço antes de pegar no sono. Mas Amós não estava com sono, e lhe parecia que o bebê escutava os batimentos do seu coração. Era uma emoção nova, intensa e misteriosa, que aumentava a cada pequeno movimento do bebê, a cada chorinho seu. Perto dele estava uma mulher que tinha dado à luz um menino, e ele, Amós, era o pai daquele ser. Este pensamento pareceu-lhe por demais grandioso, uma coisa tão complexa, que não entrava na sua cabeça, mas era assim. Pensava muito, e por vezes acariciava suavemente o rostinho daquele anjinho e aquele corpinho frágil, como se quisesse pôr à prova sua consistência. Murmurava-lhe frases sem sentido, mas cheias de sentimento, até que teve a impressão de que tinha dormido. Então, deitado imóvel na cama, com medo de acordá-lo, lentamente começou a fazer uns versos que resumiam, de um modo ou de outro, a sensação e os pensamentos daquelas horas inesquecíveis:

Enquanto como um gigante,
nos braços, orgulhoso e feliz, abraço meu pequenino
e seu corpinho macio, inocente,
frágil e vivo como um passarinho,
no meu peito se deixa abandonado,
quieto e seguro, meio atormentado,
por alguns instantes, quase docemente
aparece como num sonho meu destino.
Assim me vejo velho e conformado,
sentado lá, ao lado da lareira,
esperando com a ansiedade de um menino
a noite, para ouvi-lo de repente
voltar todo sorridente,
falante e gentilmente
e como uma promessa que conforta
a alegria imensa de um gesto acariciante...
Depois volto a mim e já me esqueci,
mas dentro de mim, a alma subtraída,
me diz que aquela criança recém-nascida
já vale mais do que minha própria vida...

Por algumas horas esqueceu-se do festival, das dificuldades da carreira, do próprio futuro, e um indefinível sentimento de gratidão em relação ao mundo inteiro, uma espécie de embriaguez moral, tomou conta dele. Então, levantou-se devagar da cama; depois, começou a andar lentamente de um lado para outro com a criança no colo.

"Existe um homem ao qual devo muito do pouco que sei, um homem que me ensinou que é melhor fazer do que dizer; que é melhor duvidar do que ter inabaláveis certezas; que é mais importante procurar ser do que se esforçar para ter. Darei a esta criança o seu nome, Ettore, assim vou me lembrar sempre dele, mesmo quando esse homem já não estiver mais aqui."

A música do silêncio

Feliz com aquela ideia, que com certeza Elena apoiaria, foi até o berço e ali colocou o bebê; em seguida, deitou-se na cama e procurou descansar um pouco, por causa da viagem e dos compromissos que teria nos próximos dias.

XXXII

as primeiras horas da manhã Amós voltou para Sanremo. Foi muito triste deixar aquele quarto, mas o dever o chamava.

Na noite da final, estava muito bem, sentia-se em perfeita forma, e encontrou a calma necessária para uma exibição de alto nível. O público começava a conhecer e a gostar da sua música. A receptividade foi bastante calorosa, e sua posição na classificação melhorou muito, mas não conseguiu ir além do quarto lugar. Para ele foi uma desilusão violenta, o que talvez devesse considerar, de forma realística, como o início de uma decadência irrefreável. Mas, o que fazer? Precisava ter força e dar tudo de si como sempre. Agora tinha um filho para criar, que com certeza seguiria o exemplo do pai; portanto, era absolutamente necessário redobrar os próprios esforços.

Assim, sem perder de vista os próprios estudos, Amós fez de tudo pela divulgação do seu disco, viajando, com Carlo a seu lado, por toda a Europa, sem trégua, driblando o cansaço e a chatice das intermináveis esperas nos aeroportos, nos camarins dos estúdios de televisão ou de rádio. Elena o aguardava em casa com seu filho, e parecia tranquila, consciente da importância de todas aquelas viagens, que lhe davam medo e solidão. Todavia, por volta de outubro, partiram juntos para uma longa série de concertos na Bélgica, na Holanda, na Alemanha, na França e na Espanha. O espetáculo era bastante original: uma grande orquestra tocava trechos sinfônicos e depois acompanhava intérpretes famosos, nos mais diferentes tipos de gênero musical. O público daqueles países parecia gostar muito daquele tipo de concerto, e todas as noites enchia as salas.

A gravadora de Amós tinha conseguido colocá-lo naquela extraordinária produção e, para espanto geral, depois das primeiras apresentações, Amós começou a vender em toda aquela zona geográfica uma quantidade impressionante de discos.

Teve início então um período de trabalho muito duro, rodar o mundo por quase trezentos dias de um ano. Os resultados daquele esforço foram incríveis, e não ousaríamos reportá-los, obviamente, mesmo que de forma rápida, se não estivéssemos contando uma história verdadeira, sobre a qual muita coisa já foi escrita em jornais do mundo todo.

Em um curto período de tempo, os álbuns de Amós começaram a vender facilmente em qualquer lugar. Na Alemanha, por exemplo, as produtoras de CD ficaram abertas durante o final de semana para dar conta do aumento de pedidos, que, no entender dos especialistas, era sem precedentes. Mais ou menos a mesma coisa aconteceu na França um mês depois, e em seguida até na América do Norte, onde a barreira contra os artistas de língua não inglesa sempre foi praticamente insuperável.

Então, o que estava acontecendo? Todos se perguntavam, assim como Michele, que não perdeu tempo e se debruçou novamente no projeto de Amós, desta vez com o máximo de empenho, deixando de lado tudo o que tinha começado nos últimos tempos para se concentrar definitivamente na carreira do cantor, que, dia após dia, se parecia cada vez mais com um conto de fadas maravilhoso. Em primeiro lugar nas paradas musicais do mundo todo, tanto nas de música popular quanto nas de música clássica, Amós foi muito cobiçado. De um lado, a produção musical o solicitava para a promoção dos seus discos, de outro, as salas de concerto e os teatros mais prestigiados do mundo pediam insistentemente suas apresentações, fazendo ofertas de virar

A música do silêncio

a cabeça, às quais era difícil dizer não, principalmente para uma pessoa como Amós, ou seja, filho do campo e dos costumes rurais que, até pouco tempo, tivera medo de não ter condições de sustentar a própria família...

No entanto, apesar do clima de euforia, do sucesso arrebatador, das mudanças da condição econômica, Amós se esforçou ao máximo para não mudar muito seu estilo de vida e, principalmente, a si mesmo. No coração, tinha sempre a família, os amigos, sua gente, ou seja, aqueles que tinham esperado pela sua volta do festival e o receberam com uma faixa imensa: "Obrigada, Amós, por ter colocado todos em pé em Sanremo". Ele nunca se esqueceria disso.

A qualquer lugar do mundo levava seu jeito puro e espontâneo de toscano verdadeiro, sempre humilde e atencioso, mas nunca submisso. Seria talvez esta a receita que o tornava tão simpático aos olhos do Santo Padre, assim como aos do presidente dos Estados Unidos, os quais, depois de se encontrarem com ele pela primeira vez, o convidaram a se apresentar mais uma vez para eles? Quem sabe. Amós também se perguntava isso, sem conseguir chegar a uma conclusão diferente daquela que dava aos jornalistas, por uma lado irônica, mas também vagamente religiosa:

– Que assim foi posto lá onde tudo o que se quer se pode.

O tempo passou rapidamente, e os acontecimentos se seguiram em um ritmo quase insustentável, um mais inacreditável que o outro, de modo que seria, sinceramente, impensável descrevê-los todos e, ao mesmo tempo, convencer o leitor de sua veracidade. Acontece que, devido à mudança de vida, aos compromissos cada vez mais prementes, Amós foi obrigado a considerar a possibilidade de se transferir para um lugar mais propício às suas viagens. A compra de uma casa nova, a primeira verdadeiramente sua, resolvia também um pouco seu problema em como investir seus primeiros ganhos. Portanto, depois de longas e complicadas pesquisas, decidiu comprar uma bela casa nas proximidades de Versilia, perto do mar, com as montanhas Apuane como pano de fundo daquela inigualável obra de arte da natureza. Ali, além do mais, ficaria longe, finalmente, dos alergênicos que tanto o haviam feito sofrer na juventude.

Foi naquela época que Elena ficou grávida do seu segundo filho. Um menino, também desta vez, ao qual foi dado o nome de Andrea. Para a hora do parto, Amós conseguiu estar ao lado da mulher, e ficou feliz com aquela nova experiência, tão dolorosa na espera quanto prazerosa depois do parto. Os jornais competiram para dar a notícia, enriquecida de detalhes curiosos, verdadeiros ou completamente inventados. Àquela altura, o famoso artista não ficou nada contente, mas já se tinha acostumado, a muito custo, com a ideia de não ter mais uma vida privada digna de tal definição. Aquela foi, em todo caso, uma das fases mais bonitas na vida de Amós, apesar do cansaço físico e psicológico, e de um problema ou outro de saúde dos seus entes queridos. Sentia que estava indo de vento em popa, cerrava os punhos e agradecia sua existência pelas tantas satisfações que a vida lhe reservava e que ele dedicava aos pais, que tanto haviam feito por ele e se preocupado, sofrendo em silêncio, com medo de que ele não se realizasse, que não encontrasse um caminho digno da sua boa vontade e das suas qualidades.

Na verdade, um pensamento o angustiava muito: o conflito constante com a própria voz, que não só não queria fazer as suas vontades, mas cada dia estava diferente, trazendo novos problemas, para os quais nem mesmo os mais ilustres maestros tinham soluções prontas e definitivas. E, ainda, era preciso resolver a questão mais espinhosa e ao mesmo tempo mais importante, a dos agudos, que Amós temia não ter mais.

– Com os belos registros centrais que tem, canta-se um bonito canto, mas com os agudos, ganha-se dinheiro! – dissera-lhe um dia, brincando, uma professora, incentivando sua busca.

Por causa daquilo, ele se sentia muito frustrado; não poderia continuar por muito tempo executando trechos nos quais não houvesse notas muito agudas. Rapidamente seria atormentado e aniquilado pela crítica... Por este motivo, pensava na sua voz dia e noite, com intensidade maníaca. Às vezes, experimentava fazer um agudo no meio da noite, enquanto todos dormiam tranquilamente, porque não conseguia dormir com uma dúvida relativa à própria vocalização, ou seja, com uma posição nova para experimentar. Elena acordava assustada e ficava brava, mesmo sabendo, conhecendo bem seu marido,

A música do silêncio

que de nada adiantariam sermão e cara feia. Amós estava pronto para se desculpar, realmente chateado, mas sabia que não podia prometer que aquilo não se repetiria, talvez na noite seguinte. Mas, com o tempo, a constância e a boa dose de sorte, os agudos lhe chegaram; os primeiros foram curtos e de pouco suporte. Todavia, melhoravam dia após dia, com uma rapidez surpreendente, tanto, que se tornou em pouco tempo a parte mais segura da sua extensão.

Em seguida, enfrentou o problema de bem juntar entre eles os vários registros. Mas este tipo de trabalho foi-lhe menos angustiante do que o primeiro. Se o caminho continuava a subir, cheio de dificuldades e ciladas, agora, porém, começava a avistar um vislumbre de luz que lhe dava força e coragem. E, claro, não era o caso de se entregar, justo agora que sua carreira tinha decolado, depois de tantas e vãs tentativas...

Certo dia, recebeu um convite para se apresentar em um concerto em Brema, na Alemanha, em comemoração do centenário de uma das mais famosas e prestigiosas gravadoras, *Deutsche Grammophon*, e Amós, honrado com tal demonstração de estima, decidiu aceitar, e, assim, em pouco tempo o acordo entre as partes foi aperfeiçoado. Telefonou a Ettore para convencê-lo a lhe fazer companhia. Fazia tanto tempo que não o via, e sentia uma grande necessidade de estar um pouco com ele, de saber sua opinião sobre certos fatos da atualidade, sobre o quais não conseguia ter uma ideia clara. E, com aquele encontro, compreenderia se, e quanto, o sucesso tinha modificado sua personalidade, seu estilo de vida. Em outras palavras, Ettore, sem papas na língua e eficaz como sempre, incentivaria, com certeza, uma espécie de exame de consciência que Amós desejava fazer para se sentir mais tranquilo e em paz consigo mesmo. Talvez porque, no fundo, não se sentisse feliz; todo aquele dinheiro, que em pouco tempo o obrigara a mudar os próprios costumes, os contrastes, frequentemente ásperos com os colaboradores, os agentes e os produtores, os ataques da imprensa, dos críticos... Tudo isso era para Amós extremamente cansativo e triste ao mesmo tempo. Falaria com seu amigo, que seguramente lhe seria de grande ajuda. Ettore aceitou imediatamente o convite. Adorava viajar, e estava feliz de rever Amós pessoalmente, em vez de pela televisão. Assim, foi ao aeroporto, pontual como sempre,

275

vestido com os jeans de sempre, camiseta e tênis. Ágil e pronto como um homem em plena forma, Ettore estava muito bem, invejável até nos seus 76 anos. Mas Amós percebeu uma leve mudança, que o preocupou um pouco. Em certos momentos, parecia-lhe que o amigo estava ausente, ou pelo menos distraído; era como se estivesse pensando em algo que o arrebatasse da realidade. Amós, então, visivelmente preocupado, pensou pela primeira vez na velhice de Ettore. Como suportaria, aquele homem seguro de si, irrepreensível, são e forte como um touro, a doença, os médicos nos quais nunca tinha ido sequer uma vez na vida, a internação em um hospital? Será que Ettore estava pensando justamente nisso? Será que estava aos poucos perdendo o interesse pelas coisas da vida? Procurou espantar rapidamente aquele pensamento; o sol estava maravilhoso e fazia um calor gostoso que o deixava de bom humor. Durante a viagem, porém, Ettore voltou a ser a mesma pessoa de antes, pródigo em aconselhar; não economizou em uma ou outra paterna repreensão ao seu jovem amigo, que ficou muito feliz com isso. No avião, uma comissária de bordo encostou de leve no seu ombro, chamando sua atenção:

– *Sorry, mister Bardi, can I have an autograph?*[70]

Ele então abriu a mesinha, pegou das mãos da comissária o cartãozinho e a caneta e escreveu: "Afetuosamente" sobre a sua assinatura. A jovem, toda sorridente, colocou o cartão e a caneta no bolso, depois pegou na mão de Amós e a apertou entusiasmadamente:

– *Oh, it's very kind of you! Do you know, all my family loves you!*[71]

– *Thank you, it has been a pleasure for me!*[72] – respondeu Amós, ainda com a mão da moça segurando a sua.

Ettore, enquanto isso, abria seu jornal.

Quando a comissária se afastou, dirigiu-se para Amós, em tom de brincadeira:

---

70 "Desculpe, senhor Bardi, pode me dar um autógrafo?". (N. T.)

71 "Oh, é muito gentil de sua parte. Sabe, toda minha família adora o senhor". (N. T.)

72 "Obrigado, o prazer foi meu". (N. T.)

A música do silêncio

– *Ehi, conde Vronskij, parecia talvez Anna Karenina? Remember, you have a family, two children....*[73]

– *What are you saying?*[74] – defendeu-se rapidamente Amós.

– *Nothing, nothing... only I know you very well!*[75] – tornou a dizer Ettore ainda em inglês. Tinha sido justamente ele quem dera as primeiras noções daquela língua para Amós, e agora estava gostando de ver seu progresso.

– *Don't worry*[76] – concluiu Amós, rindo.

Em Brema, pela primeira vez, Ettore assistiu a uma apresentação do seu amigo e, ao final do concerto, foi lhe dar a mão, parabenizando-o. Quem sabe quanto pagaria Amós para saber exatamente as sensações que aquele coração de leão, sentado na plateia, no meio do público, tinha experimentado ao vê-lo subir no palco, ao lado de um famoso regente, e se apresentar para todas aquelas pessoas que conheciam e amavam a música, que viviam de música e podiam fazer mil comparações e avaliações severas... Quem sabe se Ettore, mais uma vez, encontrara tempo para observar todos aqueles rostos atentos e analisá-los com a lucidez de sempre, ou se se abandonara para ouvi-lo, emocionado e intimamente comovido? Amós nunca saberia.

---

73 "Lembre-se, você tem uma família, dois filhos...", lembrando o romance *Ana Karenina,* do escritor russo Tolstói, em que o conde Vronskij se envolve com a protagonista. (N. T.)

74 "O que está dizendo?". (N. T.)

75 "Nada... nada...só que eu conheço muito bem você!". (N. T.)

76 "Não se preocupe". (N. T.)

XXXIII

No dia do seu aniversário de quarenta anos, Amós, rodeado por todos os seus amigos, tinha muitos motivos para comemorar e se sentir feliz, em poucos anos alcançara objetivos inacreditáveis, que ele sequer ousara esperar conseguir um dia.

Em primeiro lugar nas paradas do mundo todo, tanto de música clássica quanto popular, uma dezena de discos de platina, prêmios e reconhecimento em toda parte, teatros e salas para shows que o disputavam, para alegria e incredulidade de Michele, que não acreditava nos seus olhos quando se sentava à mesa para ler as ofertas que chegavam ao seu escritório de todas as partes do mundo.

Amós, apesar de tudo, continuava o rapaz de sempre, e adorava dividir aqueles prazeres com seus amigos, Adriano, Verano, Carlo, Luca, Giuliano, o velho Monti (gostava de chamar assim o homem que se encantou pela sua voz com poucas notas e que, por conta própria, fizera até algumas tramoias para fazê-lo debutar no teatro Valli de Reggio Emilia)... Sérgio, um instrutor de tênis ao qual Amós se sentia bastante ligado ultimamente, pois percebiam e julgavam as coisas de um modo muito parecido, e por quem nascera uma amizade preciosa e transparente como os cristais da Boêmia, também estava lá.

Todos os amigos convidados compareceram, animando a festa de Amós, uma das mais alegres que já tivera. O bufê tinha sido organizado por Verano, e senhor Bardi levou seu delicioso vinho; ninguém naquela noite parecia se preocupar com dietas.

As brincadeiras, a cantoria, as histórias continuaram até as duas da madrugada, quando o cansaço começou a aparecer e os primeiros amigos foram embora. Antes que seu pai também se retirasse, Amós lhe disse:

— Meu primo Giovanni já me convidou várias vezes para andar de barco com ele, mas nunca deu certo; amanhã ele poderia, e o tempo parece que vai estar bom, o que você acha de darmos uma volta de barco?

— Ligue para mim lá pelas nove horas, aí decido — disse o pai, olhando para o relógio. Em seguida, despediu-se.

Assim que o despertador tocou, Amós pulou da cama e se vestiu rapidamente. Elena o seguiu, embora estivesse ainda com muito sono, e foi para a cozinha preparar o leite para as crianças. O pequeno Ettore dormia tão profundamente na cama de casal que nenhum barulho o acordou.

Amós, entretanto, esperava ansioso chegar a hora para telefonar aos pais e ir com eles para o mar no barco do primo. Quase perto da hora, com alguns minutos de antecedência, telefonou e esperou. O telefone chamava, mas ninguém atendia. Por quê?

Depois de uns cinco ou seis toques, reconheceu finalmente a voz da mãe, na qual percebeu logo que havia algo estranho:

— E então — perguntou com voz forte —, estão prontos ou dormindo ainda?

Depois de uma pausa, senhora Bardi suspirou e em tom inseguro disse:

— Amós, acho que você não vai ter vontade de andar de barco hoje, infelizmente!

— Mas por quê? — perguntou Amós, já nervoso.

Ele conhecia bem a mãe, e pela sua voz já percebia seu estado de ânimo. Aquela afirmação, aquele tom, tudo tão sinistro, logo o espantaram, e naqueles terríveis minutos pensou em seus entes queridos. A quem poderia ter acontecido algo? As crianças, graças a Deus, estavam ali com ele, sob seus olhos, e Elena estava na cozinha. Pensou então no pai, depois no irmão, mas a mãe interrompeu seus pensamentos e disse:

— Ontem à tarde, Ettore caiu da bicicleta e bateu a cabeça.

Em seguida, parou, como se não encontrasse palavras para continuar, e Amós teve a sensação de que seu rosto estava pegando fogo, suas pernas tremeram, e ele se sentou na beirada da cama, ao lado do filho que aos poucos estava acordando.

— E o que aconteceu? — perguntou Amós, quase gritando no telefone.

— Infelizmente, aconteceu o pior! — concluiu a mãe, com coragem, sabendo da dor que o filho sentiria.

Por alguns segundos, ficaram em silêncio. Amós estava atordoado; parecia que tudo estava rodando, e suas forças se foram completamente. De repente, tudo ficou claro: Ettore estava morto, não se encontraria mais com ele, nem o ouviria mais. Com a passagem para a outra vida, Ettore não o aconselharia, encorajaria, nem o confortaria mais. Estava tudo acabado para sempre...

Sem dizer uma palavra, com um gesto histérico, desligando com violência o telefone, Amós se levantou e, como um louco, um leão ferido, desceu as escadas gritando:

— Elena! Elena! Ettore morreu!

Desesperado, o pobre Amós gritava, sem perceber o pânico que aquela homonímia estava causando na mulher.

Ela, nesse ínterim, na cozinha, colocava o leite quente nas canecas decoradas dos seus filhos. Quando ouviu a voz do marido, colocou a leiteira na mesa, tentando entender por que estava falando daquele jeito, nervoso, e as exclamações de Amós logo acabaram com ela. Sentiu uma pontada no coração e uma dor aguda no estômago, os olhos se encheram de lágrimas e um desespero que nunca sentira antes a abateu a tal ponto, que quase caiu. Todavia, com suas últimas forças, subiu como um robô a escada, atravessou o corredor, entrou no quarto, e, em prantos, jogou-se na cama ao lado do pequeno Ettore, que olhava para ela aterrorizado, com os olhos arregalados.

— Ettore! Ettore! – gritava a pobre mãe, lamentavelmente transtornada, mas, aos poucos, começando a perceber que seu filho estava vivo e bem. Abraçou-o forte, como uma louca, apertou-o junto ao coração, que batia apressado, depois olhou para o marido, que tinha coberto o rosto com as mãos e se ajoelhado no tapete ao lado da cama.

— Você quer me matar?! Eu morro! – disse-lhe em meio a lágrimas que pareciam sufocá-la.

— Por que está chorando, mamãe? – perguntou Ettore em voz baixa, abalado. – Quem morreu? O que o papai estava falando?

Amós se levantou e foi até o menino, então tendo já se libertado do abraço da mãe, sentado em cima do travesseiro, olhando para os pais um pouco confuso. Amós, totalmente abatido, pegou sua criança no colo e começou a lhe dizer, afetuosamente, em voz baixa:

— Você se lembra do Ettore? Aquele senhor bonzinho, que tinha o mesmo nome que o seu? Sabe que ele não está mais aqui?

— O que quer dizer, papai, que não está mais aqui? – perguntou Ettore, que estava na época de perguntar o porquê de tudo.

— Não! Errei! – recomeçou Amós, vencido pela comoção. – Está e estará sempre, mas nós não conseguiremos mais vê-lo, mas nos lembraremos dele e o levaremos no nosso coração! Certo?

— Tá certo, papai! Tudo certo, mas não entendi muito bem, papai! – respondeu o pequenino e logo saiu dali. Amós se trancou no seu escritório, sentou-se na escrivaninha, apoiou os cotovelos e começou a pensar com um pouco de calma; a morte do Ettore era-lhe uma coisa absolutamente inconcebível. Como podia um acidente assim tão banal ter acabado com a vida de um homem tão forte e seguro de si? Amós nunca tinha pensado antes que Ettore pudesse morrer. Para ele, aquele homem era invencível, perfeito, eterno como uma doutrina. Tinha partido, porém, depois de ter feito tudo o que tinha de fazer, e na sua última viagem com Amós, em Brema, talvez tivesse dito ao seu jovem amigo as últimas coisas, uma espécie de testamento moral que ele jamais esqueceria.

XXXIV

Amós chegou à praça da igreja com os ânimos em pedaços, no auge do desespero, que a cada segundo ficava mais insuportável. Cerrou dentes e punhos, tomou fôlego, procurando suas últimas forças para não se desmanchar em lágrimas. Elena estava ao seu lado, em silêncio, sem olhar para ele. Do outro lado, Amós percebeu que estava seu irmão Alberto, atrás dele, Adriano, Verano, Carlo, Giuliano, os amigos de sempre, aqueles que nunca o abandonaram, principalmente em momentos difíceis.

Quando Amós entrou, a igreja de Lajatico, da qual tinha tantas belas e doces lembranças, já estava lotada de gente, que tinha ido até lá para se despedir, pela última vez, de Ettore. O caixão já estava lá, ao pé do altar, e dentro dele descansava um corpo. Amós sentiu um arrepio de pavor, e uma onda de perplexidade invadiu seu coração.

Aquele calor, aquele cheiro forte de incenso, misturado com o perfume das flores, aquela expressão triste no semblante e nas vozes das pessoas exasperaram-no tanto, que quase desmaiou. Procurou um lugar livre em um banco e se sentou.

A cerimônia teve início, mas Amós não conseguia prestar atenção. Com a cabeça inclinada, o rosto entre as mãos, deixou-se levar por seus pensamentos, suas lembranças próximas e distantes no tempo, e se recompôs somente quando o padre começou a falar do amigo morto; então, refez-se e começou a escutar com atenção. O pároco falava da vida do Ettore, do seu percurso de cristão, mas tudo aquilo que dizia era de um modo tão frio, sem vida e sem verdade que lhe pareceu quase ofensivo.

"Mas o que está dizendo? De quem exatamente ele está falando?", começou a se perguntar. "É possível que esteja realmente falando de Ettore? Mas ele o conhecia tão mal assim? Ou não consegue perdoá-lo porque não o via sempre nas suas celebrações das missas de domingo? E, no entanto, padre Carlo tem sempre palavras bonitas para todos!..."

Amós sentiu uma grande indignação, e pensou até em pedir a palavra ele mesmo antes do término da cerimônia e se despedir de Ettore com o entusiasmo e carinho que merecia, dizendo as coisas que tinham de ser ditas do modo como tinham de sê-las.

"Falarei perto do altar", pensou, "ao lado do caixão, ao lado dele; e falarei dele para todas essas pessoas que, como eu, gostavam dele, que como eu ganharam algo que não será possível esquecer, um conselho, uma ajuda, uma palavra amiga! De novo parou de escutar e se entregou aos seus pensamentos, que agora se concentravam no discurso que faria.

"Queridos amigos", direi, "queiram perdoar esta minha incontrolável necessidade de me dirigir a vocês com algumas poucas palavras sobre o homem do qual todos se despedem hoje com amor e reconhecimento. Os aspectos religiosos já foram bastante expostos e aprofundados pelo nosso sacerdote; eu, como laico, sinto, de minha parte, o dever de explorar as extraordinárias qualidades humanas, morais e intelectuais deste homem, para que ninguém se esqueça dele, e nada, mas nada mesmo, seja perdido daquilo que permanecerá dele. Hoje, nesta igreja, dominados por uma emoção que enche nossos olhos de lágrimas e corta nossa voz, damos nosso adeus a um homem que parte para uma longa viagem, mas existe algum motivo racional para chorar como morto um homem que parte? Quem caminhou ao lado de Ettore na estrada da retidão, da humildade, da boa vontade, do compromisso diário em favor do próximo, tão próximo aos ensinamentos do Cristo Redentor, do Cristo Ressuscitado, não pode nem deve pensar em Ettore como um homem que nos deixou para sempre, mas, sim, como um companheiro que continua a caminhar ao nosso lado e a nos consolar com a força das próprias ideias, com a doçura daquelas boas palavras que sempre teve para todos. Talvez eu seja um blasfemo se lhes peço que se rebelem, levantem as armas contra a insensata ideia desta morte? Pois bem! Eu imploro, suplico que se esqueçam deste dia nefasto a partir do momento em que os restos mortais deste nosso irmão sejam colocados sob uma lápide e guardados por uma epígrafe sinistra. Esqueçam-se deste dia, e lembrem-se dele, continuem a fazer com que viva no meio de vocês, nas suas casas, nas suas conversas, como certamente já fizeram mil vezes, quando ele estava longe, em uma das suas incontáveis e longas viagens pelo mundo. Além do mais, o que aconteceu na verdade? Algo se quebrou, desfez-se em Ettore, seu corpo caiu, e daí? São coisas que acontecem, do mesmo jeito que caem os cabelos e as unhas; em quarenta anos todo o semblante humano se transforma e se torna alguma coisa completamente diferente, irreconhecível. E alguém talvez se desespera por isso? Não! Claro que não! Por que então se desesperar tanto justamente hoje, se, no final das contas, nada aconteceu? Tudo nesse mundo perece, que morra o corpo! Ele não vale mais do que a beleza, que, como diz um famoso poeta, é como a 'sombra de uma flor'. Não vale, com certeza, mais do que a potência, que é como o 'eco de um trompete que se perde no vale'. Não! Absolutamente não. O que importa somente é que permaneça intacta a ideia do que ele foi, de como foi, do que dele derramou em nós e que nada, mas nada mesmo, esteja perdido! Porque a ideia, somente a ideia 'fugas do tempo e bárbaros silêncios vence'..."[77]

Amós estava com o coração repleto daquele sentimento que anima os homens quando se lançam, impávidos, no emaranhado da luta, desdenhosos do tremendo risco que os aguarda. Todavia, aquela

---

[77] ... "sombra de uma flor" ... "eco de um trompete que se perde no vale" ... "fugas do tempo e bárbaros silêncios vence"... Citações do poeta italiano Giosuè Carducci (1835–1907), tiradas do poema "La chiesa di Polenta" (1897), da coletânea *Rime e Ritmi*. (N. R. T.)

improvisada ideia de falar para todos e de certo modo tirar Ettore dos braços da morte, conservando-o para sempre na lembrança de quem o estimou, amou e seguiu como exemplo, trouxe-lhe uma calma reconfortante, uma trégua no desespero. Estava para se levantar e se dirigir ao altar quando ouviu um canto gregoriano, que fez com que voltasse a si e estremecesse; era o triste e solene canto com o qual quase sempre são acompanhados os mortos mais queridos na sua última viagem: "*in paradisum deducant te angeli...*".[78] O caixão, carregado por quatro bons rapazes da cidade, passava ao seu lado, justamente naquele momento, enquanto as pessoas se levantavam dos bancos e com pesar seguiam o cortejo.

Então, seus olhos de encheram de lágrimas; grandes e quentes lágrimas escorreram pelo seu rosto e soluços sacudiram seu peito. Não tinha dito nada do que gostaria de ter dito, ou melhor, gritado, e agora era tarde demais. Enfiou-se como se fosse um estranho no meio da multidão e lentamente seguiu o cortejo até o pequeno cemitério situado a alguns metros da cidade, no meio dos verdes ciprestes da sua bela Toscana.

---

78 "Conduzam-te os anjos ao paraíso...". (N. R. T.)

XXXV

Poucos dias depois, Amós partiu para os Estados Unidos para uma série de concertos. Com ele foram Carlo, Michele e Cristina, sua competente secretária, que Amós adorava e admirava muito pela paciência e cuidado com que fazia o seu trabalho.

Os americanos adoravam Amós quase que morbidamente, e o esperavam de braços abertos. Os ingressos tinham sido vendidos facilmente desde o primeiro dia da pré-venda, e já estavam esgotados em todos os lugares...

A narrativa de Amós, porém, termina aqui, porque tudo o que se teria para dizer agora já é de domínio público, em razão da importância que a mídia deu a esta história desde o início. Será melhor registrar aqui algumas partes do seu diário, e deixar assim, para o próprio Amós, a tarefa de colocar ao final desta narração a palavra "fim".

1º de outubro de 1998

Parto com a morte no coração, mas, não obstante, cheio de vida e de esperança. Parto sozinho, sem minha família, uma falta que vai me fazer sofrer muito. Mas levo Ettore comigo, no meio das pessoas que encontrarei, daquelas com quem falarei, ou simplesmente a quem darei a mão, e isto vai me reconfortar muito...

5 de outubro de 1998

O povo americano gosta de mim. Nos meus concertos, o público é fantástico, e nem sei como dizer com que entusiasmo me recebe e me encoraja. Se cada um deles soubesse o medo que tenho cada vez que subo no palco, se soubesse das minhas angústias, dos meus silêncios, da minha solidão...

7 de outubro de 1998

Tenho a desagradável impressão de que me tornei uma máquina de fazer dinheiro, e de ser tratado como tal. Tornei-me o alvo de grandes e contrastantes interesses. Sinto medo, e me envergonho de ter medo, porque um homem que dá o melhor de si não deveria ter medo de nada, nem de errar...

9 de outubro de 1998

Descobri que sou o motivo inocente de uma luta entre duas poderosas organizações, assim como o inocente alvo do fogo da artilharia deles, mas algum santo vai me ajudar, ou então vou me retirar; mesmo porque já tive bastante sorte; tenho o quanto me basta para viver e, sobretudo, ainda saberia viver com pouco.

12 de outubro de 1998

Hoje senti uma grande emoção. Tendo chegado a Boston, deparei-me com uma enorme multidão que me esperava no aeroporto, e descobri que as autoridades da cidade haviam promovido o *Bardi's Day*, um dia de festa por causa do meu concerto; mas, por que mereço tanta bondade?

15 de outubro de 1998

Ainda não consigo acreditar... Nesta manhã, fui recebido pelo prefeito de Nova York, que me entregou como prêmio uma grande maçá de cristal, símbolo da cidade. Ele é um apaixonado por ópera, e no discurso que fez elogiou as qualidades da minha voz. Depois

A música do silêncio

foi a minha vez, e eu, com o meu inglês claudicante, disse: "A vida é realmente um mistério maravilhoso, sempre tive certeza disso. O encontro de hoje com o senhor, prefeito, o encontro com tantas pessoas que vivem neste país, só me fez confirmar esta ideia. Como italiano, prometo mais uma vez fazer de tudo para merecer este reconhecimento, honrando meu país e todos aqueles que tiveram de deixá-lo".

De qualquer modo, com toda minha boa vontade, realmente não consigo entender o porquê de tudo isso.

Um dia, quem sabe, posso ter a ideia de escrever um livro que conte a história da minha vida, por causa da curiosidade dos meus filhos, dos meus netos, para passar o tempo, que nos camarins dos teatros ou dos estúdios de televisão realmente nunca passa; ou para descobrir, *a posteriori*, o misterioso segredo que levou uma criança cega, nascida e crescida no campo, às portas da Maremma, em direção a objetivos tão cobiçados, a ponto de ultrapassar os limites de qualquer férvida fantasia.

20 de outubro de 1998

Nesta noite também cantarei, portanto, terei de ficar o dia todo aqui, trancado nesse anônimo quarto de hotel, sem poder trocar uma palavra com ninguém, para que minha voz conserve intactas todas as suas frequências; mas, no fim das contas, está bom assim, porque estou cansado, cansado de viajar sempre, cansado das paradas, das lutas, dos contratos, cansado dos jornais que dizem de mim aquilo que querem, sem levar em conta o mal que podem me fazer, cansado dos críticos, que apontam para meu sucesso e minha notoriedade o impiedoso e estéril fogo da sua artilharia. Levados pelos seus princípios, esquecendo-se de que ninguém é dono de verdades absolutas, ignoram os fatos; mas os princípios se desfazem, enquanto os fatos ficam. Assim, penso na minha vida, e ninguém pode imaginar o quanto gosto, na solidão deste quarto, da música do silêncio.

XXXVI

Dez anos mais tarde...

Deixamos Amós no turbilhão dos eventos ligados a sua vida artística, e o reencontramos lá, onde o encontramos no início desta história, pacientemente sentado na poltrona de um camarim, com o computador no colo, à espera da hora marcada para sua apresentação.

Quantas coisas aconteceram em um tempo que passou com a rapidez de um raio! Quantos objetivos alcançados, quantas provas, quantas perdas dolorosas, quantas lembranças preciosas, impressas na mente daquele homem que, com a confiança do pássaro migrador, continua na sua rota, em direção à meta que o espera, dando tudo, mas realmente tudo de si, com o objetivo de deixar uma bela lembrança de si mesmo.

Seus cabelos, que não cobrem mais a gola da camisa, ficaram grisalhos, mas o sorriso e a expressão do rosto não mudaram, fazendo com que se perceba, claramente, uma serenidade e um otimismo inabaláveis. Apesar disso, no momento em que interrompemos a narrativa, justamente naqueles dias de frenética ascensão, de sucessos de contos de fadas, no destino de Amós começavam a se formar nuvens pretas, que não deixavam anunciar nada de bom.

Senhor Sandro, o pai que Amós tanto amava, tomado por um mal incurável, piorou. Voltando de um importante concerto de Páscoa, transmitido pela televisão alemã, Amós encontrou o pai, sem forças nem ânimo, na sua cama de hospital. Deu-lhe um abraço, e tentou dizer algumas palavras que o deixassem feliz: "Papai, o público estava todo em pé, e o maestro Maazel muito feliz". O doente apenas sorriu e levantou o braço para acariciar os cabelos do filho, mas não disse nada. Amós ficou com o coração apertado, queria chorar, e com aquelas lágrimas lavar, purificar o corpo do seu pobre pai do mal que o devorava, mas as lágrimas não bastam para tanto, e, depois, quem sofre precisa de sorrisos, de esperança e de coragem.

– Papai, quer que eu fique aqui com você? – disse quando chegou a hora de ir embora. E ouviu aquela voz tão querida, frágil e fraca que lhe respondeu:

– Não! Não! Você tem de ir embora, estou feliz em saber... – confundiu-se um pouco e depois acrescentou: – É só você me telefonar para me contar...

Amós deu-lhe um abraço forte e o beijou na testa, e no momento em que seus lábios formavam aquele beijo, teve a sensação de que aquela seria a última vez, o último abraço, o último sopro, a última preciosa lembrança do pai. Sentiu a mão de Sérgio que pousava em seu ombro e o puxava docemente, dizendo-lhe:

– Vamos, Amós, vamos!

Sérgio também estava muito triste; o sofrimento das pessoas amigas é muito contagioso. Com um terrível esforço, Amós se soltou do pai e lentamente deixou aquele quarto, onde não mais o encontraria. Sentia suas pernas pesadas, sua vontade aniquilada pelo peso de um destino cruel que o levava para longe daquela cama, daquela vida que estava para terminar.

As lembranças tomaram conta dele; ternas lembranças, de uma infância feliz, as carícias de seu pai, seus doloridos sermões, seus preciosos, apaixonantes ensinamentos; os valores, os ideais que, sem resistência, tinha tomado para si; as noites de inverno ao lado da lareira, as noites de verão pelas trilhas do campo em busca de vaga-lumes, ou ao luar, nos campos recém-preparados pela relha do arado...

A música do silêncio

Pensava e ia como um robô para o carro que o esperava, para levá-lo para um avião que o levaria embora... Pensava e jurava a si mesmo: "Levarei seu nome para todos os lugares do mundo; você vai me ver correr, lutar, cair, mas terá orgulho de mim. Vou falar sobre minhas viagens e dos meus concertos todas as noites com você, como sempre fiz, e seu sorriso vai me dar forças para seguir ao próximo compromisso". Sentia a compreensão dos amigos, o sofrimento da sua mãe, que lá tinha deixado, fielmente, heroicamente ao lado do homem que amara durante a vida toda. E como poucas vezes tinha lhe acontecido antes, sentiu-se triste e sozinho.

Alguns dias depois, chegou o telefonema que dolorosamente já pressentia; a voz de Alberto, seu irmão, lhe comunicava que o pai havia falecido. Naquele momento, estava em Roma. Era 30 de abril de 2000. Amós se preparava para a apresentação do dia seguinte, um grande concerto que, acompanhado pela orquestra de Santa Cecilia, devia se dar diante do Santo Padre. Não pensou duas vezes; chamou o carro, pegou as malas e foi para casa.

Passou a noite toda ao lado do caixão. Ali estava seu pai, que não estava mais. Acariciava aquela testa fria e não conseguia acreditar que aquele corpo tivesse pertencido ao homem que o criara, amara e sustentara. De repente, teve a forte sensação de que seu pai estava em outro lugar, ou, talvez, por toda parte, provavelmente ali, no meio deles, em todo lugar, exceto naquele cadáver, que lhe pareceu estranho, como uma estátua de cera ou de gélida argila.

Sua mãe ia para lá e para cá, e falava com o pobre morto como se estivesse vivo. Amós horrorizava-se e se sentia enregelar. A mãe tinha de procurá-lo onde estava! Não ali! Com o coração podia e devia falar com ele, mas aquelas palavras a um estranho! Isso não! Não devia fazer isso. De manhã, estava exausto, mas não quis deitar.

De repente, tocou o telefone, alguém atendeu. Depois de alguns minutos, a mãe foi lhe dizer que em Roma estavam esperando por ele, que ele não podia, de jeito algum, faltar, que o helicóptero dos policiais o levaria, para dar tempo de chegar na hora do concerto. Amós ficou atordoado e incrédulo. Mas, como, depois daquela noite, daquela dor! Como poderia cantar! Como podiam pensar em pretender aquilo?

Mas a mãe e Alberto o encorajaram: "Papai ficaria feliz. Papai vai estar ao seu lado...". Entendeu que, mais uma vez, os desígnios do destino levariam a melhor. O destino é um remoinho que não se pode contestar, é um vento irresistível, e nós somos como juncos ao vento.

Juntou todas as suas forças e foi para Roma, com Alberto e o amigo Adriano, que naquelas circunstâncias não quis abandoná-lo. Teve somente o tempo de trocar de roupa e foi chamado ao palco montado para a ocasião, para uma multidão imensa, em meio à qual estava também o Santo Padre João Paulo II. Teve várias vezes a sensação de que a garganta o trairia, que a voz se partiria irremediavelmente, mas procurou ficar calmo, pediu a si mesmo para não pensar em mais nada além das notas, pediu ao seu coração para se aquietar, à sua alma para deixá-lo sozinho, aos seus pensamentos para se dissiparem, e, por alguma desconhecida e inacreditável razão, conseguiu.

As nuvens no céu de Amós, impulsionadas por um vento impetuoso, tinham começado a se defrontar com fúria; a tempestade começara; o primeiro, apavorante aguaceiro deixara suas marcas, mas, como Amós pôde constatar, a tormenta estava só começando.

Certo dia, a Polícia Fiscal fizera uma incursão na sua casa, com dois carros de polícia; nove militares que o encontraram sozinho em casa. Em poucas horas, tudo tinha passado no pente-fino, todos os armários abertos e revistados, todas as gavetas abertas, esvaziadas, o conteúdo de todos os computadores transferido...

Amós, no começo um pouco desestabilizado, surpreso e perplexo, logo ficou tranquilo e normal, quase contente, intrigado com aquela cena, que lhe parecia irreal. Quando Sérgio chegou, encontrou o amigo tentando conversar, quase amavelmente, com o capitão.

– Posso sair? – perguntou educadamente Amós, e acrescentou: – Tenho que resolver um assunto, e minha casa nunca esteve tão em segurança como agora!

O capitão explicou gentilmente que sua presença era indispensável, e não poderia se afastar, pelo menos naquele momento. Então, sorrindo, Amós disse:

– Quer dizer então que estou em prisão domiciliar!

Todos riram, e o clima ficou mais descontraído. Em seguida, os militares deixaram a casa e foram para o escritório do contador,

A música do silêncio

senhor Martinelli; assim, Amós não os viu mais por um bom tempo. Ao mesmo tempo, porém, preocupava-se com aquela sua primeira experiência deste tipo.

Naqueles dias, Elena e as crianças estavam nas montanhas, e aquela viagem não acontecera em um clima tranquilo. Já fazia algum tempo, o casal não estava mais em harmonia. Elena demonstrava certa intolerância em relação à carreira do marido, às suas ausências prolongadas, às contínuas visitas de colegas e colaboradores. Ela o conhecera em uma pequena localidade da região, e tinha pensado em tudo, menos em uma vida assim tão frenética, tão compromissada e cheia de responsabilidades. Elena sonhava com uma vida simples e tranquila, com o marido sempre ao lado, e via-se, ao contrário, estampada nas primeiras páginas dos jornais, obrigada a enfrentar entrevistas, emboscadas de fotógrafos e jornalistas. Para ela, tudo isso estava distante demais da sua expectativa, cansativo demais, tudo por demais. Pouco a pouco, afastou-se do marido, da sua vida pública e particular, das suas amizades, dos seus costumes, que se tornaram, para ela, cada vez mais insuportáveis.

Não raro, a realização de um sonho acaba com outro; Amós alcançou seu sonho, ou melhor, a realidade o superara muitas vezes, mas agora apresentava-lhe as contas. Amós não percebia, ou talvez minimizasse o problema; o fato é que foi pego de surpresa quando a empregada, toda alarmada e assustada, chamou por ele. Tinha vindo um senhor, dizia, o oficial judiciário, parecia, e lhe entregara um documento que ela achava fosse importante. Em poucos instantes tudo ficou muito claro: Elena pedia a separação. Poucos dias depois, Amós teria que deixar sua casa, aquela casa que custou tantos sacrifícios, que guardava todas as mais doces lembranças dos primeiros passos, das primeiras palavras dos seus filhos...

A lei, uma injusta, anacrônica lei o expulsava daquelas quatro paredes. Daquele dia em diante, um pesado portão de ferro se interporia entre ele e os seus pequenos. Passou pela vergonha da intimação, da mudança das fechaduras, da proibição inatural e malvada de ver os filhos, a não ser nos dias, horários e modos estabelecidos por um juiz.

Do que serviam o sucesso, uma certa riqueza conquistada a duro preço, com enormes sacrifícios, privações, cansaços, ensaios sem fim?

Tudo se tornava, de repente, inútil. Amós ficou furioso, desesperado, algo que nunca sentira antes, um sentimento de impotência e de insegurança. Não chorou, não fingiu, não enlouqueceu, mas o sorriso apagou-se de seus lábios, e o entusiasmo, aquele entusiasmo irreprimível pela vida, pela música e pelo canto, pela primeira vez o abandonou. Fez-se taciturno, pensativo, triste.

Comprou uma pequena residência a poucos metros da sua casa e ali se estabeleceu. Sua mãe, amorosa, correu desesperadamente de um lado para o outro para lhe comprar algumas coisas indispensáveis: a cama, uma mesa, um sofá. Naquela casa, Amós recebeu as primeiras visitas dos seus filhos, desorientados e incrédulos; ele tentou, então, buscar as últimas forças que lhe restavam; como um exilado, conformou-se em ter de organizar uma nova vida, mas não foi nada fácil; apesar disso, dia após dia, mês após mês, o otimismo que sempre o acompanhara, o espírito de preservação, que se põe em movimento nos momentos mais difíceis, o amor, por tudo aquilo que de bom e belo existe em torno do mistério da vida, todas essas coisas juntas, como os fatos demonstrarão, ressuscitaram uma alma morta.

Em uma manhã de maio, acordou com o calor de um raio de sol e, depois de tanta angústia, sentiu-se como que fortalecido. Aquele raio tinha pousado no seu braço, como uma mão quente, que delicadamente queria retirá-lo da dormência. Pegou o computador, ligou e escreveu de uma só vez:

Na tristeza mais profunda, o amor,
justamente ali, lança as raízes da semente
da felicidade maior e morre
todo tipo de ansiedade e tormento.
Então, nunca se desespere, pelo menos
até que seu céu não esteja sereno.

Era a mesma coisa que dizer: "Não, não aceito! Não pode ser assim, acabar assim, desse jeito não se pode nem se deve sucumbir; pelos meus filhos, pela minha mãe, minha pobre mãe, que lutou, esperou, se desesperou, às vezes, e depois provou do fruto de tantos, incontáveis sacrifícios! Tenho de olhar para vida com uma nova pai-

A música do silêncio

xão, tenho de reencontrar o irresistível desejo de aprender, de viver e de amar!".

Levantou-se rapidamente, quase com fúria, da cama, arrumou--se um pouco melhor de como se vestia então, e saiu ao ar livre. Aquele não era somente o começo de um novo dia, era, sim, o início de uma nova vida.

XXXVII

Passados alguns dias, Amós recebeu um telefonema do seu empresário. Ao atender, logo reconheceu a voz de Michele, que, com a agitação de sempre lhe dizia:

— Pegue o carro e venha para cá, perto de Ferrara. Nesta noite temos um compromisso importantíssimo, daqueles que não se pode perder; estarão presentes políticos, personagens do espetáculo, industriais... O resto você verá por sua conta, mas venha logo, porque prometi que viria, que cantaria um pouco. Vamos lá... Nada de muito trabalhoso, mas, óbvio, uma música ou outra acompanhada pelo Carlo no piano e, em seguida, festa; e que festa... Pode confiar!

Amós tentou dizer não, foi até um pouco incisivo, mas não serviu de nada. Lá fora chovia, quer dizer, diluviava, e ele, com aquele tempo frio e chuvoso, tinha de viajar para uma bobíssima e chatíssima festa de alguns pretensiosos burguesinhos do lugar, ou algo do tipo. A coisa não fazia sentido, talvez servisse só para Michele conseguir suas mutretinhas pessoais.

Pensou em não ir, dar alguma desculpa, ou, melhor, que desculpas que nada, falar a verdade e ficar em casa, no aconchego. Mas, não decidira reagir contra aquele estado de apatia, de inércia mortal, e ressuscitar para uma nova vida? Não tinha jurado a si mesmo que voltaria a viver, para o bem de todos? Talvez, então, devesse ir, combater a preguiça, as condições atmosféricas adversas, a própria e inerente aversão àquilo que é mundano. E assim fez. Pediu para o amigo Sérgio ir com ele, pegou Carlo, e foram rumo a Ferrara.

Choveu quase o tempo todo durante a viagem. Em Val Padana encontraram neblina também, mas não desanimaram. Estavam em campo aberto quando a voz metálica do GPS interrompeu a conversa deles: "destino alcançado". Então, Sérgio enveredou por uma estradinha lamacenta e, dali a poucos metros, na entrada de um belo palacete do século XIX, bem conservado e dignamente decorado.

Amós foi levado a uma sala no andar térreo, onde, em um pequeno palco já preparado, estava o piano. O afinador acabara de terminar seu trabalho, cumprimentou respeitosamente os que chegaram e pediu a Amós que verificasse as condições do instrumento. Carlo se apresentou, sentou-se ao piano e começou a tocar.

– Perfeito, está ótimo, obrigado – agradeceu depois de tocar um pouco, e o afinador se despediu.

Os três amigos ficaram sozinhos. Amós experimentou um pouco a voz, depois começou a jogar conversa fora com Sérgio. Estava perguntando ao amigo o que achava da noite que os esperava quando foi interrompido por Luciano, que cuidou do som para ele há anos. Ele também tinha sido convidado por Michele, por precaução; não havia nada para gravar, nada para amplificar, mas, nunca se sabe, Luciano era simpático e alegre, e era bom que estivesse entre os convidados.

– Oi, Amós – cumprimentou-o Luciano. – Tudo bem? Como foi a viagem com esse tempo? Olha, quero te apresentar uma garota superbonita! – e riu alegremente, como sempre fazia.

A jovem foi ao encontro do cantor e lhe estendeu a mão:

– É uma honra conhecê-lo, senhor maestro! Meu nome é Vanessa.

Amós apertou com força sua mão:

– O prazer é todo meu. Mas, por favor, não me chame de senhor, porque na verdade temos, mais ou menos, a mesma idade! – disse, rindo, sem, porém, saber que tinha mais do que o dobro da idade dela. Depois, continuou: – De onde você é?

A música do silêncio

– De Ancona – respondeu prontamente a jovem.

– Ah, a cidade natal do maior dos cantores líricos!

Vanessa pensou um pouco e, quase automaticamente, disse:

– Beniamino Gigli, não?

– Humm ... Franco Corelli.

– Franco Corelli, é verdade! – corrigiu-se rapidamente Vanessa, continuando: – Franco Corelli, claro; Gigli é de Recanati, como sou boba...

Amós escutava aquela voz doce e sensual, jovem, que dizia coisas e sugeria outras, que lhe falava fazia pouco tempo, e era como se lhe falasse desde sempre. De repente, teve a impressão de que ela o saudasse. Instintivamente, pegou sua mão e a apertou entre as suas, depois, tocou de leve seu braço nu, como se quisesse lhe fazer um carinho, e se despediu.

Pouco depois, uma jovem jornalista se apresentou e lhe pediu gentilmente uma rápida entrevista, e Amós, distraidamente, concordou.

Nesse meio-tempo, aos poucos os convidados se sentavam em seus lugares para escutar a apresentação do famoso cantor. Quando estava tudo pronto, Carlo perguntou para Amós:

– Com qual música você quer começar?

Ele pensou um pouco e respondeu, sorrindo:

– Começarei com *Olhos de fada* – e juntos foram para o piano.

"Oh, belos olhos de fada, oh, belos olhos estranhos e profundos". Amós cantava com paixão; ao invés de aparentar cansaço, parecia animado com a viagem, com aquele interminável e chuvoso dia de primavera e deixou o público de boca aberta quando terminou com um fio de voz, cheio de paixão e de emoção a frase: "mas me deem o amor!".

Vanessa estava lá no fundo da sala, em pé, encostada na parede. Amós não sabia, nem nunca soube o que a garota pensou, o que se passou em seu coração. Ela, por sua vez, não imaginava que representasse, naquele momento, a musa inspiradora para um artista a quem, naquela mesma noite, tinha dado a mão pela primeira vez. Escutava aquela canção, que conhecia, sorrindo para a vida, sua jovem vida, com a ingênua confiança dos jovens. Escutou aquela música e as outras que vieram, deixando-se embalar pela doçura daquelas melodias, que tantas vezes seu pai cantara para ela, depois, ao final do breve concerto, misturou-se entre as pessoas e desapareceu da sala.

Amós estava alegre. Depois de tanta tristeza, de tantas vicissitudes, naquela noite sentia-se um pouco mais aliviado do que o normal. Sentou-se à mesa em uma salinha reservada ao seu grupo de amigos e começou a pensar naquele estranho dia. De repente, pensou em Vanessa. Com um gesto decidido, afastou o talher e chamou Sérgio, e baixinho, disse-lhe:

– Onde será que foi parar aquela garota de Ancona, aquela que Luciano me apresentou? Você poderia procurá-la e, se a vir, chamá-la para se sentar aqui?

Sérgio entendeu tudo no ato, sorriu, e se afastou rapidamente.

A procura não foi fácil. Havia uma confusão terrível, gente que ia e vinha com pratos nas mãos, brindando, paquerando quem estava ao lado, tentando se aproximar do político da vez, insinuando-se para cair nas graças desse magistrado ou daquele industrial, e assim por diante. Sérgio não perdeu a calma e, no fim, foi premiado. Viu a jovem, que estava entrando em outra sala, e a chamou. Um pouco surpresa, ela parou.

– Amós me pediu para convidá-la a se sentar com a gente.

Amós? Quem? Vanessa estava para falar, quando, de repente, se lembrou. Sorriu, evitara por um fio outro papelão.

– Ele me chamou? – perguntou, um pouco surpresa. – Tá bom, já vou – acrescentou, sem esperar outras explicações.

Assim, desceu ao térreo e se acomodou perto de Amós, que tentou imediatamente deixá-la à vontade. Falou um pouco de tudo, com a espontaneidade e o desembaraço de sempre em situações como aquela, mas não conseguia tirar os olhos dela, e, dava-se conta, isso a deixava sem graça. A certa altura, quando foi arrumar o guardanapo sobre os joelhos, encostou sem querer na mão de Vanessa e, sem pensar duas vezes, a segurou. Como era fria e delicada, como era bela e macia aquela mão!

Amós sempre teve um interesse especial pelas mãos; e quantas já havia apertado em toda sua vida! Longe de acreditar que nas suas linhas esteja o futuro, acreditava que a mão conta rapidamente muitas coisas sobre a pessoa; a mão é a porta da alma. Amós estava convencido disso,

A música do silêncio

e procurou naquele contato todas as mensagens que uma mão sabe transmitir em código. De repente, sentiu-se tomado por uma onda de paixão e ternura; naquele minuto, queria estar sozinho com ela e lhe dizer o que o coração lhe sugeria, mas a linguagem do coração é criptografada, as palavras não são suficientes, parecem pequenas, inadequadas; o coração fala diretamente ao coração, e não quer intermediários. E, depois, ali não estavam nem um pouco sozinhos.

Amós então largou a mão de Vanessa, procurou conter-se, assumir uma expressão natural e lhe perguntou baixinho:

– Você tem de voltar para casa nesta noite?

– Não – respondeu ela –, fico aqui até amanhã de manhã, e tenho uma prova na universidade depois de amanhã.

– Bem, neste caso, se quiser, pode ficar na minha casa, e amanhã posso levá-la até a estação.

Vanessa pensou um pouco, e então disse timidamente:

– Se eu não for atrapalhar...

– Imagine, ao contrário, você nos faz companhia durante a viagem, que na vinda foi tão entediante.

Amós e Vanessa conversavam, tocavam-se levemente às vezes, como se quisessem aproximar suas almas, enquanto o destino, o mais sublime, o mais ilógico, incompreensível, o mais divino dos artistas lhes preparava uma das mais extraordinárias telas que jamais tinham visto na vida. Vanessa aceitara o convite; portanto, era preciso ir logo, não tinha mais motivo para ficar ali, correndo o risco de que ela repensasse ou de algum contratempo...

Amós acabou rapidamente o jantar, despediu-se de todos e saiu. Lá fora ainda chovia. Sentou-se na frente, ao lado de Sérgio que dirigia, enquanto Carlo pegou o lugar atrás perto de Vanessa.

Fizeram alguns comentários sobre as personagens presentes na festa, depois a conversa passou para a literatura e a poesia. Amós estava surpreso com as leituras da garota; talvez não fosse tão jovem como parecia?

Finalmente, falou-se também de música, e Amós, rindo, apertou um botão à sua frente e disse:

– Reconhece esta voz? – virando-se para Vanessa. – Esta é a voz de um seu concidadão. Sabe? Foi meu maestro e, quem sabe... Se eu não

303

tivesse encontrado sua voz, quando ainda era uma criança, talvez não fosse um cantor hoje, e nem tivéssemos nos encontrado!

Ela entendeu e, pensando no momento em que tinham se falado pela primeira vez, sorriu. Desta vez não faria confusão.

Agora, no carro, todos escutavam em silêncio. Como anos antes, quando a voz de Franco Corelli inundava o coração de Amós com sua magistral interpretação do *Improviso* do *Andrea Chénier:* "Feriste-me aqui, onde eu ciumento guardo...".

Aquela voz, aquela música, aumentavam os sentimentos de Amós, e provavelmente os de Vanessa também, que, para seu espanto, começou suavemente a seguir o trecho. Então, pensou Amós, ela conhecia ópera também. Sem dúvida era uma jovem fora dos padrões normais. Ficou pensativo, e de repente lhe perguntou:

– Desculpe a curiosidade: quantos anos você tem?

– Vinte e um – respondeu ela simplesmente.

"Vinte e um", pensou Amós, "é muito pouco, realmente pouco, é a metade da minha idade... É quase uma menina, embora tenha a maturidade de uma mulher. Talvez eu tenha feito uma bobagem, talvez não devesse tê-la convidado, mas não adianta pôr trancas em porta arrombada. Entretanto, Emilia Romanha já tinha ficado para trás. A estrada, excepcionalmente livre naquele trecho, insinuava-se no lado toscano dos Apeninos; Florença estava perto, lá embaixo, já dava para ver; Corelli ainda lhes fazia companhia: "Como um belo dia de maio, que com beijo de vento e carícia de raio...". Amós sorriu; talvez o destino, como um grande mestre de cerimônias, pensara também neste detalhe. De fato, era o mês de maio; Chénier escrevera com seu sangue, nos punhos da camisa, os últimos versos da sua breve vida. Escutando aqueles sublimes versos, Amós tinha a sensação de viver o primeiro dia de uma nova vida, e não estava longe da verdade. No seu âmago, que passara por tantos sofrimentos, a dor daqueles versos se transformava milagrosamente em alegria.

Chegaram em casa cheios daquele ímpeto de vida que apaga a canseira, os problemas, as aflições, e acende os sonhos, as esperanças, as ilusões, a fantasia e a paixão, que tornam eloquentes e ao mesmo tempo ávidos por histórias, ou por pequenas, insignificantes frases, pronunciadas assim talvez somente para preencher um silêncio

A música do silêncio

embaraçoso. Quando pegaram no sono, dominados pelo cansaço, o sol já estava alto no céu, iluminando maravilhosamente o espetáculo das montanhas Apuane.

O amor e a felicidade muitas vezes andam juntos. Aquele encontro tinha sido um encontro de almas. Daquele momento em diante, Amós e Vanessa ficariam juntos vinte e quatro horas por dia. Juntos, viajariam pelo mundo, enfrentariam tristezas e dificuldades de todo tipo; discutiriam, projetariam, cantariam e brincariam, como dois adolescentes que se abrem para a vida. Porque até desses milagres o amor é capaz.

CONCLUSÃO

Ao paciente leitor que chegou até aqui, alguns esclarecimentos devem ser feitos. Você já deve ter entendido, com certeza, que o objetivo principal deste escrito consiste na vontade de fotografar pelo menos aproximadamente a mim mesmo e, principalmente, minha consciência de hoje, minha concepção da vida, assim como falar, a quem interesse, sobre o mundo do espetáculo, visto dos bastidores, dos camarins, dos corredores dos estúdios televisivos e radiofônicos.

Dei-me um nome diferente, e assim fiz por causa dos outros protagonistas destas recordações, para poder contar, de um lado, certos episódios com o máximo da verdade histórica, e, por outro, em respeito à personalidade e, principalmente, à vida particular daqueles que foram citados sem ter expressado esse desejo. Assim, pude contar os pecados sem revelar os pecadores.

De alguns personagens famosos, porém, deixei o nome verdadeiro, na certeza de que não me repreenderão por nada.

Dito isso, mais nada resta a fazer senão me despedir com as desculpas, os agradecimentos, a gratidão e a esperança – permitam-me este pequeno pecado da vaidade – de ter tirado um pouco do seu tempo, do seu tédio e do seu ócio.

Andrea Bocelli

Queridos pais,
Querida Verônica,

espero que recebam com benevolência esta estranha produção que, de todo coração dedico a vocês, como testemunho do profundo reconhecimento pelo afeto e a compreensão com os quais sempre me rodearam, pela confiança que depositaram em mim. Nestas páginas, vocês vão reconhecer facilmente momentos e aspectos da nossa vida que decidi descrever; queria que esta narrativa fincasse suas próprias raízes no terreno de uma verdade, mesmo que parcial, já que essencialmente a minha, surge, todavia, de uma mente que se esforçou ao grau máximo para desocupar o terreno das ideias preconcebidas e preconceitos que teriam comprometido irremediavelmente o pouco de bom que se pode encontrar nele. Porque, assim como é dedicada a vocês, da mesma forma, aos meus filhos, razão primeira da minha existência, a eles é dirigida; no lugar de tantas inúteis repreensões das quais, apesar de tudo, eu sei, não saberei me eximir dentro em breve.

Quanto esforço fiz e faço todos os dias para arrancar do mundo, da sociedade na qual vivemos, tão complexa e contraditória, alguma fórmula oculta, alguma receita milagrosa para revelar aos meus filhos, algum remédio seguro contra as dificuldades e as aflições da vida, tão frequentes quanto inevitáveis. Mas, nada! Nada me ajuda! Nada de absolutamente seguro, de absolutamente bom e justo! Nada de nada, com exceção de algumas rápidas considerações, de algumas inocentes reflexões, das quais surgiram poucos, elementares convencimentos que fizeram que eu vivesse uma vida serena e tranquila, constantemente voltada para a busca de uma paz interior que, para além de alguns insignificantes conflitos, nunca me abandonou.

Qual ocasião melhor do que esta teria para lhes deixar, aos meus pequeninos, o conselho, que espontaneamente brota do fundo do meu coração, para que não percam nunca a capacidade de olhar para o futuro com otimismo, que cultivem a confiança neles mesmos e, especial, no próximo, da qual, mais do que tudo, dependerá tudo o que de melhor a vida poderá lhes oferecer? Eles vão ler estas páginas quando estiverem maiores, e vão me ver, talvez como um velho nostálgico, incapaz de entender seus problemas, fechado em uma couraça de recordações e distante da atualidade, como um bilhete de loteria com prazo vencido.

É esta, portanto, a razão desta narrativa, na qual me esforcei para contar a alegria e a sorte de um homem que, ao longo da vida, aprendeu a lutar duramente, com a intenção de abraçar os próprios ideais, bem longe, porém, de ser o dono absoluto da verdade, e sempre tendo a dúvida à mão.

Com o passar do tempo, quanto mais se reforçava em mim o hábito de pensar antes de julgar e de julgar segundo a consciência antes de acreditar, mais vieram água abaixo, uma após outra, todas as minhas certezas, dando lugar ao tormento da dúvida. Mas a dúvida é a vestal dedicada ao fogo sagrado da inteligência humana, portanto, aceitei-a, embora ela implique, como consequência lógica, não dar como certas aquelas mesmas ideias nas quais às vezes acredito e que pouco a pouco me aflijo em expô-las.

A inteligência humana, como a chama trêmula de uma vela, no escuro mais completo, ilumina um pequeno pedaço do nosso caminho; mais para a frente, e em todo o redor, está o desconhecido. Então, o homem avança lenta e cuidadosamente na direção há pouco clareada, escolhendo somente os pontos nos quais colocar o pé, faculdade, esta, que o convence de ser dono do próprio destino.

Olhar bem onde colocar os pés e decidir o ponto exato é muito útil, mas, com certeza, insuficiente para influenciar de modo decisivo nosso destino.

Cada um de nós avança em uma determinada direção desde o nascimento. Nessa direção se movem seus primeiros e incertos passos, e com sua fraca luz procura abrir caminho, ultrapassar os obstáculos, andando o mais rápido que pode.

Eu acredito que a humanidade, no seu conjunto, se parece com um imenso cortejo desordenado, que avança de forma caótica, rasgando as trevas mediante a luz de incontáveis, trementes pequena chamas, em direção a um objetivo tão distante quanto desconhecido, tão perseguida quanto incompreensível...

Em outras palavras, a vida e o destino de cada um de nós navegam em frágeis embarcações que, aproveitando-se da correnteza de um rio, desde a nascente, correm rápido até o mar.

Na proa, com o timão na mão, cada um procura evitar que a própria embarcação bata e naufrague, mas não pode fazer nada para voltar ou parar um pouco para descansar...

Se a inevitabilidade dos acontecimentos que delimitam as etapas fundamentais da humanidade constitui-se para mim uma convicção profundamente enraizada, graças às esclarecedoras leituras das grandes obras-primas literárias, é verdade também que pequenos e insignificantes episódios, ao longo da minha vida, me fizeram refletir tanto, que senti a necessidade de narrá-los, para que alguém pudesse sobre eles meditar e conseguisse tirar disso, porventura, úteis ideias para uma reflexão e quem sabe para o crescimento.

O destino da humanidade, assim como o de cada indivíduo, é, a meu ver, "inteligentemente predeterminado"; é, em outras palavras, um "caminho guiado" por uma "vontade inteligente" que, seja lá como se queira considerar, imaginar, idealizar, amar, odiar, rezar ou blasfemar, nunca poderá ser racionalmente reconduzida ou, de modo simplista, reduzida ou assimilada ao conceito de "acaso", e, portanto, culpadamente ignorada.

As gotas da chuva caem, é verdade, segundo os estranhos desenhos do acaso, do céu para a terra para molhar os telhados das casas, as folhas das árvores, as ruas, os campos; assim também os flocos de neve, todos diferentes uns dos outros, caem ao chão ao acaso, formando um manto imaculado que fica ali até que os raios do sol o derretam, apagando qualquer sinal seu; ao final da batalha, os corpos dos mortos e dos feridos jazem pelo chão espalhados, lá onde o acaso lhes destinou algum pedaço de chão. Mas as gotas da chuva, os flocos de neve, os raios do sol, os corpos dos mortos e dos feridos, a vida e a morte, não são fruto do acaso, deste abstrato conceito atrás do qual o homem muitas vezes se esconde e se confunde, resolvendo assim o que não pode explicar pelas regras e as leis que conhece.

Quando se comporta assim, comete um ato de presunção intelectual, caindo juntamente onde seria fácil permanecer em pé, com o rosto iluminado pelo sorriso dos humildes, que mudam de caminho para evitar a Árvore da Ciência do Bem e do Mal.

Porque aos humildes, aquela árvore não interessa de maneira alguma, compromissados como estão na tentativa de recriar nesta terra aquele paraíso terrestre do qual o homem foi expulso um dia, justamente por causa da própria soberba.

Este livro foi impresso pela Edições Loyola
em papel Lux Cream 70 g.